JN087646

米中の経済
安全保障戦略

新興技術をめぐる新たな競争

編著者 村山裕三

著者 鈴木一人・小野純子
中野雅之・土屋貴裕

芙蓉書房出版

はじめに

　経済安全保障への関心が高まりをみせている。安全保障というと、軍事力が中心に語られてきたが、ここ2〜3年の間に流れが大きく変わり、経済的要素を重視することなく、安全保障の全体像を把握することは難しくなってきている。日本では2020年4月に安全保障政策の司令塔である国家安全保障会議の事務局、国家安全保障局の中に「経済班」が設けられ、同年12月には自民党政務調査会の新国際秩序創造戦略本部が、経済安全保障戦略の策定を求める提言を発表した。日本でも本格的に経済安全保障政策が動き始めた。

　このような変化をもたらした主因は中国の台頭であり、これに危機感を持った米国が経済、技術面から対抗策を打ち出したことにより、米中覇権競争の中での経済安全保障が関心を集めることになった。そして、この環境下で特に注目を集めているのが、中国の台頭と技術革新の大きな波が重なっている点である。現在、ＡＩ、量子コンピュータ、ロボティクスなどの技術が急速な進歩を遂げており、これらが第4次産業革命の原動力になると考えられている。これらの新興技術はいずれもが、経済力の向上だけではなく、軍事力にも活用できる軍民両用（デュアルユース）性を持つため、米中間の覇権争いは、ハイテク分野の産業競争の様相を呈してきたのである。

　実は米ソ間の冷戦の時期にも、覇権争いと新興技術が重なる状況が生じていた。第2次世界大戦（1939年〜1945年）と前後して、ジェットエンジン（1939年ジェット機初飛行）、コンピュータ（1945年完成）、半導体（1947年発明）という20世紀後半の技術の流れを決定づける重要技術が出現していたのである。これらはいずれも、民生用にも軍事用にも活用できる技術であり、米国はこれらの3大技術で世界の主導的な立場を確立し、冷戦を有利な形で戦うことができた。歴史的にみても、大国間の覇権争いと新興技術の出現の組み合わせは、将来の国際関係の行く末を決定づける要素を内包している。

　本書は、今後の米中関係、引いては国際関係を左右する、米中間の技術覇権競争をめぐる課題に対して、経済安全保障の切り口から分析したものである。経済安全保障は、広く定義すると、経済と安全保障が重なる分野

を扱う研究領域といえるが、この大きな2分野の重なりを分析することは容易ではない。例えば、グローバル化に伴う経済的な相互依存関係が、平和的な環境を生み出すのか、あるいは依存関係が逆に紛争や戦争を生み出すのか、という問いに対しても、理論的にもまた実証的にも明確な答えを出すことができないのが現状である。これと比べて、技術をめぐる経済安全保障は、客観的な分析を加えられる分野といえる。先のジェットエンジンを例にとると、同じ技術の上に民生向け利用（航空機）と軍事向け利用（戦闘機）の両方がのっているために、事実関係を踏まえた分析が可能となる。本書は、米中間の覇権競争を念頭に置きながら、これを技術をめぐる経済安全保障という具体的な分野から分析を加えたものである。

　本書の構成は以下の通りである。序章では、現在、注目を集めているエコノミック・ステートクラフトを中心に解説と分析的な枠組みを提示し、この分野における日本の課題を述べる。第Ⅰ部の米国の考察では、第1章でエコノミック・ステートクラフトの視点から経済と安全保障が交錯する米国の輸出管理の歴史を振り返り、第2章では中国向けの輸出管理政策に焦点をあてて、米国の対中政策を絡めて分析を加える。第3章では、トランプ政権下における輸出管理政策を詳細に検討した上で、今後の輸出管理の方向性について展望する。第Ⅱ部では中国に場を移し、第4章で経済建設と国防建設の一体化という視点から中国の産業政策についての分析を行う。第5章では前章の視点をさらに掘り下げて、中国が推し進める軍民融合政策に焦点を当てて考察を深め、第6章では中国における経済安全保障政策の全体像とともに、輸出管理、サプライチェーン、データセキュリティなどの具体的な政策に分析を加える。終章では、米中の政策変化を受けての日本の対応策を歴史的な視点を踏まえて考察し、最後に日本がとるべき技術政策を提言する。

　本書は、異なったバックグラウンドを持つ専門性の高い研究者により執筆された。序章は学界でこの分野の中心となって活躍する中堅研究者、第1、2章は輸出管理の現場にも精通する若手研究者、第3章は企業での経験が豊富な実務家系研究者、4、5、6章は技術、産業政策に造詣の深い新進の中国研究者、そして終章は経済安全保障に長きにわたって携わってきたベテラン研究者が担当した。共同執筆本が、このように多彩な研究者によって書かれることはまれであり、本書が分野と世代を超えて読まれ、これをきっかけに経済安全保障に対する理解と議論がさらなる広がりと深まりをみせることを願うしだいである。

米中の経済安全保障戦略：新興技術をめぐる新たな競争　目次

序　章

エコノミック・ステイトクラフトと国際社会

鈴木　一人

　米中間の対立的関係は、しばしば「新冷戦」と呼ばれ、21世紀における国際社会の基調をなす大国間競争であるとみられることがある。これはかつての米ソ冷戦と同様、イデオロギー対立や国家体制をめぐる大国間競争であり、核兵器を保有する大国が自らの安全保障上の利益と国際秩序の優位性を競い合う関係にあるというニュアンスが込められている。しかし、米中「新冷戦」がかつての米ソ冷戦と決定的に異なるのは、米中がグローバル経済において緊密な関係にあり、経済的な相互依存が成立しているという点である＊1。米ソ冷戦においては自由主義経済と共産主義経済という異なるイデオロギーに基づく経済体制の違いが基礎にあったことや、現代のようなグローバル市場が十分に成熟しておらず、一国単位ないしは西側陣営、東側陣営の中で経済システムが完結していたこともあり、相互に経済関係を緊密にする必要性はなかった（とはいえ、小規模ながら東西間の経済的な関係は存在していた）。

　米中「新冷戦」において、経済的な相互依存が成立していることは、「新冷戦」が米ソ冷戦とは決定的に異なる性格を持つものになることを意味する。経済的に依存しているということは、相手の脆弱性を互いに握り合っている状況が存在しており、米中の対立が高まった場合、相手の脆弱性に対して攻撃的な措置を取ることができる、ということを意味する。米ソ冷戦においては、例えばキューバ危機のような緊張が高まった場合、究極的には核戦争に発展する恐れがあり、そのため極めて複雑で繊細な交渉を通じて双方の意思を確認しながら、何らかの形で交渉による解決を目指

した。それが結果として双方の誤解を招かないようにするためのホットラインの構築や、様々な軍備管理の仕組みを導入するという結果をもたらした。

しかし、米中「新冷戦」では双方の対立が高まった場合、それが直接武力衝突や軍事的な行動に移るとは限らず、その前段階として、経済的分野における様々な措置を通じて相手に対して影響を与え、実質的な損害を与えることができる。こうした経済的な手段を通じて相手に対して何らかの圧力や影響力を行使し、それによって国家の戦略的目標を達成しようとすることを「エコノミック・ステイトクラフト（以下 ES)」と呼ぶ。つまり、米中「新冷戦」の時代において、かつてのような「ハイポリティクス（軍事や外交)」と「ローポリティクス（経済や文化)」という分割が難しくなり＊2、ローポリティクスの手段を用いてハイポリティクスを動かすのが常態となっているのである。さらに、これまで日韓関係や日中関係でよくつかわれてきた「政冷経熱」といった、政治と経済を区別し、異なる次元での国家間関係が存在するという前提も崩れ、政治が冷え込み、国家間対立が激しくなれば、経済はその手段として使われ、さらに冷え込む結果となる。

このように経済が政治の手段に使われるようになり、政治と経済の一体化が進む時代において、極めて重要になるのが ES という概念である。本章では、ES が国際秩序を考えるうえでどのような意味を持ち、どのような手段や措置がいかなる結果をもたらしうるのかを検討し、最終的に国家目標を戦略的に達成するうえでの ES の有効性を検討していく。

1．エコノミック・ステイトクラフトとは何か

エコノミック・ステイトクラフト（ES) に関わる議論に入る前に、まずは ES とは何なのかを整理しておきたい＊3。ES とは直訳すれば「経済的国政術」となるが、これだけでは何を意味しているのかはっきりしない。ES の概念を学術的に使った最初のものはおそらくデビッド・ボールドウィンの Economic Statecraft であろう。ここでは、対外政策の目的を達成するために経済的手段を持ちうることであり、目的は安全保障に限定されないと定義されている＊4。また、山本は ES を「経済系『経世済民の策

（ステートクラフト）』」と表現し、「政治系ステイトクラフト」や「軍事系
ステイトクラフト」結びつく形で、他国に対する強制や説得の策として用
いられると論じている＊5。赤根谷は「エコノミック・ステイトクラフト
という概念は、政治戦略・外交政策の目的よりは、手段に注目したもので
ある。すなわち、目的を達成するための術策や手腕、方法、手段等が経済
に関わるような国政術のことをエコノミック・ステイトクラフトと言う＊6」
点を強調している。

　これらの定義に基づいて考えると、ES は一方では「手段」としての側
面があり、その手段は経済的なものであり、他方で「目的」として対外政
策や何らかの政治的意思を強制することに設定されている。これらを踏ま
えて考えると、ES は「経済的な手段を用いて自らの政治的意思を強制し、
国家戦略上の目標を実現する」と定義して論を進めたい。

　ES の代表的な例は、古くはナポレオンによる大陸封鎖がイギリスを世
界経済から孤立化させて、イギリス製品を排除することでフランスの産業
革命を促進しようとしたことが挙げられる。これは結果的にロシアなど大
陸封鎖に参加しない国々があったことで抜け穴だらけとなり、効果を持た
なかった＊7。また、20世紀に入って大きく世界を動かした ES としては、
第四次中東戦争をきっかけとした、1973年のアラブ諸国によるイスラエル
支援国に対する原油輸出禁止が引き起こした第一次石油ショックなどが挙
げられる。これは、当時経済的には途上国であったアラブ諸国が、資源ナ
ショナリズムの流れを受けて地下資源の国有化を進め、経済的には外国か
らの輸入に強く依存しているにも関わらず、唯一といってよい原油という
戦略的物資の輸出を制限するという手段で世界に大きなショックを与え、
これまでイスラエルを一方的に支持してきた国々の外交を一変させること
に成功した。

　このように、ES は経済的な手段を用いて、政治的な意思を強制するも
のであるが、軍事的な手段による意思の強制とは異なり、その効果は必ず
しも一定ではない。しばしば、ES は「武器を使わない戦争」などと呼ば
れるが、戦争のように相手を屈服させることも、また強制的に相手の行動
を変容させることも難しい。また石油ショックの例でみられるように、経
済力の大小にかかわらず、戦略的物資を独占的に保有し、他国がそれに強
く依存している状況であれば、途上国であっても手段として用いることが

できる。ES は戦争の代替物ではなく、それ自身が特殊な環境や条件の下で作用する戦略的な手段であり、その有効性や限界、必要な要素や用いられる手段を検討する必要がある。

（1）エコノミック・ステイトクラフトの機能

　まず、ES を行う国は、何を目的とし、どのような機能を果たすことを期待しているのであろうか。第一に、ES は経済的手段によって他国に対して強制的な措置を取ることで、利得計算を狂わせて他国の行動を変容させ、特定の政策をとるようになることを期待している。これを「行動変容機能」と呼んでおこう。この行動変容を目的とする ES は様々なケースでみられるが、中でも国連やアメリカ、EU などの制裁によってイランの核開発計画を制限し、その計画を変更させたイラン核合意は ES の「行動変容機能」が成功した事例であろう。

　しかし、北朝鮮の核開発は国連やアメリカ、日本などの制裁によっても行動変容は起こらず、北朝鮮の核開発プログラムは継続され続け、事実上の核保有が実現しているとみられている。では、行動変容を起こさない ES は無益なのかと言われれば、そうではない。ES には国際社会に向けて、国際法や規範的なルールに反した行為をしていることをアナウンスし、ES を行う国が、対象国に対して何を求めているのかを明らかに宣言するという「アナウンスメント機能」がある。このアナウンスメント機能によって、ES を行う国にとって誰が敵であるのか、また、自らが何を求め、どのような行動変容を促そうとしているのかをはっきりさせることができる。さらに、その他の国に対して、ES に参加・協調するかどうかによって、敵か味方かを峻別することが可能となる。その意味で、このアナウンスメント機能は国際社会における秩序を再確認し、その秩序の中で自分がどの位置に立っているのかを明らかにする効果を持つ*8。

　また、ES は国家として他国に働きかけることであり、それによって、ES を行う国の国内政治における共通の敵の存在を明らかにし、共通の目標の実現に向けて協力を求めるという「国内統合機能」がある。しばしば ES は他国に対して経済的な手段を用いることで、国内の企業や経済活動に一定の制限をもたらし、何らかの経済的損失を伴う。そうした損失に対して国家は何らかの補填をすることが求められるが、国家は、これは外交

安全保障での問題であり、それによって生じる損害は、戦争を行った場合に生じる被害よりも小さいと主張することが必要となってくる。そのため、往々にして ES を行う国では、他国の脅威を強く打ち出し、その脅威を封じ込めるための手段として ES を正当化したり、自国の戦略的目標を喧伝し、その国家的な目標を達成するために必要な犠牲として、ナショナリズムを鼓舞して正当化するといったことが行われる。加えていうならば、ES の対象国とされた国においても、他国からの経済的な圧力や不利益を耐え、自国の行動を変容せずにいるためには、国内に忍耐を求め、「国のために我慢しろ」といったナショナリズムに訴えかける対応をするか、さもなければ、ES を跳ね返すための措置——軍事的行動を伴う報復や反撃を含む——をとるためにナショナリズムに訴えるということも起こりうる。

（２）エコノミック・ステイトクラフトの形態
①制裁

　ES の機能を達成するために、どのような形態の ES がとられるのであろうか。もっとも顕著でわかりやすい例は「制裁」である。制裁には、国連憲章に基づき、安保理の決議によって発動される国連制裁と、各国が国内法に基づいて独自で特定の政策目標を達成するために実施する単独制裁がある。また米州機構のような地域機関にも国連と同様の多国間制裁を行うことができるものもある*9。

　国連の制裁は、国連憲章の第七章に基づき、ある国家の行為が国際の平和と安全を脅かす場合や、武装勢力が民主的プロセスを無視して権力を奪おうとした場合、看過できない水準での人権侵害が行われた場合などを対象に、そうした行動を是正し、国際的なルールや規範に行動を戻すことを目的としている。憲章第七章では平和に対する脅威に対して、「強制措置」として国連加盟国が集団となって行動するという、集団安全保障の理念に基づき、第41条では武力を用いない「強制措置」としての経済制裁などが記され、第42条で「国際の平和及び安全の維持又は回復に必要な空軍、海軍又は陸軍の行動をとることができる」としている。つまり、制裁は軍事的な措置と同列に扱われる集団安全保障の措置であり、制裁対象国は国際社会における平和に対する脅威であるとの位置づけを明らかにし、対象国の行動変容を目指すものである。

②輸出管理

　次に、ES の形態としてよく見られるのが「輸出管理」ないし「安全保障貿易管理」の枠組みを用いたものである。元々輸出管理は、自国が保有する技術や特定の製品が他国に移転され、それが核兵器などの大量破壊兵器や特定の通常兵器に関連する技術開発や製品の製造に使われることを阻止するためのものである。冷戦期には COCOM（対共産圏輸出統制委員会）という形で西側の技術や製品が共産圏にわたり、軍事的な優位性が失われることを避けるために設けられていたが、同時に、大量破壊兵器関連の技術が第三国に輸出され、国際政治のバランスが崩れないようにするため、不拡散を目的として輸出管理が行われてきた。こうした輸出管理は現在、核兵器関連の物資や技術を管理する核供給国グループ（NSG）、生物・化学兵器関連技術を管理するオーストラリア・グループ（AG）、ミサイル関連の技術を管理するミサイル技術管理レジーム（MTCR）と通常兵器関連の技術を管理するワッセナー・アレンジメント（WG）などの形で、国際レジームが成立している*10。

　これらの国際レジームは大量破壊兵器や特定の通常兵器を開発・製造する技術を持つ国々が集まる有志連合であり、参加国を拘束する国際法や、常設の国際機関があるわけではない。各国が自らの国内法（日本の場合は外国為替及び外国貿易法：外為法）に基づいて輸出管理を行っている。ただし、参加国はどの技術や製品を規制するのかに関してはレジームの中での協議を行い、合意に基づいて技術や製品のリストが作られ、各国の国内法はこれらのリストに基づいて執行される。

　このように輸出管理は、大量破壊兵器や特定通常兵器の拡散を防止するという戦略的目的をもち、技術を持つ国々がその戦略的意思に基づいて技術移転を管理するという ES であるが、ここでカギになるのは、輸出管理が加盟国の国内法に基づいて執行されているという点である。元々輸出管理は大量破壊兵器などに用いられるスペックの高い技術を管理する仕組みだが、そのスペックの高い技術は民生用の付加価値の高い製品の製造過程にも関わる技術であることがしばしばである。例えば、NSG で管理されている工作機械は4軸以上のものを対象としているが、4軸以上の軸を持つ工作機械はより精密な製品を作るために使われるものであり、これが輸出されなければ航空機や自動車などの部品が作れないといったことが起こ

りうる。加えて、リストに掲載された品目をどの国に向けて輸出する場合規制されるのか、どのような仕向け先が懸念される対象なのか、については各国の輸出管理当局が判断することになっている。そのため、どの国に対して厳しく管理するのかは各国の裁量が大きく、しばしば ES の対象として輸出管理を強化することが可能になる*11。

　これが2019年7月に行われた、日本の輸出管理制度の変更で韓国を輸出管理の緩い「ホワイト国（現在のグループA）」から外し、フッ化水素、レジスト、フッ化ポリイミドの三品目を包括許可から個別許可に移行したことにみられる。後述するように、この判断は韓国の輸出管理体制を変更させるという行動変容を求めるために採用された手段だが、同時に元徴用工をめぐる問題での行動変容も求めた ES だと認識されている。このように輸出管理は、大量破壊兵器などの拡散を防止するという普遍的な目的を持ちながら、各国の国内法に基づいて執行されているため、ES の手段として使われる可能性がある*12。

③通商の停止・障壁の設定

　輸出管理は大量破壊兵器などの拡散を防止するという普遍的な目標がありながら、それを各国が恣意的に運用することで ES として活用するというケースであったが、そうした普遍的な目標や基礎となる国内法などがないまま、ES を実行する場合も存在する。それが「通商の停止ないし障壁の設定」である。これは、他国に対して一定の優位性を持つ分野や、対象国が自国に強く経済的に依存している状況の時に有効となる。しかし、制裁や輸出管理のケースとは異なり、何らかの法律や普遍的目標、国際的な正統性に基づくものというよりは、対象国に対してむき出しの権力行使として現れるため、文字通り「武器を使わない戦争」という性格の強い ES となる。

　これらの例としては、2010年に尖閣諸島において中国の漁船が海上保安庁の船舶に衝突した事件を発端とした日中関係の緊張の高まりの中で、中国が突然レアアースの輸出を停止した件が挙げられる。これは当時中国がレアアースのグローバル市場の90％近くのシェアを持ち、独占的に供給していたことで日本は中国に強く依存している状況の中、日本が漁船の船長を釈放するように仕向けるため中国が実施した ES と言える（もっとも中国は環境問題などを持ち出して日本をターゲットにした ES ではないと表向き説

明していたが）＊13。また、トランプ政権下でのアメリカによる一方的な中国に対する懲罰的な関税は、貿易交渉におけるレバレッジを強めることを目的として、米国市場に依存する中国に対して実施された ES と言えよう。さらに、韓国がアメリカの求めに応じて THAAD（Terminal High Altitude Area Defence missile：終末高高度防衛ミサイル）の配備を決定した際、中国は韓国への団体旅行を禁じることで、インバウンド観光に依存していた韓国経済に打撃を与えるという ES を実施し、韓国の政策決定を覆そうと試みた。これらの例は、国家がむき出しの権力的な行為として ES を実施するものであり、より ES の本義に近いものではあるが、同時にあからさまな権力行使はその後の国際秩序形成に大きな影響を与えるため、こうした措置が二国間や多国間関係に禍根を残すという恐れもある。

　しかし、ここで問題になるのは、自由貿易の諸原則と ES との関係である。2010年の中国によるレアアースの輸出停止は、日本が WTO に提訴し、2014年に勝訴したが、こうした一方的な通商の停止は自由貿易の規範に抵触する可能性が高い＊14。GATT21条で安全保障例外が設定されてはいるが、ここでは核物質、武器や軍需品の取引、国際関係の緊急時に関する措置や国連憲章上の義務がある場合のみが例外として設定されており、極めて適用範囲は狭い。ES のような国家戦略上の目的を実現する行為は例外として認められることは難しく、アメリカのトランプ政権が行った通商拡大法232条（安全保障を目的とした関税賦課を認める条項）による鉄鋼・アルミの関税引き上げは WTO での判断はまだ出ていないが、おそらく自由貿易の原則に反したものとして認定されるであろう。ES を実施するにあたって、自由貿易との整合性は留意されるべきである。

　④援助

　これまでは対象国に対して負の影響を与える ES を見てきたが、ES は「経済的な手段を用いて自らの政治的意思を強制し、国家戦略上の目標を実現する」ことである以上、必ずしも負の影響を与えるだけでなく、正の影響を与えることも ES の形態として考えることができるだろう。「援助」は、これまで先進国が途上国に対して行うことが一定の義務であり、国際社会における富の再配分や人道的な危機への対応という形で議論されてきたが、中国が進める「一帯一路」構想のように、援助ないし投資に対して対象国が依存するようになり、その援助と引き換えに政治的な影響力

を受け入れる、または経済的なメリットを提供するということが起きれば、それは ES ということができよう。

２．エコノミック・ステイトクラフトの実効性

自らの政治的意思を経済的な手段によって強制するということは、一見すると大きな効果があるように思える。実際、石油ショックやイラン核合意などの実例から、ES は一定の効果を見込むことができ、戦略的な手段として選択する合理性があるように思える。また、武力を用いた政治的意思の強制とは異なり、国際的な非難や国内的な同意の調達の難しさに直面する度合いは小さく、ES を実施するハードルは軍事的な行動をとるよりも低い。

とはいえ、ES が効果的に目的を達成するというケースはそれほど多いというわけではない。ES が効果を発揮するためには、いくつかの条件が揃っていなければならず、その条件が全て揃っていたとしても必ず成功することが保証されているわけではない。

（１）依存と脆弱性

しばしば ES は経済力の強い国が弱い国に対して行う行為のように考えられているが、それは必ずしも適切ではない。もちろん経済力の強い（GDP が大きい、産業競争力がある）国の方が多くの権力資源を持ち、他国に対して自らの意思を強制する能力が高いことは確かである。しかし、経済力が強くなくとも効果的に ES を実行することができる。その鍵となる概念が「脆弱性」である。その脆弱性は他国に対して依存度が高い状況があることによって生まれる。これは1945年にハーシュマンが貿易の「影響力効果（influence effect）」と呼び、貿易によって生まれた依存関係において、一方の国が他方の国との貿易に強く依存する状況が生まれれば「影響力」を行使しうることを指摘しているが＊15、現代では単に貿易量の問題だけでなく、サプライチェーンの複雑な絡み合いや、市場アクセスにおける規制や標準をめぐる問題、さらには基軸通貨への依存といったことが「依存と脆弱性」の問題を一層深刻なものとしている。

①サプライチェーンにおける依存と脆弱性

　ES が効果的に発揮されるための第一条件としては、グローバルなサプライチェーンの中で、特定の国家が生産する品目に対して、対象国が強度に依存している状態があることが挙げられる。例えば、石油ショックのケースでは、中東で産出される原油に西側諸国が強く依存しており、また、その価格が安いことが各国の経済状況の基盤をなしていたが、その中東からの原油が高価となり、アクセスが難しくなったことで各国に経済的な混乱が生じた。石油ショックの経験から、原油を生産しない諸国は備蓄を強化したり（日本では1975年に備蓄法が成立）、輸入先を多元化してリスクを分散したり、省エネを進めて中東の原油への依存を減らすといった対抗策をとったが、これらは依存が生み出す「脆弱性」を少しでも減らし、ES の対象国となって他国の意思を強制されるというリスクを回避するための施策と言えよう。逆に、特定の国家の特定品目に依存していない場合、仮にES が実施されても、他に代替手段があり、代替の供給源があれば ES を効果的に実施することはできない。その意味では自動車や電化製品などの汎用品、最終消費財は多くの国で生産され、代替する供給源が容易に見つかるが、生産国が限られる半導体製造装置や先端的な素材、さらには原油やレアアースといった埋蔵地に偏りがある資源などは、特定の国が独占的に保有し、対象国に依存する状況が生まれやすいため、ES の手段として用いられやすい。

②市場アクセスへの依存と脆弱性

　また、依存と脆弱性という観点から見ると、市場の大きさも代替が難しく、依存状況が生まれやすい。世界最大の GDP を持つアメリカ、第二位の中国は、その市場規模の大きさから、多くのグローバル企業にとってアクセスしなければならない市場であり、その市場から締め出された場合、他の国の市場が存在しているとしても、アメリカや中国市場を代替できるような規模の市場を獲得することは難しい。そのため、市場規模の大きな国は、その市場へのアクセスを制限する（上述の形態で言えば③の通商の停止）という ES を実施することが可能である。

　加えて、アメリカや中国はその市場規模の大きさをレバレッジとして、自らの国内法を域外適用するということも可能となっている。アメリカは、自らの輸出管理規則を自国の管轄権の及ぶ範囲だけでなく、他国の領域や

個人・法人に対しても適用しているが、こうしたことが可能となるのは、もしアメリカの規則に違反した場合、アメリカの市場へのアクセスを失うという懲罰を与えるということが可能だからである。アメリカの制裁法や大統領令に第三国の個人や企業が違反したと認定された場合、その個人や企業は米国での経済活動を行うためのライセンスなどを得ることができなくなり、アメリカの市場へのアクセスを回復するためには巨額の課徴金を支払うしかなくなる。そのため、アメリカ市場へのアクセスを失うことや巨額の課徴金を恐れる個人や企業はアメリカの規則に従わざるを得なくなる。中国も2020年に成立させた輸出管理法では同様の域外適用の可能性を示しており、こうした市場の大きさをレバレッジにして ES を実施することが可能となっている＊16。

　こうした市場の大きさをレバレッジにするのはアメリカや中国だけではない。加盟各国の GDP だけ見ればそれほど大きくないが、EU として単一市場で見ると、EU の GDP はアメリカよりも大きく、世界最大の市場である。EU はその市場の大きさをレバレッジとして、他国に対して EU 域内の規制を第三国に受け入れさせるという ES を実施している＊17。EU が他国と結ぶ自由貿易協定などには、EU が自らの価値として掲げる法の支配や人権に関する条項を含めることを要求し、他国に自らの政治的な意思を強制するような実践を行っている＊18。2020年12月に合意に至った EU と中国の投資協定においても、EU が要求した ILO（国際労働機関）の強制労働禁止を含む条約を中国が批准することが含まれている。これは中国の新疆ウイグル地区での強制労働を EU が問題視しており、この条項を入れなければ合意しないという交渉姿勢を見せたが、当初はその条項に反対していた中国も、最終的には EU からの投資を確保するために、その条項を含めることで合意した（アメリカからの圧力や世論の高まりを受けて、EU は批准過程を一次停止している）。

③決済通貨としての米ドルへの依存と脆弱性

　グローバル経済が依存し、アメリカを除くすべての国が依存しているのが国際基軸通貨としての米ドルである。現在、その割合は下がっているとはいえ、国際的な決済には米ドルが使われるのが一般的であり、基軸通貨としての信用はまだ十分に存在している。とりわけ原油などの一次産品においては米ドルが事実上の決済通貨になっており、産油国が持つ資産にお

ける米ドル建ての資産は多い。また、米財務省債券（いわゆる米国債）は流動性が高いため、外貨準備としてドルを持つ場合、米財務省証券に変えて保有していることも多く、その結果、日本や中国などが米国債をファイナンスしている状況になっている。こうした米ドルへの依存は、米国以外の国が ES の対象国となった場合、その国際決済の過程のほとんどがコルレス取引を通じて米国内を経由するため、アメリカは国内法に基づいて米国の管轄権の中で他国の通貨の流れを遮断することができる*19。そのため、アメリカの ES の対象国となった場合、米ドルに依存した決済を行っている国はアメリカに対して脆弱性を抱えることとなる。

（2）国家意思と「抵抗経済」

　しかし、これらの依存と脆弱性が成立している状況でも ES が効果的に影響力を発揮し、戦略的な目標を達成できるとは限らない。それは、ES の対象国となる国々が様々な形で抵抗するからである。ES の対象となった国は、経済的に大きな損害を被り、国民生活が窮乏化することがしばしばであるが、そうした状況も、他国によって起因するものであるとなると、国家指導者は他国への敵意を掻き立て、ナショナリズムに訴える形で窮乏に耐えることを求めることが一般的である。民主的な制度を導入している国であれば、そうした窮乏状態が政府の責任であり、他国の圧力に屈してES から逃れるような交渉を求める場合もあるが、独裁的な国家では、他国の ES に対して国民が窮乏することが政権を転覆させるほどの影響を持たない場合が多く、その効果は限られている。

　また、ES の対象国となった国々は、様々な形で圧力の抜け道を探り、代替手段を開発して窮乏状態を緩和させる選択をする。その代表的な例は密貿易であり、北朝鮮は国連制裁やアメリカなどの制裁を受けている中で、瀬取などの手段を使って禁輸品を獲得しているとみられている。そうした密貿易を実施する際、直接のやり取りではなく、第三国を経由して貿易を行うことで密貿易の発覚を難しくさせるような迂回輸出などを行うこともしばしばみられる*20。

　基軸通貨としてのドルへの依存を回避するために、仮想通貨による決済や、ドルを経由せずに他の通貨（例えばユーロなど）を活用することも一つの方法として考えられており、また、通貨を媒介にせずバーター取引

（物々交換）による貿易といったことも行われている。中国がデジタル人民元のインフラ構築を進めているのも、ドルに対する依存を回避し、アメリカによるESの影響を受けないようにする試みと見ることができるだろう。

さらに、ESに対抗するため、備蓄を強化するだけでなく、代替手段を開発するというのも、ESの効果を下げる方法であろう。2010年に中国がレアアースの輸出を制限した際、ハイブリッド車の磁石に用いるジスプロシウムなどが入手できなくなるという経験をしたことで、レアアースに依存しない磁石の開発を進め、2015年には中国産のレアアースを使わないハイブリッド車をホンダが開発することに成功した。このように、ESを実施することで、他国は依存を減らし、脆弱性を低下させるために代替手段の開発や自国での生産を強化するといった選択を行うことが多くみられる。これは、ESを実施することで、脆弱性を低めるために依存から脱却する状況を作り出すことを意味する。いわば「ESのパラドクス」のような状況が生まれる。つまり、対象国が依存をしていることでESは効果を発揮するが、ESによる被害を経験することで依存度を下げた結果、ESの効果が薄れていくというものである。言い換えれば、ESの有効性は、対象国が何らかの経済的な強制措置を受けることを想定せず、依存度が高い時に最も強くなるが、ESを経験したり、その可能性が予見されるような状況になるとESの有効性は下がる。つまり、トランプ政権のようにESを立て続けに連発していくと、その有効性は下がっていくという結果をもたらし、それは一見するとアメリカの影響力の低下、覇権の衰退といった姿として受け取られることになるであろう。それでも、基軸通貨としての米ドルの地位が動かない限り、アメリカが持つES実施能力は相対的には高いままであろうし、代替手段もそう容易に見つかるものではないため、短期的にはESを立て続けに実施しても、その有効性がすぐに低下するというわけでもないことは留意しておく必要があるだろう。

3．エコノミック・ステイトクラフトと安全保障

本書は米中関係を経済安全保障の観点から論じるものであるが、経済安全保障とESの関係について少し整理をしておこう。経済安全保障は、様

々な定義がありうるが（例えば自民党の「経済安全保障戦略の策定に向けて*21」や國分による研究*22など）、ここでは「経済的な側面から安全保障、すなわち国家の存立を維持・継続し、国家の価値観を保全すること」であると定義しておく。この概念は、「経済的な手段を用いて自らの政治的意思を強制し、国家戦略上の目標を実現する」という ES よりは広い概念ではあるが、経済的手段を用いるという点は共通している。ES は国家の意思を他国に強制するという意味で外向的であり、自らが行動を起こすというプロアクティブな側面があるが、経済安全保障は国家の存立を守り、価値観を保全するという守りのニュアンスが強くなる。

（1）安全保障上のリスク

　では ES の概念と異なるものとして経済安全保障を見た場合、どこに焦点が置かれるべきか。それは安全保障上のリスクであろう。ES の場合も他国に自らの意思を強制するにあたってリスクを計算しなければならないが、経済安全保障におけるリスクは、他国から影響を受け、何らかの不利益を被るリスク、それによって国家の存立や価値観の保全が困難になるようなリスクを避けるということが重要になる。

　例えば、5G の整備にあたって中国製品を排除するという議論では、既にいくつか報道されている通り、中国製品を動かすためのプログラムや接続機器に仕組まれたソフトウェアにわかりにくい形でコードが仕込んであり、そのコードを起動することで通信内容を傍受することが可能だと考えられている*23。また、中国製品を解体すると設計には含まれていない小型のデバイスが仕込まれている場合があり、これが通信機器を通じて流れていくデータを傍受するものではないかと考えられている*24（この報道には様々な疑念も寄せられている*25）。これらの疑念に対し、ファーウェイは通信傍受の仕組みを埋め込むなどは一切していないと主張しているが、その真偽は定かではない。

　こうした通信内容の傍受が問題となるのは、中国政府が国内企業に対して、その企業が保有するデータを強制的に政府に提供させることが出来るからである。国家情報法をはじめとする一連のデータ機密に関する法制度は外国企業であってもソースコードを提供させるものであったり、国内企業であっても、その保有するデータを提供する義務を課しており、仮にフ

ァーウェイが米国をはじめ他国の通信網から傍受した情報があるとすれば、その情報は中国政府の知るところとなる可能性が高い*26。近年の中国によるサイバー攻撃などを想定すれば、こうした秘密裏に情報をかすめ取るバックドアが中国製品に埋め込まれているとしても不思議ではないだろう。

　さらに懸念される問題として、こうしたバックドアを通じて他国に設置した 5G ネットワークを強制的に遮断ないし無効化することも出来るのではないかという疑念もある。既に述べたように 5G が通信インフラとして整備されれば、Society5.0 に向けて社会システムの変革が進み、多くの社会経済活動が 5G ネットワークに依存することとなる。そうなれば、5G ネットワークを遮断したり、無効化することが出来れば容易に大規模なサイバー攻撃をかけるのと同様、ほとんどコストをかけずに他国に巨大な経済損失を与え、その社会機能を麻痺させることが出来るようになる*27。こうした能力は、当然ながら中国製品に依存する国家にとっては安全保障上の脆弱性となり、中国との国家間関係において極めて不利な状況に置かれることとなる。

　ただし、注意しなければならないことがある。それは仮に 5G ネットワーク機器の整備に当たって中国製の製品を排除したとしても、中国は様々な形でネットワークから情報を取得することが可能だという点である。既に世界的に使われるようになった動画共有ソフトである TikTok は中国企業が開発したものである。また日本でも普及し始めた QR コードを通じた小口決済の仕組みも元々は中国のアリババが開発した Ali Pay の仕組みを基礎としている。さらに、新型コロナウイルスによる世界的なロックダウンによって急速に普及したテレビ会議ソフトである Zoom は中国系米国人によって開発され、そのデータの一部は中国にあるサーバーを介して配信されていた（現在は修正され中国は経由していない）。このように、中国製のハードウェアを排除しても、中国によって開発されたソフトウェアや、そのソフトウェアが中国を経由するルートでデータを配信するなどしている場合、情報が傍受される可能性が残っている。これらの場合、特定のソフトウェアを使わないという選択もあり得るが、中国製のソフトウェアの利便性が高ければ、それを排除するのは困難になる点にも留意しておく必要があるだろう。

（２）リスク・コスト・ベネフィットのバランス

　このように、5G を早期導入し、グローバル市場において競争力のある産業を生み出し、育成するためには単価の安い機器を導入しなければならない。そのコストを抑えようとすれば中国製の製品を活用するのが最も手っ取り早い手段であるが、それに関しては安全保障上のリスクがある。すなわち、5G を巡る問題は中国製品を導入するリスクをどこまで見積もるか、また、リスクを避けるために中国製品を排除した場合にどの程度のコストまで耐えられるのか、さらには中国製品を導入するリスクを避け、5G の整備をするコストに耐えられない場合、その便益である産業競争力の喪失や社会経済政策の向上を諦めるのか、と言う問題にある。それを図にしてみると以下のようになる。

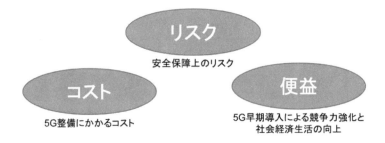

　5G 導入を巡る問題はリスクとコストとベネフィットのバランスをどのように取り、どこにウェイトを置いて判断するのか、という問題になってくる。米国の場合、中国製品を導入するリスクが余りにも大きいと判断し、コストをかけてでも中国製品を避けて 5G の整備を進めるという方針をとった。これにはオーストラリアが追従し、日本も事実上中国製品を避けるという選択をしている。他方、イギリスやドイツは 5G 導入にかかるコストを問題視し、「非中核的」なネットワークに関しては中国製品を導入してでも早期に 5G のネットワークを整備するという選択をしている。ただし、イギリスは段階的に中国製品を漸進的に削減し、数年後には中国製品を排除したネットワークにすると計画している。また多くの途上国においては中国製品の導入のリスク以前に 5G ネットワークの整備にかかるコストをまかなえないために、ベネフィットとなる 5G の整備自体を早期には行わないという選択をしている。

4．日本の輸出管理制度変更はエコノミック・ステイトクラフトだったのか

　ES は「経済的な手段を用いて自らの政治的意思を強制し、国家戦略上の目標を実現する」ことである。では、この定義に照らして考えると、2019年に韓国に対して行った日本の輸出管理制度の変更は ES と言えるのだろうか。

（1）始まりは輸出管理制度の変更だった

　2019年7月1日に発表された輸出管理制度のポイントは二つある。一つはフッ化水素、レジスト、フッ化ポリイミドの三品目を包括許可から個別許可とする、ということであり、もう一つは韓国をホワイト国（現在のグループA）から除外することであった。この二つの措置には、韓国の輸出管理体制に不備があり「不適切な事案」が存在するため、日本から韓国への輸出をこれまで通り、ホワイト国として優遇措置に基づく緩い審査を続けていると、日本製品が韓国を経由して大量破壊兵器の開発・製造に使われてしまうという恐れがあるとの判断から制度の変更を行った、という理由がつけられている。その際、日本が懸念している点として、輸出管理体制の脆弱さ、通常兵器のキャッチオール規制の不在、日韓の輸出管理をめぐる対話の欠如の三つのポイントが挙げられた[28]。

　表面的には、日本の輸出管理制度の変更は、ES のような明確な政治的メッセージは含まれず、あくまでも「韓国の輸出管理体制を懸念した結果としての輸出管理の制度上の変更」という見かけを維持している。輸出管理は日本が単独で行っているものではなく、大量破壊兵器の開発・製造に転用可能な技術を持つ国々が自発的に集まり、グローバルな不拡散を防ぐための国際協調の取り組みを国内で実施するものである。韓国もこれらの取り組みに参加している。韓国はこれらの取り組みに参加し、輸出管理をきちんと行っているという前提があったからこそ、韓国はホワイト国として指定されていたのである。

　言い換えれば、韓国がホワイト国から除外され、フッ化水素などの三品目が個別許可に移行したのは、こうした国際的なルールに対して韓国は適切に対処していないという日本の判断があった。その点で言えば、韓国に

対して何らかの政治的意思を強制するための手段としての ES であると言い切ることはできない。もし ES だとしても、日本は韓国の輸出管理制度の改善を求めるという意思を強制する ES だという解釈になるような状況であった。

（2）それでも韓国はエコノミック・ステイトクラフトとして受け取った

　しかし、それでも韓国は日本の輸出管理制度の変更を ES として、つまり日本が政治的意思を強制する手段として用いたものであると認定して、強く反発していた。韓国は自らの輸出管理制度は高い水準にあり、日本が懸念するグローバルな大量破壊兵器の拡散に寄与するものではないと主張し、制度の不備や「不適切な事案」がないにも関わらず日本が輸出管理制度の変更をしてくるのは、表向きの理屈とは異なり、何らかの政治的意思があるという見立てから全ての議論が構築されている。

　韓国が考える日本の政治的意図とは、日韓の間に横たわる歴史認識問題、とりわけ2016年に韓国の最高裁判所である大法院が出した徴用工に対する賠償請求訴訟の判決を取り消させることである。そんな中で韓国は、前触れもなく急に輸出管理制度が変更され、韓国にとっての「チョークポイントアイテム」であるフッ化水素などを狙い撃ちにして包括許可から個別許可にしたことは、ついに日本側が ES を実行したと見て取った。輸出管理制度の変更が発表された直後の記者会見等で世耕経産大臣は、韓国との「信頼関係の欠如」を問題にしたことも、政治的意思の表れとして見ていたと思われる*29。なお、当初は「信頼関係の欠如」を徴用工問題に関連させて発言していたが、一週間も経たないうちに発言の軌道修正を行い、「信頼関係の欠如」とは、輸出管理の問題について日本側から協議を申し込んだのに3年間も対応しなかった韓国当局に対する信頼が失われたという意味であると説明するようになった*30。

　こうした「政治的メッセージの明確化」と「チョークポイントアイテムへの攻撃」は、韓国から見ると明らかな ES の実行であり、徴用工問題に関する解決を韓国に強制する手段として見ていた。それに加え、これまで先進諸国を中心に輸出管理の優遇措置を適用してきた「ホワイト国」という枠組みから勧告を排除することで、韓国を国際社会において二流国として扱い、韓国の「国家的自尊心」を傷つけることを目的としている、とい

う認識も持っているようである。さらにホワイト国から除外することで、これまで他の製品に対して与えられていた優遇措置である「一般包括許可」が韓国に与えられなくなり、ほとんどの品目が「個別許可」に移行するという誤解も生まれていた。実際には、ホワイト国から除外されても多くの品目が「特別一般包括許可」の対象となり、これまでと同じような包括許可が与えられる仕組みになっているため、全てが個別許可に移るというのは明らかな誤解である＊31。しかし韓国はそうした細かいことよりも、ホワイト国というステータスを失うことについて非常に強い懸念を示した。

（3）結果としてエコノミック・ステイトクラフトだった

　2019年末には、韓国の産業通商資源部（省）は輸出管理体制の強化を進め、傘下の戦略物資管理院の輸出管理本部の人員を5割増して45人にし、貿易安全保障課を局に格上げするなどして、日本が期待する輸出管理体制の強化に努めた＊32。また、2020年3月には対外貿易法を改正し、日本が懸念していた通常兵器のキャッチオール規制の強化にも取り組むこととなった＊33。これによって、日本が懸念を示していた3つのポイントに対して、完全とは言えないまでも、韓国は可能な範囲で対応し、日本の懸念を解消する努力を行ったといえるだろう。

　しかし、日本は2019年12月に個別許可に移した三品目のうちの一つであるレジストの規制を緩和し、特定企業間で最長3年間は1件ごとに許可をとる手間が省ける仕組みを使えるようにしただけで、韓国が求めた「ホワイト国（グループA）」への復帰も、フッ化水素、フッ化ポリイミドの包括許可への復帰もしなかった。韓国は2020年5月に要求を受け入れるよう産業通商資源部が申し入れたが、日本側は制度の運用を見てから判断するという対応にとどめ、韓国の要求を受け入れることは先送りにした＊34。

　他方で、元徴用工の問題をめぐって日韓関係は対立したままであり、韓国側も差し押さえ資産の現金化という最後の一線を超えないように調整しつつ、日本との交渉では問題解決に向けた進展はなく、結果的に、日本の政治的意思を強制するということにも成功していない。その間、韓国では日本製品の不買運動が続き、日本のビジネスに打撃を与えるなど、逆に市民レベルでのESが実施されるといった状況が生まれた。2020年の新型コロナウイルスの感染拡大によって、日韓の人の移動も制限され、輸出管理

制度の問題ははっきりとした決着のないまま定着してしまう状況になりつつある。いずれにしても、日本が当初は輸出管理制度の問題としていたものが、韓国が日本の懸念に対処し、日本の要求に合わせて輸出管理制度を強化しても日本が韓国の要求を認めなかった。結果として、輸出管理制度の変更は日本が元徴用工をめぐる問題に関して、何らかの政治的意思を強制するための ES だったのではないかとみられても仕方のない状況となった。

5．日本のエコノミック・ステイトクラフト

　最後に米中の技術覇権争いが激しくなる現在において日本がどのような ES を取りうるか、日本の経済安全保障を考えるうえで重要な論点は何かを検討しておきたい。

　日本はアメリカの同盟国として米中の技術覇権争いにおいては、中国と対立し、アメリカと協力する関係にある。しかし同時に日本は中国との深い経済関係があり、中国とのビジネスを阻害することも望ましくなく、また中国が技術管理を強化して日本とのビジネスを難しくするようなことも望ましくない。

　そのような中で日本が注力すべきは、米中技術覇権競争の中でも自律した能力を持ち、米中両国に対してレバレッジとなるような能力を持つことである。すなわち、日本が得意とする先端的な素材やロボティクス、工作機械といった生産過程の上流にあたる技術を徹底して磨き、「戦略的不可欠性」を獲得することである*35。すでに述べたように生産過程の上流に関わる技術は寡占化されやすく、他国が日本に対して依存する度合いが高くなりやすい。2019年7月に日本が韓国に対する輸出管理を強化した際、フッ化水素など三品目を包括許可から個別許可に移行したことで、韓国は強く反発したが、それは韓国がこれら三品目を日本に強く依存していたからであり、これらの生産過程の上流にあたる製品がなければ韓国の主力産業である半導体の製造が困難になるからである。この措置により、韓国は日本が求めた輸出管理体制の強化を進めたが、これは日本がとった措置がレバレッジとして効果を生み、それが韓国の行動を変容させた。もっとも、日本政府は元徴用工問題に関する韓国の行動変容を求めていたとも解釈で

きるが、建前では輸出管理制度の強化を求めるというところにとどまっていたため、日本が望むような形での行動変容を実現するには至っていない。

　いずれにしても、日本はこのように生産過程の上流にある技術を磨くことで、他国に対して影響力を持ちえる立場にあり、こうした立場を活かせば米中の技術覇権争いが激しくなる中で、日本が巻き込まれることになるのを避けるための一定の抑止力が得られると考えることができる。と同時に、経済産業省が進めた「サプライチェーン補助金」のような形で、中国への依存を減らし、日本の脆弱性を低めていくことも重要になるであろう。

　日本は2019年10月に外務省総合外交政策局の安全保障政策課内に、新安全保障課題政策室を新設し、2020年4月には国家安全保障局に経済班を新設して、日本が技術や貿易を手段として ES を実施するという体制が作られた。こうした体制の整備は日本が ES を実施するうえで一貫した戦略的な経済的手段の利用を進めるうえで重要である。しかし、組織を作っただけで ES が効果的に実施できるわけではない。それを効果的に実施するためにも、どのような政治的メッセージを出すか、どのような製品や技術をレバレッジに使うのか、そうした製品や技術をどう育て、どう守るのかといったところまで踏み込んだ戦略を作っていく必要がある。

　また、ES を実施することは、対象国からの報復や国際的な非難を受ける可能性があることも考慮しておく必要がある。ES は「武器を使わない戦争」という側面があるだけに、その発動には最大限慎重であるべきである。と同時に、武器を使う戦争でも「抑止」の概念があるように、ES も使える武器として常に持ち続け、磨き続ける必要はある。日本が戦略的目標を達成するための経済的手段を持つことで、他国に対して一定の圧力となり、また他国による ES の実施を抑止し、究極的にはそれを手段として使うことで、日本の政治的意思を強制することができる体制を作っておくことが、グローバル化し、米中が技術覇権を争う時代の国際社会で生き延びていく手段なのだと考える。

註
＊1　Robert S. Ross, "It's not a cold war: competition and cooperation in US-China relations." *China International Strategy Review*. No.2, pp.63-72, 2020. <https://link.springer.com/article/10.1007/s42533-020-00038-8>

＊2 Eyal Benvenisti, "Sovereignty and the Politics of Property", *Theoretical Inquiries in Law*, Vol.18, No.2, 2017, pp 447-468.

＊3 エコノミック・ステイトクラフトに関する議論をまとめたものとしては、中村直貴「経済安全保障：概念の再定義と一貫した政策体系の構築に向けて」『立法と調査』No.428、2020年10月、118～131頁；長谷川将規『経済安全保障 経済は安全保障にどのように利用されているのか』日本経済評論社、2013年；宮本雄二、伊集院敦、日本経済研究センター編著『技術覇権 米中激突の深層』日本経済新聞出版社、2020年、Robert D. Blackwill and Jennifer M. Harris, *War by Other Means: Geoeconomics and Statecraft*, Harvard University Press, 2016 などがある。

＊4 David A. Baldwin, *Economic Statecraft*. Princeton University Press, 1985.

＊5 山本武彦『安全保障政策：経世済民・新地政学・安全保障共同体』日本経済評論社、2009年。

＊6 赤根谷達雄「エコノミック・ステイトクラフト再考」『国際問題』No.598、2011年1-2月、21～22頁。

＊7 服部春彦『フランス近代貿易の生成と展開』ミネルヴァ書房、1992年。

＊8 長谷川は「シグナリング機能」としてこの「アナウンスメント効果を説明している」。長谷川将規「経済制裁をめぐる4つの問い：より適切な理解のために」『湘南工科大学紀要』第52巻第1号、103～116頁

＊9 Richard Nephew, *Art of Sanctions*, Columbia University Press, 2020.

＊10 浅田正彦編『兵器の拡散防止と輸出管理：制度と実践』有信堂、2004年。

＊11 浅田正彦編『輸出管理：制度と実践』有信堂高文社、2012年。

＊12 鈴木一人「輸出管理と GSOMIA 問題の核心にある韓国の『自尊心』」『中央公論』2019年11月号。

＊13 赤根谷、前掲書。

＊14 川島富士雄「中国－レアアース等の輸出に関する措置（DS431, DS432, DS 433）：輸出規制に対する規律に関する解釈の展開」RIETI Policy Discussion Paper Series 16-P-003、2016年2月。

＊15 Albert O. Hirschman, *National Power and the Structure of Foreign Trade*, University of California Press, 1945.（アルバート・ハーシュマン著、飯田敬輔訳『国力と外国貿易の構造』勁草書房、2011年。）

＊16 Tom Ruys and Cedric Ryngaert, "Secondary Sanctions: A Weapon out of Control? The International Legality of, and European Responses to, US Secondary Sanctions," *British Yearbook of International Law*, 22 September 2020, pp.1-116. <https://academic.oup.com/bybil/advance-article/doi/10.1093/

bybil/braa007/5909823>

＊17　遠藤乾、鈴木一人編『EUの規制力』日本経済評論社、2012年。

＊18　鈴木一人「『規制帝国』としての EU：ポスト国民帝国時代の帝国」山下範久編『帝国論』講談社選書メチエ、2006年1月、44〜78頁。

＊19　*Economic Sanctions: Agencies Assess Impacts on Targets, and Studies Suggest Several Factors Contribute to Sanctions' Effectiveness*, Government Accountability Office, GAO-20-145, <https://www.gao.gov/assets/710/701891.pdf>

＊20　Final report of the Panel of Experts submitted pursuant to resolution 2464 (2019), March 2, 2020, S/2020/151.

＊21　自民党政務調査会新国際秩序創造戦略本部『提言「経済安全保障戦略」の策定に向けて』2020年12月16日。ここでは、経済安全保障を「我が国の独立と生存及び繁栄を経済面から確保すること」と定義している。

＊22　國分俊史『エコノミック・ステイトクラフト：経済安全保障の戦い』日本経済新聞社、2020年。

＊23　Bojan Pancevski, "U.S. Officials Say Huawei Can Covertly Access Telecom Networks", *Wall Street Journal*, February 12, 2020. <https://www.wsj.com/articles/u-s-officials-say-huawei-can-covertly-access-telecom-networks-11581452256>

＊24　Jordan Robertson and Michael Riley, "The Big Hack: How China Used a Tiny Chip to Infiltrate U.S. Companies", *Bloomberg BusinessWeek*, October 4, 2018. <https://www.bloomberg.com/news/features/2018-10-04/the-big-hack-how-china-used-a-tiny-chip-to-infiltrate-america-s-top-companies>

＊25　Zack Whittaker, "Bloomberg's spy chip story reveals the murky world of national security reporting", *TechCrunch*, October 5, 2018. <https://techcrunch.com/2018/10/04/bloomberg-spy-chip-murky-world-national-security-reporting/>

＊26　岡村志嘉子「中国の国家情報法」『外国の立法：立法情報・翻訳・解説』国立国会図書館、274号、2017年12月、64〜70頁。

＊27　Society5.0 は第五期科学技術基本計画の中核概念として位置づけられ、その実現に 5G ネットワークが基礎インフラとして位置づけられている。『科学技術基本計画』2016年1月22日。<https://www8.cao.go.jp/cstp/kihonkeikaku/5honbun.pdf>

＊28　中島朋義「日本の対韓国輸出管理強化」日本国際経済学会第79回全国大会報告、2020年10月17日。<https://www.jsie.jp/Annual_Meeting/2020f_Kyushu_U

niv/download/031fu.pdf>

＊29 「世耕経産相『韓国、友好関係否定の動き』輸出規制巡り」『朝日新聞』2019年7月4日。

＊30 「信頼関係の回復なければ政策対話の再開は困難＝対韓輸出管理で経産省」ロイター、2019年7月19日。<https://jp.reuters.com/article/south-korea-japan-dispute-idJPKCN1UE11B>

＊31 CISTEC 事務局「日韓間の混乱を招いた安全保障輸出管理に関する誤解」『CISTEC Journal』No.183、2019年9月、31～44頁。<https://www.cistec.or.jp/service/kankoku/191011-02_tokusyuu02.pdf>

＊32 「韓国、日本に輸出管理の改善説明　政策対話を継続へ」『日本経済新聞』2019年12月16日。<https://www.nikkei.com/article/DGXMZO53436200W9A211C1EA1000>

＊33 「韓国閣僚『日本が挙げた理由を全て解消』輸出規制強化の撤回促す」『聯合ニュース』2020年3月6日。<https://jp.yna.co.kr/view/AJP20200306001400882>

＊34 「韓国、輸出管理の緩和要請　日本に『月末まで回答を』」『日本経済新聞』2020年5月21日。<https://www.nikkei.com/article/DGXMZO58991950S0A510C2FF8000>

＊35 村山裕三「日本の「戦略的不可欠性」を活かせ」『VOICE』2021年2月号、44～51頁。

第Ⅰ部

＊

米国の安全保障と輸出管理

2018年8月、米国における輸出管理に関する法律「輸出管理改革法（Export Control Reform Act: 以下、ECRA）」が再立法化された。「再立法化」とは、文字通り、再び法律として制定されたということを意味する。米国では、2001年に「1979年輸出管理法（Export Administration Act: 以下、EAA）が失効して以来、実に17年もの間、根拠法不在のまま、輸出管理が行われるという異常な状態が続いていたのだった。無論、法律無くして行政を動かすことはできないので、実際には、国際緊急経済権限法（International Emergency Economic Powers Act: 以下、IEEPA）という法律の下、大統領令が発動されることで輸出管理行政は維持されてきた。

　この間、連邦議会は、数度に渡って輸出管理法の再立法化を試みてきた。しかし後ほど見ていく通り、それらが実際に実を結ぶことはなかった。では、なぜ、2018年に輸出管理法の再立法化は実現できたのだろうか。それまでほとんど顧みられることのなかった再立法化がどのような理論的・法的根拠で達成され、実現に影響を与えた要因は何で、そしてなぜこのタイミングだったのか。これは、第Ⅰ部の第1章から第3章に通底する問いである。

　米国輸出管理といえば、歴史的には冷戦時代のココム（Coordinating Committee for Multilateral Export Controls; 対共産圏輸出統制委員会）がイメージしやすい。しかしココムを、単に、現在のワッセナー・アレンジメントの前身であると評価するには、両者のポリシーはあまりに違いすぎるだろう。

　ココムは、米国が旗振り役となって同盟国と協力し、わずか17カ国で、東側諸国へのハイテク製品や技術の"輸出統制"を行うことで、西側（米国）の軍事的優位を保つということを目指す、極めて政治色の強い協定だった。他方、冷戦後にココムの後継として設立されたワッセナー・アレンジメントは、昨日まで敵だったロシアが参加していることからもわかる通り、政治色は極限まで消され、その代わり、「不拡散型輸出管理」、「デュアル・ユース品管理の重要性」、「敵を限定しない管理」という"新時代"の枠組みとなった。

　しかしワッセナー・アレンジメントが設立されてから25年。42カ国が参加するこの協定による品目・技術管理に対する限界を感じているのは他ならぬ米国である。従来から、単独で輸出管理を実施するのでは目的に対す

る効果が薄いとして、輸出管理の世界ではしばしば「ハーモナイゼーション」という言葉が使われてきた。ココムにせよ、その他の輸出管理レジームにせよ、国際協調のもとで実施することにこそ“意義”があったのだ。しかし近年、その理念は、崩れてきている。早すぎる先端技術開発にもはや制度が追いついていないからだ。だから米国は後述する通り、2012年から国際輸出管理レジームによらない独自の“エマージングテクノロジー”の管理を始めている。

　またこれと並んで米国の輸出管理を考えるときに忘れてはならないのが「エコノミック・ステイトクラフト」という戦略である。米国輸出管理法には、「輸出管理が、安全保障と並んで外交上の目的を達成するための手段」であることが明白に記されており、これはまさに、「国家が自らの戦略的目標を達成するために、軍事ではなく経済的な手段によって他国に影響力を行使するエコノミック・ステイトクラフト」に他ならないと言える。

　米国の経済制裁について詳細な研究を行なったバリー・E・カーターによれば、多くの国は、外交上の目的を達成するために様々な経済的な制裁を発動しているが、特に米国は多くの国に対して様々なタイプの制裁を発動し、そのほとんどを成功させてきたと言う。ここで言う成功とはもちろん、他国の行動を自国の望む方向に変えることだ。カーター博士によれば、「経済的な制裁は実際の武力行使よりも国際社会からも受け入れられやすく、多くの場合は、（相手国の行動に対する）外交ルートによる抗議といった、いわゆる通常の「外交手段」を用いるよりも、明確な意思表示が可能となるため有用」[1]だと言う。

　ただ注意が必要なのは、上記特徴を踏まえるとエコノミック・ステイトクラフトの多くは、「持つ者」が「持たざる者」に対して行う一方的なものとなりやすく、よって、明白な国家戦略としてエコノミック・ステイトクラフトを行使できる国はそう多くない。米国はエコノミック・ステイトクラフトを戦略的に行使できる数少ない国であり、その中で重要な位置を占めるのが輸出管理なのである。

　本書第Ⅰ部は、米国の輸出管理と安全保障戦略について特にエコノミック・ステイトクラフトをキーワードにして分析を行っていく。具体的には第1章「米国における輸出管理の歴史」では輸出管理法の歴史について概

観しながら、米国において輸出管理政策が外交手段として使われてきたことを歴史的に考察する。第2章「輸出管理をめぐる米中関係」では、特に対中国に展開されてきたエコノミック・ステイトクラフトの歴史を概観しつつ、現在の"米中貿易戦争"に至るまでの分析を行う。第2章をうけて、第3章では「米国の輸出管理の新展開－従来型の限界と今後―」というテーマで、米国の輸出管理に影響を与える安全保障をめぐる環境変化、従来型の輸出管理の限界、新たなる輸出管理の特徴を述べ、今後米国がどのような輸出管理を模索するのかについて論じていく。

（小野純子）

註
＊1 Barry E. Carter, *International Economic Sanctions*, p.1.

第1章

米国における輸出管理の歴史
EAAからECRAまで

小野 純子

1．米国の輸出管理制度とは：日本との比較から考える

　日本において輸出管理とは、貨物の輸出や技術の提供に際して、それが国際的な平和と安全の維持を妨げる恐れがあると認められる場合に、輸出管理当局の許可を得なければならないことをいう。この場合の「国際的な平和と安全の維持を妨げるおそれがある」*1とは、ある国家もしくは非国家主体が、秘密裡に大量破壊兵器等の開発や保有を行ったり、通常兵器の過剰な蓄積を行ったりすることを指す。多くの輸出管理レジーム参加国や地域では、大量破壊兵器等の開発に使われうる貨物の輸出や技術の提供は、当局への事前ライセンス制となっており、許可が下りない場合は輸出をすることはできない。もちろん日本も例外ではない。また我が国は、4つの輸出管理レジーム（第3章を参照のこと）全てに参加しており、輸出管理が安全保障の一環と位置付けられているため「安全保障輸出管理」と呼ばれている。

　他方、冷戦時代から西側の輸出管理政策を牽引してきた米国では、行政における手続きの流れは殆ど同じであるものの、そもそもの輸出管理の政策的位置付けが日本とは異なる。カーター博士によれば、輸出管理は米国が実施する外交上の戦略に基づく経済制裁の一つであり、輸出管理の近接分野として輸入規制、金融制裁、援助外交等があり、目的と効果、時と場合によって巧みに使い分けられているという。つまり米国における輸出管

理は、日本のように安全保障のためという枠組みにとどまらず、外交、経済安全保障、制裁、技術優位性の確保等を広くその射程に捉えていると言えよう。

（1）安全保障か経済か

　冷戦時代、「排除の論理」によってレジームから排除された側は、ハイスペック貨物やその技術の獲得が困難となり、軍事的・経済的不利益を被っていたことは容易に想像ができる。しかし、その一方で、輸出管理に関する国際システムを構築してきた米国にとっても、産業の国際競争力という面では様々な困難に直面し、経済的な不利益を被ってきた長い歴史がある。

　米国は伝統的に自由貿易主義の立場を貫く一方で、最先端の民生品（技術）や武器（武器技術）が敵対国へ流出することを極端に警戒してきた。世界的に技術を先進し、かつ自由な市場経済を持つ国家であるからこそ、自由貿易と安全保障のバランスは繰り返し政治的なアジェンダとなってきたし、それは現在も続いている。

　安全保障と国内産業の国際競争力の確保（あるいは、産業の国際的な優位性）を両立させて実施しなければならない輸出管理は、実のところ厳格に実施すればするほど、またそれが技術的な先進国であればあるほど、両者のバランス確保におけるジレンマと戦うことになる。特に、米国が他国と異なる点は、国際レジームで規制されている品目以外のものも独自に規制を行っていることだろう。実はこの独自規制は、他国と足並みを揃えることに意義をもつ輸出管理政策の原則を揺るがすものでもあり、かつ、米国国内の問題にとどまらず他国の輸出管理にも影響を及ぼしている。それは、なぜか。

　米国の輸出規制は、米国原産品や直接製品、親貨物に対する一定以上の割合をもつ組込品等（以後、これらを総称して「米国原産品」という）に関して、米国法の"域外適用"を行っており、本来であれば管轄権の及ばない他国での取引に対しても「再輸出規制」という形で、米国内からの輸出と同様の規制を課し、米国政府への許可申請を要請しているからだ。2011年に米政府が主催した輸出管理の大規模な会議で、商務省の高官が「米国製品は宇宙の果てまで行っても米国政府の管轄だ」と発言したことは非常に

表1　米国の各種制裁リスト

リストの名称	内　　容	所管官庁
Denied Persons List (DPL)	米・商務省の輸出規制に違反して、輸出取引の権限をはく奪されている個人・企業・機関が掲載されている。DPL に掲載された企業と取引を行った企業も米政府から制裁されるため、DPL に掲載されると米国の市場から締め出されることになる。	商務省産業安全保障局 Department of Commerce Bureau of Industry and Security (BIS)
Entity List	米国の安全保障および外交政策上の利益に反した個人・企業・機関。もしくは、大量破壊兵器の製造開発に関与した企業等のリスト。輸出管理規則（Export Administration Regulations: EAR）の Part.744 Supplement No.4 に常時掲載。新規掲載者は官報（Federal Register）にも掲載。EL 掲載された者は、EAR 対象品目の輸出・再輸出、同一国内販売が禁止され、リスト対象外の品目も許可が必要になる場合がある。	
Unverified List	未検証のエンドユーザーが掲載されているリスト。商務省による輸出許可審査や出荷後確認時において、懸念が払しょくできなかった個人・企業・機関。特に不正転売や大量破壊兵器拡散リスクの観点から、EAR の禁止事項に当てはまらないことを十分にチェックする必要がある。EAR Part.744.15 に常時掲載。	
Specially Designated Nationals List	国連制裁国、米国禁輸国、テロ支援国の政府関係機関、関連企業等の企業・個人のリストを指す。違反者リストではないが掲載企業・個人への米国人の関与を禁止している。またテロ組織や大量破壊兵器拡散者も掲載されており、これらの掲載者向けに EAR 規制対象品目を輸出・再輸出・国内移転をする場合には米政府の許可が必要となる。	財務省外国資産管理局 Department of Treasury Office of Foreign Assets Control (OFAC)
Debarred List	武器輸出管理法に違反し、取引禁止となった個人・企業・機関のリスト。国務省が管轄する国際武器取引規則（The International Traffic in Arms Regulation : ITAR）のもとで、輸出権限をはく奪されている企業・個人が掲載されている。	国務省防衛取引管理局 Department of State Directorate of Defense Trade Controls (DDTC)

印象深い。

　しかしながら米国外の諸外国ではこの域外適用の煩雑さに不満を持ち、米国の貨物及び技術を自社の製品に使用しない "Design Out" を行うようになり、これが結局のところ米国企業の国際競争力を著しく弱めているという米政府内からの指摘もある＊2。要するに厳格に規制を行っていることがかえって、自国産業の国際競争力を弱めることにつながっているのだ。

　同様のことは、デュアル・ユース品だけでなく、武器や武器技術の分野でも起こっている。後述するとおり米国における武器輸出規制は、デュアル・ユース品とは別の法律体系によって行われているが、海外の軍事産業は、米国製の武器（やその技術）を自社製品に使用することをやめる "ITAR Free"（武器輸出管理法の下位規則である国際武器輸出管理規則(The International Traffic in Arms Regulations: ITAR)で規制されている品目を使用しないという意味）を行っている場合もあり、これもまた米国の軍事産業に打撃を与えていることが指摘されている＊3。

　無論、米国の国内法が外国の企業を直接的に規制する国際法上の根拠はどこにもない。しかし現状、米国外の企業や大学は、米国製品に絡む開発や製造を行う場合は、再輸出規制に違反することのないよう細心の注意を払っている。何故ならば、仮に再輸出規制に違反したとなると、外国企業や大学であっても米政府の違反者リスト（表1）に掲載されることとなり、最悪の場合、米国企業とは一切取引ができなくなるというペナルティを科されるからだ。

（2）複雑な管轄

　米国の輸出管理は、大きく分けて二つの法律の下に実施されている。1976年武器輸出管理法（The Arms Export Control Act of 1976: 以下、AECA）と2018年輸出管理改革法（Export Control Reform Act of 2018 : 以下、ECRA）である。前者は国務省管轄の下、武器や関連品目及び武器技術の輸出入に関して、後者は商務省の管轄の下、大量破壊兵器の開発そのものや軍事的能力向上に重大な影響を与えうるデュアル・ユース品とデュアル・ユース技術の輸出や再輸出に関して、政府がコントロールすることを認める法律である（表2）。また、ECRA は不拡散のための輸出規制という枠組みに

表2　デュアル・ユース品と武器品目の管理体制

	デュアル・ユース品 （機微度の低い武器品目を含む）	軍事品目
監督官庁	商務省産業安全保障局（BIS） The Bureau of Industry and Security at U.S. Department of Commerce	国務省防衛取引管理局（DDTC） The Directorate of Defense Trade Controls at U.S. Department of State
根拠法	輸出管理改革法（ECRA） The Export Control Reform Act of 2018	武器輸出管理法 The Arms Export Control Act of 1976
規則	輸出管理規則（EAR） The Export Administration Regulations	国際武器取引規則（ITAR） The International Traffic in Arms Regulation
規制リスト	商務省規制リスト（CCL） Commerce Control List	米国軍事品目リスト（USML） U.S. Munitions List

おさまらず、米国の様々な外交政策上の目的を達成したり、物品の供給量コントロールを行うことで国内産業の保護を行うといったエコノミック・ステイトクラフトの性格も併せ持つ。

　さらに原子力関連の製品・技術の輸出管理は、原子力法（The Atomic Energy Act）の下、エネルギー省と原子力規制委員会が行政を所管しており、国際緊急事態経済権限法（The International Emergency Economic Powers Act: 以下、IEEPA）は、1979年輸出管理法が失効していた期間の輸出管理の根拠法であり、財務省の外国資産管理局（Office of Foreign Assets Control: 以下、OFAC）は、外交・安全保障の目的から、米政府が指定する国や地域、特定個人や企業等について、取引禁止や資産凍結等の経済制裁措置を実施している。さらに、後述する ECRA の双子の存在である対米投資規制に関わる FIRRMA という法律も忘れてはならないだろう。

　このように米国の輸出管理及び周辺の制度と法は複雑な様相を呈しているが、次節以降で、米国輸出管理におけるエコノミック・ステイトクラフトの議論に焦点をあてながらその歴史を概観していく。

2．輸出管理法の歴史－前史－

（1）対敵通商法と中立法：武器輸出管理の系譜

　一般的に輸出管理は、冷戦期のココムを起源とするものと理解されているが、佐藤は「米国の輸出管理が現在の法的枠組みに組み込まれるのは、1917年の対敵通商法（The Trading with Enemy Act of 1917）だと指摘する *4。対敵通商法は第一次世界大戦の勃発を機に定められた法律であり、米国あるいは同盟国の敵と、通商することを禁ずるものだった。この法律における「通商」とは、物品の輸出入や売買に限定されず、資産の移動、情報のやり取り等幅広い範囲を指し、また「敵」とは米国と戦争状態にある国の個人、企業、政府、敵対国出身の在米個人、在米企業も含まれていた *5。つまり同法は、戦時における敵対国との通商活動全般を禁止するものだった *6。

　その後、1935年には平時における通商関係を規制する法律、1935年中立法（The Neutrality Act of 1935）*7が連邦議会で可決された。中立法は、米国と直接の戦争状態になくとも、戦時下にある外国に対して武器を輸出することを禁ずるものだったが、実は日本等に航空機を販売することで急成長を遂げていた米国内の軍需企業のコントロールが重要争点だった *8。1930年代中頃になると、戦時規制を行うだけでは、米国や同盟国にとっての「敵」の戦闘能力を封じ込めることは困難であり、議会は「平時」でも武器輸出をコントロールする必要性に迫られていたのだ。同法はその後、何度かの修正において、①軍需企業やその輸出入者を国務省に登録させることの義務化、②軍事品目の輸出入におけるライセンス制度の導入（ライセンスなくして企業等は輸出入ができない）、③現在の米国軍事品目リスト（U.S. Munitions List: USML）の基礎ともなる「軍事品目のリスト化」といった改革が行われた *9。この流れはやがて、1976年の武器輸出管理法として結実し、現在も同法のもと、国務省の防衛取引管理局が武器及び武器技術の輸出管理を行っている。

（2）1940年輸出管理法

　1930年代に入ってから急速に軍事力をつけてきた日本に対して大きな危機感を抱いた米国議会が、「スクラップされた錫」を日本に輸出すること

に対して規制を始めたのが1936年のことであった＊10。その4年後、ドイツのフランス侵攻を機に連邦議会は、1940年輸出管理法（Export control act of 1940 ＊11）を制定し、「平時における民生品及び軍事的に重要な物資」の輸出規制が始められたのだった。同法は国防のために必要であると判断した大統領に、武器以外の民生品の輸出を規制する権限を与えたものであり、現在のデュアル・ユース品規制の始まりでもある。ところが当時の大統領は、自らに与えられた「国防のために必要だと判断した場合」と言う範囲を超えて、つまり「外交政策上の目的を達成するため」に、輸出管理の権限を行使し始めたのだった。例えば、1940年にルーズベルト大統領は、石油、石油製品、そして屑鉄でさえも、政府の許可なく輸出することを禁じたが、これは国防のためというよりは、日本に対する「兵糧攻め」、つまりエコノミック・ステイトクラフトだった。

　1940年輸出管理法は2年間の時限立法として法制化されたが、1942年になると既に第二次世界大戦に突入していたため、連邦議会は同法を1945年まで延長した。その後、1946年、1947年とマイナーチェンジによる延長が繰り返されていった。

　この時代、米国の輸出管理政策を見る上で忘れてはならないのは、こうした政策が戦時における一時的な統制だと理解されていた点である＊12。米国はジョージ・ワシントン初代大統領の時代から自由貿易を原則とした国家形成を行っており、その思想は後の時代まで連綿と受け継がれている。例えば、第一次世界大戦時の第28代ウッドロー・ウィルソン大統領は「自由で平等な通商機会の確立」を主張しているし、1941年のルーズベルト大統領とチャーチル英首相による大西洋憲章においては、民族の自決や航海の自由と同列で「自由貿易の拡大」が謳われた。こうした思想は戦後の「関税及び貿易に関する一般協定（GATT）」の形成へとつながっていった＊13。要するに、輸出管理という貿易の統制は、根本的なところでは米国の思想に相反するものであり、戦争が終われば当然、そうした規制は解除の方向に向かっていくのが必定であった。

　しかしながら1949年、輸出管理法が再度延長されるかどうかが議会で審議された折、米国の基本的原則である自由貿易とは逆向きの議論が生まれたのであった。

（3）1949年輸出管理法とココム

　戦前から戦中にかけて、輸出管理を一時的な統制と認識していた連邦議会であったが、他方、1930年代の日米間の自由貿易が、日本の軍事能力の向上に大きく貢献していたことも教訓として認識していた。そのため戦後の国際社会において米国の軍事的な脅威として認識されつつあったソ連と中国に対して、武器は当然のこと、潜在的な軍事能力を高めうる物品の統制も行うべきという議論が生まれたのだった＊14。そして、元々は戦時、あるいはそれに準ずる時期における臨時的な統制だった「民生品の輸出管理」を、平時における法律にすべく誕生したのが、1949年輸出管理法だった。49年法では、今日の米国輸出管理同様、所管省となる商務省に民生品の輸出を管理させる行政上の権限が与えられ、また商務長官は四半期報告（quarterly reports）を大統領と議会に提出することが決められた。そしてこの時、輸出管理の政策的目標は、①国内における不足物資とインフレの管理（＝国内経済の保護）、②国際的な責任を果たすための外交政策上の管理、③安全保障のための管理と決められたのである＊15。

　49年法がそれまでの輸出管理に関する法律と決定的に異なる点は、大統領に対して国家安全保障理由以外にも、外交政策目的のために輸出管理を行使することを可能にした事と、平時における民生品規制を法制化した点である。そしてここから70年の時を経ても、米国輸出管理におけるこうした基本ポリシーは変わっていない。

　また時を同じくして、米国の輸出管理政策は、国際社会のレベルにおいても大きな進展を見せる。トルーマン大統領は「東西貿易における輸出管理は、増大しつつある東側諸国の"戦争へのポテンシャル"を削ぐために実施されなければならない＊16」と認識し、1949年には米国主導の共産圏に対する輸出管理のための国際組織、ココム（Coordinating Committee for Multilateral Export Controls: COCOM）が設立された。米国はそれまで、40年法や49年法を通じて単独で輸出管理を行ってきたが、ソ連という大きな敵を意識した際に、もはや一国だけで統制を実施しているだけでは、その効果がないことを知った。そこで、戦後復興における経済援助、いわゆるマーシャルプランを餌に、NATO 諸国にココムへの参加を半ば強制したのだった。NATO が欧州諸国と米国の軍事同盟であるとすれば、ココムはまさに経済的な同盟だった。

　ココムに参加していたのは、アイスランドを除く NATO 諸国、オース
トラリア、日本のわずか17カ国である。例えばアジアにおける当時 NIES
と呼ばれた新興工業経済国は「協力国」という位置付けで、最後までココ
ム加盟国として招かれることはなかった。しかし現在の情勢とは異なり、
当時はハイテク製品を持っている国が圧倒的に少なかったため、17カ国に
よる東側への統制であっても、その効果は十分にあったとされる。むしろ、
新興国を「協力国」という格下の扱いにすることは、それらの国々から共
産圏への物品流出を制限できたため、理にかなうものだった。
　このようにして米国は、国際的にはココムを、国内的には49年法を通じ
て巧みに貿易統制を行い、1960年頃までには、輸出管理を国家安全保障と
エコノミック・ステイトクラフトの重要なツールとして確立させていった
のだった。

（4）デタントと輸出管理

　1969年輸出管理法は、米国輸出管理の大きなターニングポイントだった。
時代は、戦後のトルーマン政権による封じ込め政策から、ニクソン‐キッ
シンジャーのデタント政策へと移行し、議会においても輸出管理の考え方
に変化が訪れた。69年法は、49年法とは異なり「東西貿易を促進させた画
期的な法として引用されることが多い＊17」が、それは法律の名称にも如
実に表れている。49年法が "The Export Control Act of 1949"、つまり
「輸出（Export）」を「管理する（Control）」となっているのに対して、69
年法は、"The Export Administration Act of 1969" で、"Control（管
理）" の文字が消え、"Administration（行政）" が前面に出た。
　デタントの真只中に改正された69年法は、当然中身もデタント外交が反
映され、東側への管理・統制を緩和する方向で検討が進められた。上院は、
49年法を実効性が高く意味のある法律たらしめていた環境が変化しつつあ
ることを指摘した＊18。既にソ連は、兵器を自前で製造できる高い能力を
獲得しており、またココム規制の対象となっていない民生品に関しても、
米国以外の国から購入している状況が判明した。いわゆるフォーリン・ア
ベイラビリティが明るみになったのである。さらに米国の国内的事情もあ
った。ベトナム戦争の泥沼化によって著しく低下した経済力の回復が喫緊
の課題となっており、米ソ間の緊張緩和（デタント）に乗じて、連邦議会

は東西貿易の規制緩和を望んでいたのだった。またニクソン大統領が厚い信頼を寄せていたヘンリー・キッシンジャー（当時、国家安全保障問題大統領補佐官、のちに第56代国務長官）も、「米国の規制リストはココムリストの規制ラインを超えるべきではなく、輸出管理改革には NSC が直接関与していくべき＊19」と述べるなど、輸出管理がトップレベルで見直される事態へとなった。

　こうした流れを背景に改革された69年法は、①「共産主義」という文言が罰則の項以外で削除され、②初めて米国の貿易収支への言及がなされ、③フォーリン・アベイラビリティという語が初めて法律に記され産業界への配慮がなされた。これまでの規制一辺倒から、デタントという、前代未聞の情勢を色濃く反映した法律へと変わっていったのである。

３．デタントの行き詰まりと1979年輸出管理法―国内における課題

（１）79年法に向けて３つの課題

　しかしながら、1970年代に入ると米ソ間における認識の相違が大きな要因となり、次第にデタント外交は行き詰まりを見せ始める。73年の第4次中東戦争におけるソ連のシリアへの武器供与及び軍事介入を始め、カンボジア、ラオスなどの共産化、アンゴラへの軍事援助等、米国が当初予想していなかったソ連の行動が次々と起こるにつれ、米政府・国民の大きな失望と不満が湧き上がり、やがてデタント外交は失速していくのだった。

　こうした政治環境の中、2001年まで根拠法であり続けた1979年輸出管理法の制定に向けて、議会と行政は動き始める。当時の輸出管理法をめぐる議論には常に3つの大きなアジェンダが存在した。第一に、企業から商務省に許可申請が行われた際、許可がおりるまでに最大3カ月程度の時間を要していたという「ライセンシング遅延」の問題。第二は、エコノミック・ステイトクラフトとして輸出管理が発動された場合の基準の曖昧さという問題、第三は、技術移転規制という新しい重要争点に関するものである。

　第一のライセンシング遅延については、商務省の審査が最大3か月要することに不満を持っていた全米の各種製造業界が、その時間短縮をめぐって激しいロビイングを行っていた。特に、工作機械業界を束ねる全米工作機械協会や、全米製造者協会、また全米エレクトロニクス協会等はこの点

を非常に問題視しており、輸出管理政策の間違った方向性が米国の国際競
争力を弱めることにつながり、ひいてはそれによって米国の国力が低下す
ることを憂慮していた*20。この、米国の経済上の利益確保が第一に優先
されるべきでありそのために少なくとも輸出管理上の審査については、品
目によって簡素化すべきだと言う要求は、2009年のオバマ政権時になって
もなお、政治・行政的アジェンダであったことは特筆しておきたい。

　第二のエコノミック・ステイトクラフトとしての輸出管理と、第三の技
術移転規制については、ここから50年後の ECRA 制定に至るまで、そし
て現在もなお一貫して輸出管理上の重要アジェンダであるため、次節以降
で順に考察する。

（2）エコノミック・ステイトクラフト型輸出管理

　49年法において大統領に正式に認められた「外交上の目的を達成するた
めの輸出管理」には問題点があった。それは、安全保障理由の管理に比べ
て規制品目の範囲が広く、また規制理由にも曖昧さがつきまとう点だった。

　輸出管理を自身の外交上の目的達成のために利用することは、49年法、
69年法において大統領に与えられた権限であるため、それを行使すること
自体、法律上何ら問題はない。特に69年法においては、外交を促進し国際
的に責務を果たす上で必要な範囲で、物品の輸出を規制する権限が明白に
大統領に付与されていた*21。

　ところが、安全保障上の理由による管理の場合は、米国の国家安全保障
上有害と認められる国に対して、そしてその国の戦力を増強せしめるよう
な輸出に対して管理・制限するとされていたのに対し、外交目的を理由に
する場合、つまりエコノミック・ステイトクラフトとして輸出管理を行う
場合には、そうした規定はなく、事実上すべての国に対してすべての貨物
—それが輸出管理上の戦略物資であろうとなかろうと—を規制できたため、
大統領は輸出管理に関して大きな裁量を持つことになった。

　こうしたエコノミック・ステイトクラフト型の輸出管理の問題は、ココ
ムという同盟国との調和を基本とする国家安全保障型の輸出管理とは異な
り、規制品目を他国と調整するメカニズムが全くないということだ。特に
1976年に就任したカーターは、自身の外交政策上の目的を実現するために
輸出管理を大いに活用する大統領だったため、いつどのような国に対して

どのようは品目が輸出管理の対象となるのか、産業界は予測をつけることが困難であった。そのため輸出管理への疑問や不満が噴出したのは当然のことでもあり、79年法制定をめぐる政策決定過程ではこの点が大きな争点となっていくのだった。

　商務省と議会は、外交政策を理由とする輸出管理については、大統領や国務省の管理権限を制限できるよう、連邦議会による事前チェックが行えるような改革を望んでいた。そこで79年法改革では、上院案、下院案共に、外交政策上の理由による輸出管理を発動する前に、「大統領が考慮しなければならない基準」が明確化され、輸出管理における曖昧さ回避と予測可能性が強調された*22。大統領が輸出管理を自身の思うままに操ることは、国としての政策の一貫性を損なうばかりか、米国企業の混乱、及びサプライヤーとしての国際的信頼の低下にもつながる重要な問題だったからだ*23。

　さらにエコノミック・ステイトクラフト型輸出管理には、フォーリン・アベイラビリティ（外国での入手可能性）の問題も密接に絡んでいた。エコノミック・ステイトクラフト型の輸出規制は、結局のところ、米国が独自に行う規制に他ならない。そうだとすれば、米国企業から入手できない被制裁国は単に、他から入手するまでのことである*24。米国以外の国で入手可能なものを米国が単独で規制したところで制裁としての意義は薄い上に、米国企業の国際競争力は低下しかねない。ひいては米国経済へのマイナス影響が懸念されたのだった。実際、80年代になると、米国単独規制がもたらす経済への影響はさらに白熱した議論へとつながり、混迷することになる。

　しかしこの時点で国務省は、外交を司る省として当然のように、上記審議内容には抵抗を示すと共に、フォーリン・アベイラビリティの点については、商務省との連携を図りながら既に厳正な検討がなされていると主張するばかりだった*25。また議会が拒否権を持つことにも反対し、外交に関しては政府と産業界が協議する余地などないと主張すると共に、そもそも議会の介入は、大統領が持つ「外交政策を実施する上での自由裁量」に著しく干渉するものであり、憲法違反でさえあると憤ったのだった*26。

　最終的に79年法は、①外交上の目的の妥当性、②他の外交政策との調和性、③米国の輸出パフォーマンスに対する負の影響の事前検討、といった点を大統領は考慮する必要があると明文化され、さらに議会や産業界に対

する大統領の説明責任に関する条項も設けられた*27。また、エコノミック・ステイトクラフト型輸出管理の発動要件として、ガイドライン―①規制が意図した目的を達成する可能性、②他の外交政策との適合性、③諸外国の反応、④米国経済に与える影響、⑤規制を着実に実行できる米国の能力、⑥規制を実施しなかった場合の結果の予測公表―も策定された。しかしながら、外交における大統領特権が重視されていることには変わりなく、事実これらの発動要件は特に拘束力をもたないものであった。

（3）技術移転規制という新概念

　79年法制定に向けてもう一つの、今日的な意義も持つ重要な議論が「技術移転規制」である。技術革新が進み、ココム成立以来続けられてきた東側への輸出管理が制度として安定してくると、単に製品や部品の輸出を制限すること以上に、技術の流出・移転の方がより重要なのではないかと産業界から指摘され始めた。この議論の発端となったのは、1972年に起こった米国ブライアント社によるソ連への「軸受研磨機」輸出案件である。当時、デタントのムードに後押しされ、かねてからソ連が希望していた軸受研磨機の輸出が商務省により許可されたが、この時、研磨機に付随して移転された技術が、結果的にソ連の大陸間弾道弾ミサイルの開発に利用され、ミサイルの命中精度の向上をもたらすことになったという*28。これをきっかけとして、技術の移転に関しても、貨物と同様あるいはそれ以上に厳しい規制を行うべきだという議論が本格的になされることになったのだ。

　技術移転規制については、大手半導体メーカーのテキサス・インスツルメンツの副社長ビュシー氏を議長とする国防総省国防科学審議会が結成された。メンバーは、商務省、国防総省、CIA、ホワイトハウスを始め、マクダネル・ダグラスやGEといった大手民間企業からの参加もあった。審議会では、米国からの重要技術の流出防止がメインテーマとなり、それまでの「戦略物資（貨物）を中心とした輸出統制」は見直されるべきで、技術移転規制こそが輸出管理の要となるべきだと提唱された*29。

　審議会が提唱した輸出管理に関する新しい管理アイディアは確かに斬新なものだった。規制範囲は、貨物の設計、製造、使用に関するすべての技術（保守点検行為や取扱説明書に至るまで）が対象とされ、現在の技術移転規制のまさに原点だった。

審議会は従来の商務省型の貨物を中心とした輸出管理を痛烈に批判しながら、今後は国防総省が主体となって、軍事的重要技術リスト（Militarily Critical Technology List: MCTL）を作成すべきだと主張した。MCTLとは「現時点では輸出統制の相手国（当時は主にソ連）では保有されていない技術で、かつ保有された場合には当該国の軍事力を飛躍的に高めてしまうような技術のリスト」のことである。しかしながら国防総省が技術移転に関する主要監督省となる案は到底商務省には受け入れられないものであり、議会での長期の議論を経て最終的に79年法では、MCTL 作成の第一次責任は国防総省が持ちつつも、実際の許可申請の可否決定については商務省と国防総省の共同責任となること等が決められたのだった＊30。

４．新冷戦と輸出管理： ＩＥＥＰＡを活用したエコノミック・ステイトクラフト型輸出管理の本格始動

（１）エコノミック・ステイトクラフト型輸出管理の本格化
　79年法ではエコノミック・ステイトクラフトとして輸出管理を実施する際に大統領が考慮すべき点が明記されたが、実際には「考慮する」以上のことは特に求められてはいなかったため、カーター大統領は79年法制定後も、それまでと同様の外交理由による禁輸措置を多く実施した。特に、ソ連のアフガニスタン侵攻後には、SALT Ⅱの審議延期が上院に要請されたのと同時に、産業界や商務省の激しい反発があったにも関わらず、それまでは許可がおりていたような製品についても全て、ソ連向けライセンスは停止され、穀物輸送までも禁止された。またモスクワ五輪に関係する全ての物品もが取引停止となった＊31。そればかりか、80年のモスクワ五輪自体にも、カーター大統領の呼びかけにより日本や中国をはじめとする60カ国が参加しないという事態となった。
　カーター大統領は1980年1月の一般教書演説＊32において、ソ連の行動を激しく非難し、ペルシャ湾地域の安全保障のために米国があらゆる手段で対抗していくことを宣言し、いわゆる「新冷戦」が幕明けたのだった。さらに大統領は、輸出禁止を含む多様な経済制裁をイランに対しても実施し、続くレーガン大統領も81年、ソ連のポーランド弾圧に対する制裁としてガス・パイプライン輸出禁止を含む厳しいエコノミック・ステイトクラフト

を実施、またリビアに対しても包括的な禁輸を行う等、79年法で決定され
た外交理由の輸出管理に関する"制限"は、ほとんど有名無実化していっ
たのだった。

　しかしここで指摘しておかなければならないのは、カーターやレーガン
が行った禁輸措置については実は79年輸出管理法ではなく、1977年に成立
した国際緊急経済権限法（International Emergency Economic Powers Act:
IEEPA）を根拠として行われたという点だ。IEEPA は、第一世界大戦時
の対敵通商法の流れをくむ法律であり、禁輸や経済制裁、輸出入管理に関
して広範な権限を大統領に与えている。大統領は、「合衆国の国家安全保
障、外交政策、経済に対する異常な脅威が存在する」として議会に対して
国家緊急事態を宣言すれば、上記権限を行使することができる＊33。

　確かに、79年法までの果てしない議論と制定後にも変わらず起こってい
た議会との対立、産業界からの反発を考えれば、エコノミック・ステイト
クラフト型輸出管理発動する場合に、79年法よりも IEEPA を根拠とした
方が、大統領にとっては都合が良かったことは容易に想像がつく。80年の
イラン制裁の際にカーター大統領が、79年法ではなく IEEPA を行使した
のも、それ以前の対ソのエコノミック・ステイトクラフトの際に見られた
議会による過剰な干渉を回避し、また恐れていた議会からの拒否権発動か
ら逃れるためだったとも考えられるだろう。

　さらに IEEPA に関して特筆すべきは、輸出管理法の期限が切れている
際に同法の行使によって、通常の輸出管理行政も継続する権限を大統領に
与えたことだ。レーガン政権下の1983年10月14日、79年法は一旦、期限切
れとなった。しかし大統領は IEEPA を発動することで、1985年に再び議
会が輸出管理法を可決・承認するまでの間、輸出管理を継続した。なお、
レーガンが在任中、対ニカラグア、対南アフリカ、対リビア、対パナマと
四度にわたってエコノミック・ステイトクラフト型輸出管理が実施されて
いるが、全て IEEPA を根拠としたものである。

　さて、79年法の次なる改定は1985年、レーガン政権下でのことである。
79年法の85年修正時においては、いくつかの重要な修正が加えられた。中
でも外交政策理由による輸出管理については特筆しておかなければならな
い。79年法が制定された以降に政権に就いた二人の大統領は、法律が求め
たエコノミック・ステイトクラフト発動時における「考慮すべき点」につ

いてはほとんど"考慮"しておらず、連邦議会はこの点を非常に問題視していた。そのため、85年改正の際に議会は、大統領が外交政策理由で輸出管理を行う際には、「事前に」議会に諮らなければならないという形で、79年法よりさらに厳しい制限を課した。

　また同改正では、商務長官にも外交政策理由の輸出管理について年一回の議会報告を求めた。これは、大統領がエコノミック・ステイトクラフト型輸出管理を行う際、まずは他のココム加盟国に対しても同レベルの輸出管理を要請することを求めさせることで、フォーリン・アベイラビリティの問題を解決したいという思惑があった。つまり、米国からの要請にも関わらず、他国からの供給停止が行われず、当該貨物・技術が、制裁相手国において入手可能な状態が続いていれば、商務長官の判断によって、当該貨物や技術の米国からの輸出が許可されることが認められたのだった*34。

（2）公正貿易論と輸出管理：80年代の混沌

　1980年の大統領選でカーターに勝利した共和党のレーガンは、「力による平和」を標榜した国際政治を展開することとなり、政治、経済、科学技術政策等あらゆる側面での改革に着手した。なかでも経済回復のための政策、いわゆるレーガノミクスと、「強いアメリカ」の為の軍事支出の大幅な拡大はレーガン政権の目玉だった。また軍事技術に関する政策も大きく変容した。その筆頭にあげられるのが軍民転換政策と、日本をはじめとする同盟国との軍事技術交流だ。特に航空産業や半導体分野において、軍事技術が民生品に転用されるスピンオフや、軍産複合体という形で民間企業に国の予算が継続的に投入され、国をあげた技術開発が積極的に展開された*35。

　このような背景の中、1985年、レーガン大統領が決定した新しい通商政策は、それまで米国が基軸としてきた自由貿易主義から公正貿易主義へと変化させる大きな転換点だった。中でも、1988年包括通商・競争力法と不公正貿易法*36（貿易救済法の中の301条のことで、単に"301条"と呼ばれることもある）の輸出管理政策への影響は軽視できない。

　同法では、1930年の関税法以来、議会が個別に策定してきた貿易関連の法案を、まさしく"包括"したところに大きな特徴があり、1979年輸出管理法の改定も同時に行われた。当時、著しく減退していた米国経済力を回

復すべく進められていたレーガノミクスでは、外国市場の解放は喫緊の課題であり、国際競争力を有する産業部門と競合関係にある国や、米国からの輸出が振るわない国は次々と市場開放を迫られた。これがやがて激しい日米貿易摩擦へとも繋がっていく。つまり、88年改正では、米国の国際競争力強化が最重要課題であり、経済と安全保障のバランスの議論が米国輸出管理史上最も議論されたのだった。合わせて「301条」では不公正な貿易に対する報復条項も強化された。

　すでに見てきたように、70年代を通して米国輸出管理行政は肥大化し、産業界からの不満はピークに達していた。とりわけフォーリン・アベイラビリティがあるにも関わらず、エコノミック・ステイトクラフトによって実施されている輸出管理が国内産業の国際競争力を低下させ、米国の経済力そのものに悪影響を与える原因になっていると糾弾された。このため包括法のなかで検討された輸出管理法改革では、第一に、米国産業の強化と輸出管理行政の簡素化が目指された。ココム加盟国はもとより、ココム並みの規制を実施している国に対する輸出規制（再輸出も含む）は、スパコン等の一部を除き解除される等、大幅な規制緩和が行われた。この時点で戦後20年余。既に時代は変わり、ハイテク製品における米国の優位性は日増しに低減し、国際的にも国内的にも、それまでの輸出管理のあり方は限界に近づいていたと言えよう。

５．冷戦の終結と不拡散型レジームの誕生

（１）国際環境の変化
　1989年の東欧の民主化を受けて、1991年のココムハイレベル会合では、規制対象を真に重要性の高い貨物に限定する規制緩和が行われた。これと並行して、規制対象国の中でも戦略的危険性が減少したと判断された国に対しては、そこからの流出防止等の保証措置を講ずるといった一定の条件のもとに、「特別手続き制」が導入された。その最初の例として、チェコスロバキア、ポーランドに対して、輸出が実施された。

　輸出管理をめぐる国際情勢も激しい変化が見られた。91年の湾岸戦争の勃発後、イラクが膨大な兵器の蓄積、マスタードガスや神経ガス、サリン等を含む大量の化学兵器を保有、湾岸戦争以前にも炭疽菌やボツリヌス毒

素等の生物剤系の兵器も大量に保有していたことが明らかになり、国際社会に衝撃を与えた。核兵器を含む大量破壊兵器の拡散が、「東西間の問題から南北間の問題にシフトした*37」とも言われている。ブッシュ大統領が発表した「大量破壊兵器不拡散構想（Non-proliferation initiative）」を見ても分かるとおり、1990年代以降の国際社会の関心は、大量破壊兵器及び通常兵器の開発・拡散防止に移行した。

　しかし、一筋縄ではいかない。1992年に戦略技術貿易情報センター（安全保障貿易情報センター（CISTEC）の前身）が当時の米商務省・輸出管理担当次官、ポール・フリードバーグ博士と会談した際、彼は新時代の輸出管理が困難なものとなることを予想していた。曰く、「我々は今、ソ連むけ等の東西間の問題から、南北間の戦略問題に移行しつつある。現在はその転換期にあり（中略）、今後は、リストに載っているかどうかといったことや、単純に悪者はどこか、味方はどこかといった考えは通用しなくなる。ココムというのはそういう（単純な）議論の形を作っていたが、不拡散型管理はココムとは対極の管理を行っていくということである*38」。

　冷戦期、規制の対象国は「共産圏」、規制対象品は「ハイテク製品」と極めて明確であった。冷戦構造を背景に米国のイニシアティブの下、西側の東側に対する封じ込め政策の一環として、単にココムで決められたことを実施していればよかった。ココム規制には、対象国、対象品目をはじめとした明確なルールが存在し、規制緩和や輸出許可に対する全会一致のルールもあったため、各国が持つ裁量は非常に小さかった。しかし冷戦後の輸出管理はそうではなくなった。フリードバーグ氏の言葉を借りれば「悪者が誰か定かでない」からである。ココム規制が東側に対する「相対的」な優位性を保つことを目的としていたのに対し、冷戦後（から現在まで）は、「絶対的」に大量破壊兵器や兵器に転用可能なデュアル・ユース品を拡散しないという枠組みが必要であり、そこには単なる国際システムだけではなく、各国間の外交努力や信頼醸成も必要だった。

　確かに、ココム後半には既にレジーム制度の綻びが顕在化していた。「フランスは、ココムが政治的な機関たるべきではないし、中東諸国への輸出先を独自に決定するほどの権限をもつべきではないとの意見を持っていた。中東地域と欧米の関係をみると、フランスはイラク寄りであり、ドイツはイラン寄り、そして当然アメリカはイスラエル寄りである。こうい

った国々が一緒になってココムという場において輸出統制を論じることには、最初から無理があった*39」と先のフリードバーグ氏は言った。それぞれの国が外交と通商政策と安全保障政策を実施する上で、もはや戦後間もない頃のように米国の力が隅々まで行き届くことはなかったのだ。

　また、冷戦終結後の新しいレジームを検討するにあたって、ロシアは、ココムが国際政治おける東西間の統合を阻害していると主張し、欧州各国もココム制度は時代錯誤だとみなしていた。実際にフランスやドイツは、ココム制度の存在自体を不快に思っており、西欧とロシア及び東欧諸国が自由に貿易を行うことを阻止するための米国の政治的手段と認識していた。

　このように冷戦後レジームの構築過程において各国間に温度差が見られた中、イラクによるクウェート侵攻があり、先に述べたようにイラクにおける大量破壊兵器及び通常兵器の蓄積が国際社会に知れ渡った。91年の国連総会では、国連軍備登録制度が設立され、同年7月のロンドンサミットに先駆けてパリで行われた P5（安保理常任理事国である米英露中仏の5カ国）の会合では、ジョージ・W・H・ブッシュ大統領が「中東武器輸出戦略」の促進を宣言し、輸出制限や武器移転における事前通知等の合意に向けて作業を進めることで一致した。続くロンドンサミットでも、G7 のメンバーが「通常兵器の移転並びに核兵器、生物兵器及び化学兵器の不拡散に関する宣言」を行い、不拡散という理念のための構想は着実に進められた。

　ところが、1992年、米国が F16 戦闘機を台湾に売却することを決定したことが、中国の強い反発を引き起こし、その後、P5 による不拡散構想に向けた作業は二度と行われることはなかった。その代わり、途中まで進められていた「中東武器輸出戦略」は、のちに英国の主導で、その対象を中東だけに限らないグローバルな「大量破壊兵器及び通常兵器不拡散のためのレジーム形成構想」へとつながっていく。

　さらに、ブッシュシニアが敗北した92年の大統領選後に開催されたバンクーバーサミットでは、ロシアのエリツイン大統領が本格的にココムの廃止を訴え、早急に冷戦後の国際社会に対応した不拡散体制の枠組み形成の必要性を主張した。クリントン新政権も、ココムがもはや実行不可能な形骸化した体制になっていることを認め、次なる枠組みを模索し始めたのだった。

冷戦終結後、不拡散という理念そのものには積極的な姿勢を見せていたにも関わらず、なぜ米国は、ロシアや欧州ほどにはココムの終結と新体制の設立に力を注がなかったのだろうか。いくつかの理由が考えられるが、一番重要なのはココムが持つ「拒否権」の存在であろう。ココムは参加国の全会一致でなければ懸念案件に対して輸出許可が出ないというルールだった。これは米国にとって非常に都合のいいものだった。ココム後期、米国は自国産業が強いコンピュータや通信関連においては規制緩和を推し進め、逆にヨーロッパや日本が強い工作機械等の規制緩和に反対し続けていた。80年代以降、自国産業の国際競争力強化が重大な課題だった米国にとって、同盟国と実施するココム規制がもはや、自国の保護主義を実施するための一手段にもなっていた。

　冷戦後体制の検討過程においても、フランスやドイツは拒否権システムには激しく反発し、93年の NATO 会合における新しい不拡散型レジームの設立についての検討は、設立自体の合意は得られたものの、それは米国側の提案には沿わないことが条件とされたほどだった＊40。そうして1996年7月に誕生したワッセナー・アレンジメントには、拒否権という制度は存在せず、無論、特定国を対象とした輸出制限といったルールもない。年一度の会合では、規制品目とその規制スペックを決定するにとどまり、それらの輸出許可に関しては各国の裁量に委ねられるというものだった。

（2）1990年代の国内的環境

　国際的にも大きな波紋を呼んだイラクのクウェート侵攻であったが、国内的にもイラクに対するエコノミック・ステイトクラフトが発動された。1976年武器輸出管理法に基づき、武器及び武器関連品目の全面禁輸が行われたのだ。さらにブッシュシニアは大統領令12724に署名し、財務省OFAC によるイラク政府の金融資産全面凍結も行われた。「砂漠の嵐作戦」が始まると、商務省の輸出管理局（BXA：Bureau of Export Administration、現在の産業安全保障局・BIS の前身）は、生物剤系の製品、素材、技術データに関するガイドラインを策定し、特に、イラン、イラク、シリア、リビアといった国からの、企業・大学における個人の入国者の受け入れに関して注意喚起すると同時に、こうした国々からの個人による、高額な購入価格提示には警戒するよう呼びかけた＊41。

　その後も米政府は、1992年イラン・イラク不拡散法（the　Iran-Iraq Non-proliferation　Act　of　1992）、キューバ制裁のためのヘルム－バートン法（Helms-Burton　Act）、1996年対テロ・効果的死刑法（the Antiterrorism and Effective　Death　Penalty　Act　in　1996）、イラン及びリビア制裁法（the Iran and Libya Sanction Act）といった法律を次々と制定し、全方位的なエコノミック・ステイトクラフトを推し進めたのだった。

　クリントン政権では当初、純粋な輸出管理政策の課題は山積みであったにも関わらず、輸出管理局 BXA のトップが長らく不在であった（政治的任用がなされなかった）ことからも、国内政策としての輸出管理の位置付けが低いことが指摘されていた。クリントン大統領は就任直後から、冷戦後の国際情勢に対応した不拡散型の輸出管理レジームを設立することと、並行してレーガン政権からの宿題でもあるフォーリン・アベイラビリティの問題について、特に、コンピュータと通信分野の製品について解決する必要があった。国際競争力という観点からは、コンピュータに関しては大幅な規制緩和を目指し、他方、軍事用途として暗号製品を含む通信関連に限って厳格な輸出管理を続ける意向だった。

　また、1991年8月から実施されているキャッチオール規制についても産業界からの強力な圧力にさらされていた。米国産業界は、キャッチオールの対象品目を一定の範囲に特定し、それらが海外での不拡散に実質的に寄与しているということを明確にすること、いわゆるマテリアル・コントリビューションとして意味のあるものを規制対象にするべきだと主張していた＊42。当時は、様々な意味で輸出管理が"過渡期"にあったため、米国のみならずキャッチオール規制については枠組みそのものが大きな焦点だったのだ。それまで何十年も"リスト"に縛られて実施されてきた輸出管理を、「用途と需要者のチェック」という思考に切り替える、しかもココムの終焉が間近に迫り、新しいレジームがどのような体制になるのかもわからない中で進めなければならない議論に時間を要するのは無理からぬことだったと言えよう。

　また法律の問題もあった。1990年に、失効した79年法は、上下両院による包括法案を議会に提出したが、ブッシュシニア大統領が拒否権を発動したため米国輸出管理の根拠法は、IEEPA に基づくものとなった。その後も92年に上下両院がそれぞれ法案を提出したが、いずれも廃案となり、ク

リントン大統領は、1994年6月30日を期限とする79年法復活法案を承認し、1994年8月20日まで79年法が復活した。しかしその後、再度の期限切れを目前に、大統領は大統領令12924に署名し、今度は IEEPA に基づき輸出管理行政を実施していくことが決められるといった複雑な立法の過程を経ることとなった。

6. 9.11後の米国輸出管理

（1）テロ時代の米国輸出管理
　2001年9月6日、クリントン政権時代に期限が切れた79年法を復活させるための法案、S-149 が上院に提出された。9.11テロが起こる前であるものの、90年代に入ってからから国内外においてテロが度々起こっており、国内法の各種整備が課題となっていた。上院案は、そうした状況を反映したものであり、①デュアル・ユース品の管理を通して大量破壊兵器や通常兵器への転用を防ぎ、合わせてテロ防止を目指す、②グローバル経済の中での米国の優位性（特に、輸出管理の文脈では製品の国際競争力）を維持する、③エコノミック・ステイトクラフトとしての輸出管理を通して、米国の外交的国益を保持する、という3つの柱を立てていた*43。ところが、その数日後に9.11テロが起こり、ブッシュ政権の関心は、すべてテロ対策、それも従前にはなかった国土安全保障（Homeland Security）が最重要政策課題となっていくのだった。
　テロは米国政治を一変させた。議会は国土安全保障のための重要法案を次々と可決させたが、中でも愛国者法の和訳で知られる「USA　Patriot Act（Uniting and Strengthening America by Providing Appropriate Tools Required to Intercept and Obstruct Terrorism（USA PATRIOT）Act of 2001)」にここで触れておきたい。愛国者法は包括的なテロ対策法であるが、テロリストやその支援者への罰則強化、テロリストの疑いのある外国人を司法手続きなしで拘束、FBI 等による盗聴・ネット閲覧監視、金融機関の口座管理強化、医療機関及び図書館が保管する個人情報の提出命令等の内容が、テロ後わずか6週間でスピード可決・成立した。この法案の中で輸出管理に関連する条項として、「2000年貿易制裁改革と輸出促進法（the Trade Sanction Reform and Export enhancement Act of 2000）の修正

が行われた。この法律は特に、テロ組織タリバーンやアフガニスタン周辺における大量破壊兵器の設計、製造、開発の促進を禁止するものであったが、愛国者法の立法過程の中で、国務省が管轄する武器品目の不正輸出に対する取り締まりの強化、マネロン対策条項の追加、貿易を介した金融資産取引の取り締まり強化等が盛り込まれた*44。

　また本項の冒頭でみた輸出管理法復活のための上院案については、下院の反対に加えて、法案の提案者だった上院銀行委員会（Senate Banking Committee）の議長が退任し、代わってリチャード・シェルビイ議員が就任したことで、振り出しに戻ってしまった。シェルビイ議員は2001年9月6日に議会に提出された上院案に対して最後まで反対票を入れていた人物であり、競争力強化のために輸出規制の緩和を行うことには反対をしていた。2003年にコンドリーザ・ライス国家安全保障問題担当大統領補佐官にあてた書簡において、①9.11後の輸出管理のあり方として、「敵」による「デュアル・ユース技術」の獲得を防ぐための輸出管理法にする、②米国企業の国際競争力のためには管理の予測が可能かつ耐久性のある環境を政府が提供する、そのために③国家安全保障政策に関係するすべての省がライセンス承認に関わる、④フォーリン・アベイラビリティの観点から容易に規制緩和ができないようにすべきだと主張した*45。当然、米産業界からは、フォーリン・アベイラビリティのある製品に関して、規制緩和を行わないことは、米国産業界を罰しているようなものだと大きな反発があったことは言うまでもない。しかしながら、様々な議論を経ても、結局のところ、9.11テロ後の国内環境において、輸出管理法を緩和させるという案が受け入れられることはなく、むしろブッシュ政権は、拡散に対する安全保障構想（Proliferation Security Initiative; PSI）や、コンテナ貨物の安全保障（Container Security Initiative; CSI）を提起することで、国際社会が一丸となってテロと戦う姿勢を強く示していくという方向性に向かっていくのだった。

　また2004年には、パキスタンのカーン博士による「核の闇市場」の露見や、北朝鮮による核開発に必要な資機材の調達等、大量破壊兵器拡散に関する重大な事件が相次ぎ、国連においても「国連初の立法」とも呼ばれた「国連安全保障理事会決議1540号」が採択され、国連全加盟国に対して輸出管理が義務付けられたのだった。

また2005年、2006年と失効している輸出管理法を復活させる法案が議会に提出されているが、ほとんど話題になることもなく引き続き、IEEPAによる輸出管理が続けられることになった。

（2）オバマ改革：輸出規制の大幅緩和

　2009年8月13日、オバマ大統領は輸出管理制度の包括的な見直しを、国家安全保障会議と国家経済会議に命じた＊46。輸出管理制度の抜本的な改革を通して、米国の安全保障、外交政策、通商上の利益を高めることが目的だった。2010年の一般教書演説では、輸出管理の制度改革を自身の政権における重要課題とすることが宣言され、同年3月15日、大統領は全米輸出イニシアティブに署名し、「今後、5年間に輸出を倍増させる」という政権の目標達成に向け、貿易障壁の排除への取り組み、企業、特に中小企業の輸出支援、現行の輸出審査の大幅な時間短縮等に取り組むことを目指したのだった＊47。

　4月になると、大統領の意向を受けたロバート・ゲーツ国防長官が、冷戦時代に構築された輸出管理体制の問題点を激しく糾弾し、現行の制度が米国のハイテク製品を輸出する能力を著しく制限しているため、オバマ政権下では透明性が高く効果的な輸出管理制度の再構築が必要であることを講演で述べた＊48。その具体的なアイディアとして提示されたのが、「4つのシングル化―①単一のリスト、②単一のライセンス発行機関、③単一の執行機関、④単一の IT システム」である。又、このような大改革においては、連邦議会による輸出管理法の改正が必要であり、さらに現行の国際レジームにおいても、ココムによって実行されていた全会一致のような国際的なコンセンサスのスキームを再構築する必要性を強く求めた。こうした国際的なレベルでの改革なしには、国内法レベルの努力は限定的な効果しかもたらさないからだ＊49。

　2009年の輸出管理の国際会議（BIS Update2009）では、ゲーリー・ロック商務長官がその談話＊50において、米国輸出管理の2つの方向性を示した。一点目は、米国の安全保障にとって最も重要な品目や技術に関する管理を拡大させること（これに伴い、機微度の低い品目の規制緩和を行うこと）、二点目はフォーリン・アベイラビリティのある品目については速やかに規制の撤廃を行うこと、ということだ。特に、二点目のフォーリン・アベイ

ラビリティの問題については88年の包括通商・競争力法の時から論じられてきた20年越しの課題だった。ロック長官は、イタリアの企業が、民生品としてありふれている探知装置を米国企業から購入しようとした際、輸出許可に大変な時間がかかることがわかり、日本の企業から購入したという事例をあげながら危機感を募らせた。

　ところが、2010年の中間選挙において下院の歴史的敗退を喫して以降、オバマの輸出管理改革は失速した。輸出管理の関連法案を審議する主要な委員会である下院外交委員会の委員長にはイリーナ・ロス-リーティンが就任し、安全保障問題大統領補佐官のジム・ジョーンズの離脱、ゲーツ国防長官の退任も改革の進展を遅らせる要因となっていた。

　2011年5月12日に下院外交委員会で開かれた公聴会「輸出管理・武器輸出・改革─米国の国益のバランスを図る＊51」では、エレン・タッシャー国務省武器管理国際安全保障担当次官、エリック・ハーシュホン商務省産業安全保障担当次官、ジェームズ・ミラー国防総省政策担当主席副次官らが証言を行い、オバマ大統領の輸出管理改革に関する質問がなされた。バーマン下院議員やハーシュホン商務次官らの改革推進派が、輸出管理制度改革を支持する証言を行う一方で、外交委員会委員長のロス-リーティン議員は、大統領の提案が過剰なリソースを必要とするだけでなく、官僚制度の肥大化に繋がること等を指摘した。さらに就任直後に提案された4つのシングル化、特に改革の目玉とされていた「規制リストの単一化」について、武器の適正なコントロールによって究極的には世界平和を目的とする1976年武器輸出管理法に矛盾すると述べた。

　このオバマ改革の目玉とされた「規制リストの単一化」とは、二つの省によって管理されている二つの規制品目リストを整理統合すること、つまり、国務省が管轄する武器品目、航空・宇宙関連品目、衛星品目を管理するための規制リスト「武器品目リスト（U.S. Munitions List：以下、USML）」と商務省が管轄するデュアル・ユース品の規制リスト「デュアル・ユース品目リスト（Commerce Control List：以下、CCL）」を一元化することをさす。これは、機微度の高い少数の品目の周りに高い壁を設け、それ以外はレベルに応じた対応を行うという規制緩和の極めて実務的な改革である。とはいえ、「少数の品目の周りに高い壁を」という議論はすでに90年代以降盛んに行われてきており、特に目新しいものではない。ただ、

表3　米国軍事品目リストの3階層化

Tier1: Critical	米国にとって極めて重要な Critical な軍事または諜報上の強みをもたらし、かつ米国のみでほぼ独占的に調達可能な品目、もしくは大量破壊兵器そのもの。
Tier2: Substantial	米国に重要な軍事または諜報上の強みをもたらし、かつ米国の多国間パートナーおよび同盟国でほぼ独占的に調達可能な品目
Tier3: Significant	重要な軍事または諜報上の強みをもたらすが、より広く調達可能な品目

　オバマはそれを実際に進めた最初の大統領であり、先のブッシュ政権における規制強化を踏まえると、2009年以降の改革は大幅な規制緩和に舵がきられたことになる。

　国務省の武器品目リストからの移行に際し、まず行われたのは、相対的な軍事的価値や調達可能性に基づいて品目を区別し、USML を階層化することだった（表3）。

　Tier1 はごく限られた品目であるが、ここに分類される品目のまわりには"非常に高い壁"が作られ、輸出にあたっては国務省の許可が必要になる。Tier2 は、同盟国、国際レジーム参加国への輸出の場合は許可不要であるが、それ以外の国向けの場合は、輸出許可申請が必要となる。Tier3 は、軍事品目ではあるもの上二つの層よりは重要度が下がる。商務省の規制リスト・CCL に移管されるのは、これらのいずれにも分類されなかった品目であり（「機微度の低い軍事品目」と呼ばれる）、CCL に移管された後は、規制品目分類番号（Export Control Classification Number: ECCN、日本における"項番"）において新たに新設される番号体系「600番（Six hundred series）」の番号が与えられる。600番台品目は、デュアル・ユース規制リストに移管されたとはいえ、元々は国務省の USML で管理されれっきとした「武器」であるため、その管理は他のデュアル・ユース品に比べると厳しくなっている。具体的には許可例外の適用が他のデュアル・ユース品に比べて厳しい規定になっている。また衛星品目については、600番ではなく、「9X515」という特別な ECCN が付番されることとなった。

　さらに、このリストの一本化作業の過程で同時に実施された重要な改革が、2012年4月に策定された「エマージングテクノロジー」規制である。当初、USML から CCL に機微度の低い軍事品目を移管するに当たって、移管要請が却下された品目の受け皿としてスタートした規制であった。しかしその後、「現時点で既存のリスト（USML と CCL）において規制がなされていない品目を米国独自にリスト規制する」という趣旨へと変化を遂げ、米国にとって重要な軍事上・諜報上の強みをもたらす、もしくは外交政策上規制が妥当と商務省が判断された品目は、国防総省、国務省の同意も得た上で、「0Y521」という ECCN に分類されることになった*52。これは、現行の4つの輸出管理レジームでは、レジーム提案からリスト化までに時間がかかるため、米国だけで先行して独自に規制を行うという趣旨である。0Y521 に分類された品目は、1年以内に正式に CCL でリスト規制化するか、0Y521 に再指定するか、もしくは EAR 99 と呼ばれる「リスト外規制品目」に分類するかが決められる。

　ちなみに、これまで 0Y521 にてエマージングテクノロジーとして実際に単独規制なされてきたものは、バイオセンサー、フライバイワイヤー飛行制御技術（のちに CCL に正式掲載。ワッセナー・アレンジメントでも規制対象になった）、折畳み翼に関する技術・ソフトウェア、トリチウム製造用のリチウムターゲット（のちに CCL に正式掲載。NSG でも規制対象になった）、XBS エポキシなどがある。

　さらにオバマ政権の規制緩和として忘れてはならないのが"許可例外 STA"である。許可例外 STA（Strategic Trade Authorization）とは、デュアル・ユース品規制における重大な緩和であり、これまで許可対象となっていた品目が一定の条件のもとに、ノーライセンスで輸出できるというものだ。具体的には米政府が定めて36ヵ国（ほとんどの欧州各国、オーストラリア、カナダ、ニュージーランド、日本、韓国、アルゼンチン。ただし現在はインドが追加され37ヵ国になっている）に対しては、ほぼ全てのデュアル・ユース品目を、同許可例外の適用によってノーライセンスで輸出することが可能となる。また政府が定めた8カ国・地域に関しては、ワッセナーアレンジメントのベーシックリストのみ、ノーライセンスで輸出が可能である。ただしこのルールにはセーフガードがあり、米国から輸出された品目は、米国政府の許可又は許可例外の適用なしには、第三国へ再輸出することは

できないし、適用要件としても誓約書の取り付け等の詳細な規定がある。

　ハーシュホン商務次官によれば、許可例外 STA の新設は、米国輸出管理制度のパラダイムシフトであり、70年代から問題となっていたライセンシングの遅延問題は劇的に減ることになると言う＊53。つまり、商務省が重要度の高い案件に注力できるようになるばかりでなく、輸出者の側も企業・大学内においてさらなる濃淡管理を実施することができるようになったのである。

７．2018年輸出管理改革法の制定へ

　米国では17年もの間、輸出管理の根拠法たる「1979年輸出管理法」が失効し、IEEPA にその法的根拠を求め行政を行ってきたことはこれまで見てきた通りである。それが動いたのは、トランプ政権下の2017年に入ってからだった。まず2017年11月米国上下両院に外国投資リスク審査現代化法（FIRRMA）が、2018年2月に下院に輸出管理改革法（ECRA）が提出された。いずれも超党派による法案であり、外国、特に中国への技術流出や中国による知的財産権等の不正取得、対米投資上の各種懸念事項を防止することを目的としている。その後、これらの2つの法案は、可決に向けて単独で審議が進められるのではなく、2018年8月に成立した国防権限法2019＊54に盛り込まれる形で成立・施行した。特筆すべき点は、これまで70年間、時限立法として延長に次ぐ延長を行い、時には失効して別の法律に根拠を求めていた米国輸出管理の根拠法が、ECRA によって恒久法となったことだ。

　また、詳細は第3章でみていくこととなるが、ECRA と FIRRMA 制定の狙いの核心には、対中輸出規制の強化があり、特に ECRA には、①エマージングテクノロジーや基盤的技術の輸出規制強化、②包括的武器禁輸国を対象とした許可例外の見直し、③軍事エンドユース・エンドユーザー規制の見直しという3つの大きな柱がある。

　この背景には、2000年代半ばから開始され、2016年に国家戦略となった中国の「軍民融合（Military-Civil Fusion）政策」が大いに関係している。2018年、国務省国際安全保障・不拡散局次官補のクリストファー・アシュリー・フォード博士は、現在の中国が、中華民族の偉大な復興という「中

国の夢」を叶えるべく、世界最高レベルまでの事力強化を目指しており、そのためのハイテク兵器の獲得と軍民融合は、夢を推進する "エンジン" になっていると言った*55。また現行の世界では、民間ユーザーや軍事ユーザー、民生用途や軍事用途といった区別はほとんど意味を持たず、つまり、「最終需要者や用途のチェック」という伝統的な輸出管理のアプローチも無駄なものだと言うのだ。

　しかし、フォード次官補が述べたことは、冷戦後の米国政治と行政で繰り返しアジェンダとされてきたデュアル・ユース品目の扱いと対処法の問題に尽きるとも言える。ここ30年余り、民生用途と軍事用途の区別が徐々になくなってきていることは周知の事実だが、近年では、特に高度先端技術における両者の区別には、ほとんど意味がなくなっている。加えて、各国際レジームのリストは、提案から掲載までに1年以上の時間がかかるという問題もあり、掲載される頃にはすでに「エマージング」な技術どころか、フォーリン・アベイラビリティの観点から、規制することそのものに意味がなくなっている可能性さえある。

　トランプ政権が ECRA を制定した後、行政レベルで行われた第一の規制強化は、この点を反映したものだった。2018年、BIS は、それまで特に中国向けの民間エンドユーザー向けかつ、民生用途の輸出の場合にノーライセンスで輸出することを認めていた「許可例外 CIV（Civil　End-Users）」を廃止することを決定した。これは、中国において軍事用途と民生用途が極めて曖昧になっている現状を如実に反映したものである。

　第二の規制強化は、対中国軍事エンドユーザー規制の導入に関するものだ。これまで米国の軍事エンドユース・エンドユーザー規定は EAR744.21 において、ロシアとベネズエラには軍事エンドユース＆エンドユーザー規制が、中国に対しては軍事エンドユース規制のみ実施されてきた。しかし ECRA 制定の規制強化に伴い、中国に対しても軍事エンドユーザー規制が導入されることになり、その対象品目も大きく広がった*56。

　第三の規制強化は、商務省が管轄するリストの一つ、エンティティリストを活用することによって、中国系エンティティを米国から締め出すことである。エンティティリストとは、米国の安全保障および外交政策上の利益に反した個人・企業・機関、もしくは、大量破壊兵器の製造開発に関与した企業等のリストで、EAR の Part.744　Supplement No.4 に掲載さ

れている。リストに掲載されたエンティティは、EAR 対象品目の輸出・再輸出、同一国内販売が禁止され、リスト対象外の品目も許可が必要になる場合がある。商務省は、2019年5月16日に、Huawei Technologies Co. Ltd 及び関連会社68社をリストに追加し、EAR 規制対象の全品目の輸出に対して許可申請が義務づけた。また、同年10月7日には、米国の外交政策上の利益に反する活動に関与しているとして、28の中国政府組織及び民間企業をエンティティリストに追加している。この10月の措置は、中国政府によるウイグル人や新疆ウイグル自治区のイスラム教徒少数民族を標的とした人権侵害に関与したエンティティが掲載されている。

　また前後するが、2019年8月13日には、国防総省の連邦調達庁と航空宇宙局が、国防権限法2019の889条に基づく措置として、連邦調達規則（Federal Acquisition. Regulations）を改定する規則を発表した。新規則では、Huawei Technologies Company や ZTE Corporation、Hytera Communications Corporation、Hangzhou Hikvision Digital Technology Company、Dahua Technology Company（あるいはそれらの子会社または 関連会社）が生産したビデオ監視または電気通信機器、さらに、国防長官が国家情報長官や FBI 長官と協議の上で決定したエンティティによって生産や提供がなされる電気通信機器やビデオ監視機器等を、政府調達から除外するというものだった。

　詳細は第3章へ譲るが、無論、トランプ政権下で行われている対中規制の強化は、これだけにはとどまらない＊57。ごく簡単に評価しても、現在米国で行われていることは、もはや伝統的な輸出管理の枠組みを超え、他の政策や法律と合わさった総合的なエコノミック・ステイトクラフトが展開されていると言えるだろう。あるいは——。

　輸出管理のみに焦点を当てた場合、2000年代中頃まで議論されてきた「エコノミック・ステイトクラフト型の輸出管理」というものは、こと、"対中国"という文脈に限れば現在は行われていないのではないか。むしろ現在の対中規制は、エコノミック・ステイトクラフトではなく、輸出管理の原点、「安全保障」に基づく統制という方が相応しいのではないだろうか。

　繰り返しとなるが、エコノミック・ステイトクラフトの最終的な目的は、「相手国の行動を自国の有利な方向へ変えること」である。現在米国が中

国に対して行っていることは、決して中国の行動を変えるためではなく、自国と同盟国が保有する高度な技術を死守し、自国の安全保障を達成することにある。そうだとすれば、それはエコノミックステイトクラフトでも制裁でもなく、冷戦期の対ソ関係で見られたような軍事競争とそれを支える先端技術によって分断された新たな世界地図に基づく、まさに「安全保障輸出管理」に他ならないのかもしれない。

註

＊1　外国為替及び外国貿易法（昭和24年法律第228号）の第48条第一項

＊2　"Record of Comments: The effects of Export Controls on Decision to Use or Not Use U.S.-Origin Parts and Components in Commercial Products and the Effects of Such Decision", April 20. 2009 in Public Comments at EFOIA Documents Index, pp.149-157.

＊3　Center For Strategic and International Studies, *Briefing of the Working group on the health of the U.S. space Industrial base and the impact of export controls*, 2008. <http://csis.org/files/media/csis/pubs/021908_csis_space industryitar_final.pdf>

＊4　佐藤丙午「第 2 章　アメリカ」浅田正彦編『兵器の拡散防止と輸出管理－制度と実践』有信堂、2004年、160〜161頁。

＊5　50 U.S.C. app. §§1-44 Trading with the enemy act of 1917

＊6　ただし、キューピットが指摘する通り、これ以前にも1807年禁輸法（The Embargo Act of 1807）のように「禁輸」と言う形の貿易の管理・統制が行われたことはあったが、その対象は限定的であった。Richard T Cupitt, *reluctant Champions: U.S. Presidential Policy and Strategic Export Controls* (New York: Routledge, 2000), pp.31-33.

＊7　22 U.S.C. §441

＊8　John Heinz, *U.S. Strategic trade: An Export Control Systems for the 1990s* (Oxford: Westword Press, 1991) , p.8,

＊9　*Neutrality Act*, 22 U.S.C. 49 Stat. 1081.

＊10　Mira Wilkins, "The Role of U.S. Business," Pearl Harbor as History, ed, Borg et al., New York: Columbia University Press, 1973, p.348.

＊11　*Export Control Act*, Stat. 714, §6 Public Law 703 (2 July, 1940)

＊12　加藤洋子『アメリカの世界戦略とココム－岐路にたつ日本の貿易政策』有信堂、1992年、25〜27頁。

＊13 加藤、前掲書、25頁。

＊14 U.S. Congress, House Committee on Banking and Currency, *Hearings on House Resolution 1661* (January 31, 1949), p.7.

＊15 *Export Control Act of 1949*, 63 Stat. 7, §2 Public Law 11 (February 26, 1949).

＊16 Report by the Subcommittee of the Advisory Committee of the Secretary of Commerce, 4 May 1948, *Foreign relations of the United States*, 1949, vol. 4, p.536.

＊17 加藤、前掲書、208頁。

＊18 U.S. Congress, Senate, Committee on Banking and Currency, *Export Expansion and Regulation*, 91th Cong., 1st Session., 1969.

＊19 Henry Kissinger, *White House Years* (New York: Little, Brown and Co., 1979), pp.153-154.

＊20 U.S. Congress, House Committee on International Relations, *Hearing on Extension and revision of the Export Administration Act of 1969*, 95th Congress., 1977, p.958.

＊21 *Export Administration Act of 1969*, P.L.91-184, 83 Stat.841, sec.3(2)(B) (1969); *Export Control Act of 1949*, 63 Stat.7(1949).

＊22 U.S. H.R. Congress Report, 482, 96th Cong., 1st session, 1979, p.504.

＊23 U.S. Congress Senate, S.Rept.169, 96th Congress,1979, p.3.

＊24 House Hearings, 1979, p.685.

＊25 *Ibid.* p.685.

＊26 U.S. Congress, House, H.R. 2539, 96th Congress, 1979, sec.6(b).

＊27 *The Export Administration Act of 1979*, Public Law. 96-72, 93 Stat. 503, Sec 3(10), 1979.

＊28 J. Fred Bucy, "Technology Transfer and East-west trade: A Reappraisal," *International Security*, vol.5 No.3, Winter 1980, pp.134-135.

＊29 U.S. Department of Defense, Office of the Director of Defense Research and Engineering , *An Analysis of Export Control of U.S. Technology: A DoD Perspective*, , (U.S. G.P.O., 1976)

＊30 *The Export Administration Act of 1979*, Public Law. 96-72, 93 Stat.503. Sec 3(10), 1979, p.15.

＊31 U.S. Department of Commerce, "Restrictions on the Export of Agricultural Commodities & Products to the U.S.S.R.," 45 *Federal Register 1883*, January 9, 1980.

And U.S. Department of Commerce, "Commodity Control List; Restriction on the Export of Marketable Phosphate Rock, Phosphate Acid of All Concentration, and Processed Phosphatic Fertilizers of All Concentrations to the U.S.S.R.," 45 *Federal Register 8293*, February 7, 1980.

＊32　Jimmy Carter, *State of the Union Address 1980*, January 23, 1980.

＊33　50 U.S.C. §1701.

＊34　加藤、前掲書、231頁.

＊35　米国における軍事技術の開発・研究は、専ら、国防総省を頂点とするヒエラルキーのなかで行われてきており、米国が歴史的に、民生品の開発よりも軍事を偏重する傾向にあったことが指摘される所以でもある。

＊36　同法では、貿易相手国への市場アクセスを強め、米産業の輸出促進を行うことが目指された。

＊37　Edit by Gary K. Bertsch, *U.S. and Japanese Nonproliferation Export Controls* (University Press of America), 1996, pp23-33.

＊38　『CISTEC ジャーナル』No. 13、1991年、6頁。

＊39　『CISTEC ジャーナル』No.16、1992年、2〜7頁。

＊40　冷戦後の新体制形成過程については、Lewis, J.A. (2005), "Looking Back: Multilateral Arms Transfer restraint: The Limits of cooperation," *Arms Control Today*, Vol.35, No.9.に詳しい。

＊41　U.S. Department of Commerce, Bureau of Export Administration, "Guidelines for Export Transactions Involving Equipment, Materials, and Technical Data for Producing Biological Weapons," *55 Federal Register 242*, December 17, 1990.

＊42　『CISTEC ジャーナル』No.25、1993年、21頁。

＊43　S.149,107th Congress (2001)

＊44　Public Law107-56, *USA Patriot Act*, 115 U.S. Statutes at Large 292, 308-309, 330-331.

＊45　Gary G. Yerkey, *White House, GOP Leaders Set March 1 as New Target for House approval of EAA Bill*, International Trade Report, No.49, Dec.12, 2002, 665-65.

＊46　Office of the Press secretary, The White House, For Immediate Release, Statement of the press secretary, August 13, 2009.

＊47　Barack Obama, Office of the Press Secretary, *The White House*, For Immediate Release, Executive Order-National Export Initiative, March 11, 2010

*48 Remarks as Delivered by Secretary of Defense Robert M. Gates, *Business Executives for National Security (Export Control Reform)* at the Ronald Reagan building and International Trade Center, Washington D.C, April 20, 2010.

*49 Sandra Erwin, *Sec. Defense Gates Unveils Sweeping Export-Control Reforms; Agencies Brace for Turf Warfare*, National Defense Magazine Blog, Apr 20, 2010.

*50 U.S. Department of Commerce, Bureau of Industry and Security, Update 2011 Conference, Remarks of Secretary Gary Rock on July 19, 2009.

*51 United States, Congress, House Committee on Foreign Affairs, *Export controls, Arms sales, and reform: Balancing U.S. interests: Hearing before the Committee on Foreign Affairs*, 112th Congress, May 12, 2011.

*52 15 CFR Appendix Supplement No. 5 to Part 774- Commerce Control List.

*53 U.S. Department of Commerce, Bureau of Industry and Security, Update 2011 Conference, Remarks of Eric L. Hirschhorn on July 19, 2011.

*54 National Defense Authorization Act for Fiscal Year 2019. 2018年7月23日に米国国防権限法(NDAA)2019 の上院・下院合意案がまとまり、7月26日の下院での可決、8月1日の上院での可決を経て、8月13日にトランプ大統領の署名により成立し、施行。連邦議会が国防総省に対して予算権限を与える法律で、会計年度ごとに毎年制定される。

*55 Remarks as Delivered by Assistant Secretary Bureau of International Security and Nonproliferation Dr. Christopher Ashley Ford, *Why China Technology-Transfer Threats Matter* at U.S. Naval Academy, Annapolis, MD, October 24, 2018.

*56 対中軍事エンドユース規制のこれまでの内容は、ごく大まかに言うと、米国原産品目の32品目（劣化ウラン（１トン以上）、 デジタルオシロスコープ、テロ支援国規制品目（熱画像カメラ、炭素繊維、レーザー、ガスタービン エンジン、作動油、高性能コンピュータ、ベアリング、通信装置等）が対象であり、規制の要件としては軍事エンドユースを知った又は政府から通知された場合に許可申請が必要となるというものであった。

*57 詳細は、例えば以下のレポートを参照されたい。CISTEC 事務局「ペンス副大統領による対中政策に関する演説（第二次）について―やや融和的印象があるも広汎な対中批判の基調は維持―」『CISTEC ジャーナル』No.184、2019年11月、68～84頁、および CISTEC 事務局「米中関係等の緊迫化と諸規制の動向について」『CISTEC ジャーナル』No.188、2020年7月、6～26頁。

第2章

輸出管理をめぐる米中関係
チャイナ・ディフェレンシャルから経済安全保障へ

小野 純子

1. 対敵通商と国家安全保障

　1999年5月、米国下院の「米国安全保障及び対中軍事・経済問題に関する特別委員会（Select Committee on U.S. National Security And Military/ Commercial Concerns With The People's Republic of China）」は、中国が米国の最新熱核兵器に関する技術を窃取し、それによって次世代核兵器の開発と大陸間弾道ミサイルの近代化に成功したという報告書*1を議会に提出した。さらに驚くべきはこうした窃取が今回単独の行為ではなく、中国国家安全部が1970年代より継続して行ってきた諜報活動の結果によるものであることが、900頁以上におよぶ報告書のなかで詳らかにされたのだった。同特別委員会の議長が共和党下院議員のクリストファー・コックス氏であったことから、この報告書は「コックスレポート」と呼ばれ、1970年代後半から大幅に緩和されて続きてきた「対中輸出管理」の在り方を根本から見直す大きなきっかけとなった。

　しかし、コックスレポートが公にしたこの問題は、軍事的・経済的利益を共有しない国家といかに通商関係を維持・拡大していくべきかという、国際政治のなかで繰り返し設定されるアジェンダであり、1980年代以降における、ネオ・リアリズムvs.ネオ・リベラリズムでの一大論争のひとつでもあった。リアリストによれば、国家は、アナーキーな世界において何よりも自国の安全保障を追及するため、現実的なパワー（＝軍事力）が必

要だと言う。そこには、伝統的な軍事力を基盤としたパワーのみならず、軍事技術そのものを「敵」よりも早く開発・保持することも、死活的に重要になっている。つまり国家は「軍事的潜在力（レイテント・パワー）」にも注視する。だからこそ、国家の繁栄や軍事的に重要な技術について国際貿易に頼るべきではないという保護主義的な方向に向かうのが、リアリズム的思考である。他方、1980年代に、「経済的相互依存による平和」という考え方が、ネオ・リベラリズムの間で生まれた。グローバル経済化による経済依存の深化によって、戦争の勃発が互いに巨大な損失をもたらすため、戦争が抑制され国家間関係が良好になるのだという。戦争によって得られる利益よりも、失われる利益の方が大きければ戦争は抑制されると考えられており、結果的に、経済相互依存が深まるほど平和が維持されるという仮説である。

　輸出管理に引き寄せると、経済的な利益を優先させて貿易関係を拡大していけば、たとえそれが正当に取引された貨物や技術であってもこちらの意図しない形、すなわち大量破壊兵器等の開発等に使われる可能性は常に存在する。しかし通商政策の側面から考えれば、「敵」のマーケットが大きければ大きいほど、その国のマーケットを無視することは、国際競争力の低下、すなわち経済面での国益を損なうことを意味するのである。これが「対敵通商」の大きな論点である。

　米国の対中輸出管理とは、歴史的に、そして今もなお、安全保障と経済的利益の相克、あるいは両者の微妙なバランスの上に成り立っており、まさに対敵通商の問題なのである。かつて、連邦議会において、米国の輸出管理制度の立法化を長年にわたって牽引してきたヘインツ上院議員は、「（仕向け）国が違えば、輸出管理においても異なるアプローチが求められる」*2と言ったが、米国は、まさに「輸出管理」という手段を通して、どこの国に対するものとも異なる玉虫色の「対敵通商」を中国に対して展開してきたのである。本章では、この「チャイナ・ディフェレンシャル」と呼ばれる、輸出管理を通じた米国の対中国外交について、歴史的な過程追跡を行い、米国の輸出管理を使った外交を分析する。

２．封じ込め時代の対中輸出管理：第一次チャイナ・ディフェレンシャル

（１）対中輸出管理のはじまり

　第１章で見てきたとおり、ココムとは「対共産圏輸出統制」であり、当初のターゲットはソ連及びその衛星国であった。ところが米国は第二次世界大戦後、ヨーロッパと同様、アジアにおける共産主義勢力の拡大も憂慮しており、特に中国向けの貿易統制については頭を悩ませてきた。対中規制の明確なきっかけとなったのは、米国が支持していた蒋介石率いる国民党政権が中国共産党との戦いに敗れ、毛沢東による中華人民共和国が成立したことに遡る。これにより国務省は、ソ連を初めとする東側ブロックに対する貿易統制を中国に対しても展開することを検討し始めた*3。ディーン・アチソン国務長官は国家安全保障会議（National Security Council、以下、NSC）に対中貿易に関する国務省の見解をまとめた報告書を提出し、中国に対する体系的な輸出管理制度の構築を推奨した。後にこの報告書をベースに米国国家安全保障会議文書（以下、NSC41）が形成され、対中規制については、特に「外交の視点」から政策決定が行われることとなる。

　当初、NSC41 には3つの大きな目的があった。一つは、中国経由でソ連や東欧の共産圏に戦略物資が流れることを阻止すること。二つ目に、中国共産党の軍事的能力の向上を阻止すること。三つ目に、中国の経済を発展させうる戦略物資の流出を阻止することである*4。その為に、国務省が管轄する軍事品目リスト（United States Munitions List: USML）に掲載されたものは全面禁輸とし、商務省が管轄する１Ａ品目（対象国の軍事能力を向上させうる機微品目）は輸出許可申請が必要とされ、１Ｂ品目（軍事関連品目ではないものの、経済発展に貢献しうる品目）に関しては審査を経た後、それが民生用途であることが確約できた場合には輸出が許可されるという仕組みが推奨された*5。つまり NSC41 とは、中国を中継した戦略物資の流出を警戒する内容であると同時に、軍事的にも経済的にも中国の発展を封じ込める制裁だった。

　とはいえ、NSC41 は対中輸出統制政策の決定に関して一枚岩であったとは言い難い。輸出管理の監督官庁である商務省は、直ちに中国、香港、マカオ、そして南北朝鮮に対して、禁輸に近い輸出統制を行うべきであると主張しており*6、アジア圏における強硬な輸出統制を望んでいた。

一方で国務省は、NSC に報告書を提出していたにもかかわらず、実施に当たってその態度は曖昧であった。この時期、ヨーロッパではソ連とユーゴスラヴィアの対立が勃発しており、国務省は中国に対しても「チトー化」＊7を期待、すなわち「中ソ対立」を生じさせようと目論んでいたのである。そして中ソ対立を引き起こすためには、米中間においては少なくとも貿易関係は平常通り行ったほうが良いという意見もあり＊8、厳しい統制を望む商務省との間には乖離があったと言われている。

　さらに国務省には、対中規制に関する英国との調整という外交上の課題も抱えていた。当時、輸出統制の実効性を高めるためには英国との協力が不可欠であったが、英国側は対ソ輸出統制には理解を示したものの、対中規制については香港の問題から極めて消極的な姿勢であった。英国と中国本土間では貿易は少なかったが、英国の植民地であった香港は中継貿易で成り立っており、また食料等の中国本土への依存度が高かった。つまり中国への輸出統制は植民地の存続基盤に係る問題であり、また中国共産党による香港への報復も懸念されるものであった＊9。

　1949年7月に英国外務省は、米国との度重なる交渉の結果、対中規制の実施に対して以下の条件を米国に提示した。すなわち、(1)ベルギー、フランス、オランダが本国及び植民地において同様の輸出統制を実施すること（すなわち3国の協力を必須とすること）、(2)１Ｂ品目については米国の提示する通り、輸出量の監視を引き続き行い、中国側の戦略物資の貿易状況について適宜情報交換をする、(3)石油製品に関しては、英国、米国、オランダが調整し、民生利用であったとしても輸出統制を実施する＊10、というものである。英国は中国に対して、直接的に軍事品目ではない１Ｂ品目をまでも規制することには難色を示しており、石油関連品目の統制だけでも十分な制裁になると考えていた。また英国は、経済制裁を惹起させる１Ｂ品目規制は、かえって中国の態度を硬化させ、英米が望むような外交的結果を引き出せないばかりか、香港および東アジアにおける英国の権益にも悪影響を及ぼすと考えていたのである＊11。こうした条件提示を受けて国務省は、英国とのこれ以上の交渉は断念し、10月には英国の条件に従い、ベルギー、フランス、オランダと交渉を始めた＊12。

　このように初期の対中規制とは、戦後の時代背景もあって、国務省による諸外国との調整と交渉の賜物の外交政策であり、監督官庁である商務省

の出番は非常に少なかった。

　またこの時期は、対中規制に対する省庁間の温度差が存在していることも指摘しておきたい。例えば、中国への最も厳しい輸出統制を望んでいたのは、商務省でも国務省でもなく国防総省だったという*13。後に禁輸対象となる運輸関連物資（レール、蒸気機関車、貨車等）の中国共産党への禁輸を早くから訴えたのは統合参謀本部だった*14。もちろん国務省も対中貿易統制の必然性を認識していたものの、英国の意向を無視することはできなかった。しかも国務省が最も恐れていたのは、中国を経由してソ連及び東欧の共産圏に戦略物資が流出することであり、中国本土において戦略物資が利用されることについてはそれほど問題視していなかった。つまり、現在の対中規制のように、中国の軍事力を直接的な脅威と見なしての統制ではなかったのである。西側の安全保障を直接脅かす存在とは言えない中国への規制に関して、英国をはじめとする同盟国の協力を得るための交渉は難航していた。

　結局この時点では米国が望むような厳しい規制については、英国を始めとするヨーロッパ諸国からの協力を引き出すことができなかった。そのため、1949年11月にココムが成立すると米国は、「ココムリストを対中貿易にも応用する」という独自規制を始めざるを得なかったのである*15。独自規制においては、１Ａ品目はすべて不許可となり、１Ｂ品目も二つの例外を除いて基本的に不許可とされた。例外規定の一つ目はフォーリンアベイラビリティである。すなわち、米国以外の国が供給しているものに関しては、民生利用の確約等の一定の条件の下に、輸出が許可されることになった。二つ目の例外規定は、仮にその取引が不許可となった際に米国の国益が大きく損なわれる場合には、民生利用という条件の下、許可されるというものであった*16。しかしながらこうした例外規定付きの独自規制は、審査を行う商務省の裁量によるところが大きく、必ずしも公平で画一的な判断が保障されるものではなかった。

（2）朝鮮戦争と第一次チャイナ・ディフェレンシャル

　しかし、間もなくこうした状況に変化が訪れる。1950年6月に朝鮮半島において戦争が勃発すると、国務省は直ちに石油関連品目の中国への輸出停止を決定した。石油関連品目は１Ａにも１Ｂにも属さない品目であり、

加えて中国は石油関連品についてソ連以外の国に依存していたため＊17、実質的な経済制裁強化となった。続いて7月20日、商務省はそれまで一定の条件で許可されていた１Ｂ品目に関してもすべてのライセンスを停止した＊18。さらに11月に中国人民志願軍が朝鮮戦争に参戦すると、米国はさらに厳しい統制を検討し始めた。12月3日、ソウヤー商務長官は、戦略物資であろうとなかろうとすべての対中輸出を禁止すること、及び中国本土のみならず香港、マカオへの輸出であってもライセンスを要請することを発表した＊19。さらに16日には、トルーマン大統領の命を受けた財務省資産管理局が、米国における中国と北朝鮮のすべての資産を凍結し、また同日、商務省は米国の船舶、飛行機の中国本土への寄港を禁止した＊20。またこれらはすべて、49年に制定された輸出管理法ではなく、対敵通商法が根拠とされた。

　中国の朝鮮戦争への参戦は、米国の対中政策を「全面禁輸」にまで至らせるのに十分な要因だった。それまで英国をはじめとする西ヨーロッパ諸国との困難な交渉を前に、曖昧な独自規制を展開するので精一杯であった国務省も、厳しい態度で臨むことを決定せざるを得なかった＊21。こうした中国への政策は、大統領直下にある経済協力局＊22の報告書が「ソ連を初めとするヨーロッパの共産圏向けの"選択的な"輸出統制とは対照的に、中国に対してはすべての貿易（輸出及び輸入）と金融取引を停止し、実質的な全面禁輸を行う」＊23と述べているように、ソ連以上に厳しい規制内容となったのである。このような中国に対してソ連をはじめとする他地域よりも厳しい規制を行うという政策は「チャイナ・ディフェレンシャル」と呼ばれることとなった。

　朝鮮戦争を機に始まった第一次チャイナ・ディフェレンシャルによって、中国経済は大きな打撃を受けることになった。朝鮮戦争へ投入する戦力の弱体化が促され、さらには中国が他国に依存していた鉄道関連の品目、石油、石油関連品、ゴム、綿等の輸入品の調達も全面的に不可能にした＊24。さらにその後、1951年5月の国連総会では、決議500号が採択された。同決議は国連全加盟国に対して、「中国及び北朝鮮、若しくは両国と関係が深い地域に対して、その軍事力を増強しうるすべての品目、及び原子力関連品目、石油関連品目の全面禁輸」＊25が要請された。しかしながら決議の要請はココムの枠組みとは異なり、規制品目が明確にリスト化されていた

わけではなかったので、輸出統制をどのレベルまで行うのかについては各国の裁量にゆだねられていた。そのため英国とフランスは、ソ連圏よりも厳しい統制を中国に対して行うことに対しては全面的に賛成する意向を示したものの、品目ベースで言えば、依然として米国型の厳しい管理を実施するまでには至らなかった*26。

　こうした欧州諸国の姿勢に業を煮やした米国議会は、1951年10月、相互防衛援助管理法（The Mutual defense Assistance Control Act of 1951: 通称バトル法）を制定する。同法は、米国から援助を受けているすべての国に対して、ソ連圏及び中国に対する戦略物資の輸出管理（実質的には禁輸）を要請するものであり、仮に違反した場合は米国からの援助を停止することが決められたものである。無論、こうした米国の強硬姿勢については欧州各国からの大きな不満を引き起こすこととなる。1952年初頭のココム会合において、英国は、輸出管理における多国間アプローチの重要性と、従来通り輸出国が当該輸出に関して責任を負うという実施方法を続けていくべきであることを強調し、また米国以外のすべての国がココムにおけるこれまでの実施方法には同調するものの、バトル法における援助停止といった米国のやり方には反発した*27。

　また時を同じくして米国は、極東地域においてもココムとは別の輸出管理の枠組みを創設しようと目論んでいた。背景には、極東政策の重要な関心事として、対日講和が締結された後の日中貿易をいかにコントロールするかということ、そして中国からの軍需品等流出問題があった。特に前者は、占領政策にも絡む重要な問題であった。日中貿易には数千年の歴史があり、日本の復興には中国という市場は捨て置ける存在ではなかったからだ。しかしここでもまた、英国を始めとするココムメンバーからの激しい反発があった。特に英国は、日中貿易を厳しく制限すれば、日本は東南アジアに代替市場を求めることになると予測しており、自分たちが当該地域において日本製品と競合することを望まなかった。また同じような輸出管理の問題を扱うのであれば、別組織を作る必要はないとも考えていた*28。当然、香港の問題も絡んでいた。いずれにせよ、チャイナ・ディフェレンシャルに消極的な姿勢であった英国にとって、極東版ココムの設立が簡単に受け入れられるはずもなかった。

　しかしこうした状況は既に述べた通り、朝鮮戦争が勃発したことにより

一変するのだった。米国はこの時期、日本を東アジアにおける反共の防波堤とするために強固に安定した民主主義国家に作り替えようとしている最中であったが、それは軍事的にも経済的にも「防波堤」たりうるものでなければならなかった。そのため1952年に英国、フランス、カナダ、そして日本が参加したワシントンにおける会合では、第一の議題として極東版ココムの創設に関して話し合いがもたれた。最終的には米国の主導により、9月18日、日本をココムのメンバーに加えること、またコンサルタティヴグループの下部組織として、ココムよりも規制範囲が広い、言うなれば中国に対して厳重な統制を行うための輸出管理組織チンコム（China Committee）を設立することが決定されたのだった*29。

（3）The China Committee（チンコム）

　チンコムにおける唯一にして最大のミッションは、リストの見直しだった。それまで、ココムリストの援用で行っていた対中国輸出統制をどのレベルで行うのかということは、すべての参加国にとって、なかんずく、英国にとっては重要な問題だった。

　チンコムの規制リストには多くの USML（U.S. Munitions List: 米国軍事品目リスト。第1章参照のこと）品目が含まれており、また規制品目の数はソ連圏に対するココムリストの約2倍となっていた。この時代における禁輸や輸出管理は、米国にとって制裁色の強いエコノミック・ステイトクラフトであり、共産圏の政治や経済の弱体化を狙っていた。

　とりわけ東アジアにおける禁輸政策は米国にとっての重要課題であった。ソ連圏とは異なり、中国が、韓国や日本をはじめとした近隣国と地理的に非常に近いにもかかわらず欧州における NATO のような確固たる防波堤が存在しないこと、また香港のように中国に対する経済的な依存が高い国もあったため、「ドミノ」の容易な倒壊が懸念されていたためである。アイゼンハワー政権で外交政策に絶大な力を持ちアンチコミュニストとして有名なジョン・フォスター・ダレス国務長官は、中国に対する禁輸政策を推し進めることで、中国共産党の弱体化ではなく、「崩壊」を期待していたという*30。折しもアメリカ国内はマッカーシズム*31による赤狩りの全盛期だったこともあり、対中禁輸という政策は米国産業界においても比較的容易に受けいれられた*32。

　ところが、1953年7月28日、朝鮮戦争の休戦協定が結ばれると、状況が変わる。もともと禁輸や輸出管理は、戦時における一時的な政策であると認識されていることは第1章で見てきた通りである。加えて朝鮮戦争に関連する禁輸制裁は、49年輸出管理法ではなく対敵通商法を根拠に輸出統制が行われていた。そのため休戦となれば当然、規制は緩和（あるいは撤回）されるものとして、国内外から圧力がかかったのであった*33。

　とりわけ英国からの圧力は大きかった。1954年2月25日には、ウィンストン・チャーチル英首相が英国議会下院において、東西間における貿易管理の「実質的縮小（a substantial reduction）」について演説*34を行ったことをきっかけに、英米間で禁輸リスト、特にチンコムリストに関して激しく対立することとなる*35。

　ところでここで、指摘しておきたいのは、米国が真に懸念していたのは、ソ連と中国の関係だったことだ。1954年6月、ウィークス商務長官からカトラー安全保障問題担当大統領補佐官に充てられた書簡の中では、中国の全輸入額（約140億ドル）の75%がソ連圏からのものであることから、ココムリストの緩和がなされた場合、統制解除となった品目がソ連圏から中国に流れるであろうことが懸念されていた*36。つまり米国政府は、中国向け禁輸リストの緩和はもとより、ココムリストの見直しにすら前向きではなかったのだった。

　こうした状況は、インドシナ休戦交渉が進展すると、さらなる変化がみられた。まず6月にはココムハイレベル会合が開催され、統制品目の緩和について話し合いがもたれた。ここでの交渉は「英国の要求をすべて取り入れたものではなかったけれども、英国にとっても受け入れられるもので、（中略）禁輸品目縮小と引き換えに中継貿易の取り締まり強化に合意がなされた」*37。続く7月、パリにおいて開催されたココム会合では、上位のハイレベル会合での話し合いを受けて、国際リストと呼ばれる規制品目リストの正式な見直しが行われた。結果、合計で472品目がリストから削除、規制品目は255品目となったのであった。だがこの時、対中規制リスト、すなわちチンコムのリストは英国等の要望が強くあったにもかかわらず改訂されることはなく、ココムリストと比較して200以上の品目が依然として規制対象として据え置かれた*38。

　結果的に、1954年のココムリストの見直しは、国際社会におけるチャイ

ナ・ディフェレンシャルをより一層際立たせることになったとも言える。このため54年の見直し後も、英国とフランスは、「朝鮮戦争が休戦となった今、中国に対して他の共産圏と異なる禁輸を実施することに正当性がない」*39として、引き続き対中規制の緩和についても米国側に圧力をかけ続けた。

　英国やフランスは、米国主導で行うチャイナ・ディフェレンシャルは安全保障の観点からではなく、多分に「政治的」であることを批判していた———ただしそれは、米国側も十分に認識していたことでもあった。この背景には、中国が、規制されている品目を、ソ連を初めとする他の共産圏から入手していたことと関係がある。つまり、この時点で中国のみを対象とした規制には実質的な効果はほとんどなかったのである。実質的な効果がないにも関わらずチャイナ・ディフェレンシャルを続けるということは、「安全保障上の観点からの統制ではなく、単に米国の政治・外交上の意図によるもの」*40であると理解されても仕方のないことだった。もっと言えば、ココムの国際リストⅠには、軍事的に重要な物資がすべて含まれていたため、朝鮮戦争が終結したにも関わらず、ココムとは別にチンコムを存在させる制度上の整合性もなかったのである。

　米国は、同盟国の反応に焦りを感じていた。8月、ダレス国務長官とスタッセン対外活動本部長は NSC に対し、対中の禁輸の目的とは、「戦争にダイレクトにつながるような中国の近代化を阻むことにあり、そのためには同盟各国に中共への貿易統制を緩和するようなことはやめるように説得する必要がある」*41と報告している。

　さらに米国には中国の近代化を阻むこと以上に、大切なことがあった。それは、「禁輸解除」を外交カードとして、台湾問題の交渉に利用したいと考えていたことである*42。1955年、アジア-アフリカバンドン会議の後に、周恩来のイニシアティブによって開催された米中両大使の会合は、米中間の温度差を如実に示していた。この時、中国側は禁輸の解除をはじめとする米国との緊張緩和を望んでいたのに対し、米国は台湾問題にしか興味がなく、話し合いはほとんど何の成果も残さなかったのだった*43。また米中関係の優れた研究者であるスッターも、この時代、ダレスの影響下にあった政策決定者たちは皆、中国との関係改善にはほとんど興味がなく、1957年頃までに中国側が行った外交努力が実を結ぶことはなかったと評価

している*44。

　しかしこうした米国の態度は、英国の強硬姿勢をもたらすのに十分な材料となった。10月、英国外相のハロルド・マクミランはダレスに対し、チャイナ・ディフェレンシャルの解除を強く求め*45、12月には翌年の早い段階で対中規制リスト緩和の合意が見込まれない場合は、英国は独自に対ソ連レベルの規制に引き下げることを宣言したのであった*46。英国の主張の陰には、チャイナ・ディフェレンシャルによって生じる自国の貿易上の損害もさることながら、香港、マレーシア、シンガポールといった植民地経済の問題もあった。例えばゴムの生産で見てみると、マレーシアやセイロン（現在のスリランカ）等はチャイナ・ディフェレンシャルによる制限を何ら受けることなく、中国への輸出が可能であった。こうした不平等な状況の解消のため、英国は、輸出管理とは軍需品関連の品目に限定すべきであることを強く主張した*47。確かに、ある程度は規制緩和を行い、中国に西側との貿易関係を築かせておいたほうが、輸入品のほとんどをソ連に依存していた状態は解消できるし、ひいては中ソ関係に距離を作らせることが可能だった*48。

　米国内では、英国の圧力にどのように応じるかという点で、国務省と国防総省が対立していた。ダレスは同盟各国が望むレベルにまで段階的に規制を緩和していく方向で、ロンドンと交渉を始めるべきだと大統領に進言した*49。対する国防総省は、規制緩和は総じて西側の安全保障を脅かすことにつながるとして国務省案に反対した。輸出管理は一国だけが実施しても意味をなさない政策であるため、英国の協力は必須であった。逆に、もし英国が対中規制を単独で緩和する政策に打って出れば、米国議会は相互防衛援助管理法（バトル法）の適用によって英国への援助の削減または打ち切りを行うこととなり、それこそがかえって西側の安全保障にマイナスの影響を与えると、国防総省は考えていた*50。

　1956年2月には、英国はチンコムに関して4度に渡って国務省に検討申し入れを行い、実際に軍需品以外のものについては単独の判断で中国に輸出を始めた。また、3月のチンコム会合では、中国への輸出管理は、戦時における安全保障のためでなくてはならず、中国の近代化や科学的前進を抑制するような長期間の手段であってはならないと米国を糾弾した*51。

　4月、アイゼンハワー大統領は NSC において、国務省案でも国防総省

案でもない別のオプションを提示した。すなわち、西側諸国は「最先端の品目」に関して管理をしながら、他方で機微度の低い品目については積極的に貿易を奨励すべきだというものである。また大統領は、英国にチャイナ・ディフェレンシャルを強要し続けることにも反対した。これを受けてダレスは、英国の単独緩和が比較的機微度の低いリストAとリストB＊52に限って行われる限りは黙認することを提案した＊53。最終的に米国は、チンコムリストから削除した81品目をココムリストに移管させること、この見返りとして対中輸出における例外規定の使用を厳格におこなうことを英国に要求した＊54。しかしながら、81品目をココムリストに移管するということは、ココムにおける対ソ連圏輸出規制を強化するということであり、英国をはじめとするココムメンバーはこれを拒否し、チンコム規制は迷走の度合いを深めた。

　チンコムに関する最終的な交渉は1957年5月7日に開始された。この時、フランス代表は国際リストⅡで規制されている25品目を除くすべての禁輸解除を提案した。しかし米国は国際リストⅡから26品目、国際リストⅢから52品目を引き続き禁輸対象にすることを提案するという、まったく内容のかみ合っていない波乱の幕開けであった。そして、フランス側提案には英国や日本をはじめとする12カ国が支持しており、米国の圧倒的不利であった。その後米国は修正案を何度か提案するも英国はすべてこれを拒否。米国もその他の国からの支持を集めることはできなかった＊55。5月27日、これ以上の交渉は無意味だと判断した英国は、正式にチャイナ・ディフェレンシャルの破棄を宣言、以後は中国をソ連及び東ヨーロッパ諸国と同レベルに扱うとした＊56。数日後には、残りのココムメンバーも英国に続いた。

　こうして1957年のチンコム会合において、その後の対中規制の在り方は、英国をはじめとする規制緩和グループと、引き続き厳しい対中規制を独自に行う米国という二項対立となった。ここで強調しておきたいことは、57年の会合において、対中規制に関する国際交渉が決裂した———英国がチャイナ・ディフェレンシャルを破棄し、米国以外の残りのメンバーもそれに従った———ということだ。すなわち、この時点でチンコムが終結したのではなく、米国以外のメンバーがチャイナ・ディフェレンシャルを終了し、規制レベルをソ連圏と同等にした、というのが正確な把握となろう＊57。よってこの後、第一次チャイナ・ディフェレンシャルが始まる以前と同様、

米国は単独で対中国規制を続けることになるのだった。

3．デタント時代の対中輸出管理：第二次チャイナ・ディフェレンシャル

（1）デタントと米中接近：第二次チャイナ・ディフェレンシャル第1期

　60年代の米国は、混乱と混沌のさなかにあった。特に1968年、公民権運動とベトナム反戦運動を代表していたキング牧師とロバート・ケネディが相次いで暗殺されたことによって、米国民は何よりも国内的な安定を望んでおり、69年にオーバルオフィスに就いたニクソンは、果たして「法と秩序の回復」を掲げて当選したのだった。ニクソン政権の柱は、「ベトナム撤退」、「中国との和解」、「米ソのデタント」の3つだった。既に68年の大統領選の共和党大会において、後にニクソンの補佐官となるキッシンジャーは、二つの意味から中国との新しい関係構築の重要性を説いていた。一つは、「二国間関係としての中国との国交正常化」。もう一つは、「ソ連との関係において米国の立ち位置を優位にする目的で、米中国交正常化を利用する」ということである＊58。つまり中国との新しい関係構築については、長期的視野に立てば“米中ソ”という三者関係に基づく見直しであり、短期的視野に立てば北ベトナムの最大のスポンサーだった中国を懐柔することでハノイを孤立させ、ベトナム戦争を終結させることを狙っていた。

　1970年には中国への旅行禁止の緩和や、いわゆる「ピンポン外交」で有名な卓球チームの訪中、禁輸の一部解除（後述）が進められ、7月にはキッシンジャーが中国へ派遣された。キッシンジャーは、周恩来と会見し、2年以内の国交正常化、台湾の中国に対する武力行使を支持しないこと、米ソ外交のうち中国に関係するものについては事前に知らせることなどの密約が交わされた。これを受けて、翌年のニクソン大統領の訪中が発表され、世界中が驚いた（第一次ニクソンショック）。

　72年には上海コミュニケが発表され、第二次世界大戦終了後以来となる米中の関係回復の第一歩が踏み出された。上海コミュニケでは、米中の貿易促進も重要視されており、73年には米中それぞれに連絡事務所（米国側には米中貿易全国委員会が、中国側には中国国際貿易促進委員会）が設置された＊59。アジアでは、日本、マレーシア、フィリピン、タイなどが次々と中国と国交を回復し、アジアにおける「デタント」も進んだ。

輸出管理に目を向けると、本章第1節で見てきた通り、ニクソンが大統領に就任するまでの20年間、米国政府は中国に対する多国間もしくは単独の規制を行い続けてきたわけであるが、ニクソンの訪中以前から着々と対中国輸出規制の緩和は始められていた。まず69年の12月に財務省が外国資産管理の規制を緩和し、米国企業の海外子会社がココムリストにおいて「非戦略物資」と分類された品目について中国と取引することを認め、また米国企業が中国製品に関して三国貿易を行うことも認めた。財務省の規則も、中国に対する食品、農業関連の製品、農薬や医薬品に関しては一般許可で輸出が可能となるよう変更された。また、71年の6月には政権として正式に、1950年から続けられた対中国禁輸を緩和することを発表した＊60。こうして72年の2月には、中国の輸出管理上のステイタスは、全面禁輸の「カントリーグループＺ」から、非戦略的品目の輸出であれば許可される「カントリーグループＹ」へと移行され、対中輸出規制は、ソ連ブロックと同レベルにまで引き下げられることになった。73年には潜水艦やミサイルに搭載される慣性航法装置が、74年にはコンピューターの輸出が許可されるようになった。

　ただし繰り返しとなるが、この時期の米中関係はその基礎に Strategic Triangle（戦略的三角形）と呼ばれた「三角外交」があることを忘れてはならないだろう。一連の米中接近は少なからずソ連の対米関係改善の意欲を引き起こしており、事実、72年5月にニクソンは、合衆国大統領として初めての訪ソを実現し、SALT（第一次戦略兵器制限協定）及び ABM（弾道弾迎撃ミサイル）条約に調印、ここに本格的な米ソ緊張緩和（デタント）が始まったのだった。その後も、フォード、カーターのいずれの政権も、「チャイナ・ポリシー」は対ソ政策と結びつけられ展開されていくのだった。

（2）デタントの終わりと米中国交正常化

　2001年まで米国輸出管理の根拠法であった「1979年輸出管理法」に署名したカーターが大統領に就任したのは、1977年のことである。その就任演説では核廃絶と武器輸出の削減、通常兵器・核兵器の拡散防止、人権の重要性等が強調された。ニクソンの時代からの米ソのデタントは続いていたが、もちろん「チャイナ・ポリシー」も引き続き重要な外交アジェンダだった。

　なかでも対中関係をソ連との三角関係の中で考えるべきではないと考えていたヴァンス国務長官と、逆に、ソ連を刺激するかのごとく米中関係をさらに深化させるべきだと考えていたブレジンスキー国家安全保障問題担当大統領補佐官の戦いは凄まじかった。政権が発足した直後からヴァンスは、米中関係を二国間の問題として捉えるべきであり、対ソ外交のためのカード（China Card）という考えは改めるべきだと考えていた。一方、大統領の指示のもとブレジンスキー率いる NSC が作成したメモランダム（Presidential Review Memorandum）ではのちにカーター政権で実現する米中国交正常化や、中ソ両国に対して等しく技術移転を行っていくこと等が提案されていたのだった＊61。しかし、国務長官であるヴァンスは、米中のこれ以上の接近は、武器管理や SALT 等の二国間の条約をはじめとするこれまで米国が行ってきた対ソ外交を台無しにするものだと考えていた。彼は後年、レーガン政権が中国に対するデュアル・ユース技術の移転のさらなる規制緩和を行った際も、このままでは結局世界は最悪の事態に陥るだろうと予測＊62していたほどだった。

　そもそも、武器技術を含む戦略物資に関する規制緩和は、ブレジンスキー大統領補佐官の3つの信念に基づくアイディアの総体だった。一点目は、米中関係の改善である。ブレジンスキーは米中の接近がソ連の拡張主義の歯止めになると考えていたのだ＊63。二点目は、輸出規制の緩和に伴う対中貿易の拡大で、米中貿易の拡大が中国の近代化に繋がり、ひいては米中の政治的な関係強化にもなると信じていた。また"大量の"武器を輸出しなければ、中国が米国の安全保障上の脅威になることはないと考えていた＊64。三点目は、それまで中国に行ってきた厳しい対中輸出規制、すなわちチャイナ・ディフェレンシャルを緩和し、ソ連ブロックと同等レベルにまで引き下げることは、中国の経済と軍事の弱点克服に繋がるという論理である。このように国務長官と大統領補佐官は、全く逆のベクトルで対中関係を捉えており、両者の溝は埋まることがなかった。

　果たしてこの問題に決着がつくのは、ソ連との三角関係の中でのことだった。まず、1977年10月から12月にかけてソ連が、中距離弾道ミサイル及び中距離爆撃機を配置したことを受け、NATO が短距離弾道ミサイルのパーシングⅡを配置するという出来事があり、並行して10月には、いわゆる「アフリカの角」でオガデン戦争が勃発した。これは直接的にはエチオ

ピアとソマリアの戦争であったが、11月以降、ソ連は公然とエチオピア軍を支援し、兵器や顧問団を次々と現地に送り込んだ。結果、78年2月頃までにエチオピア軍の勝利は確実なものとなり、ソマリアを支持していた米国の面目は失われてしまった。これをきっかけに政権の内外で、ソ連への制裁・報復が議題として持ち上がり、ブレジンスキーの言葉を借りれば、もはや「米ソのデタントは、オガデンの砂漠に埋められた」*65のだった。これ以降、ブレジンスキー率いる NSC が推してきた対中政策がより一層進むことになり、その中には武器技術の移転も当然のように含まれていた*66。

　1978年の5月、ブレジンスキー国家安全保障問題担当大統領補佐官が中国を訪問したことで、ソ連と中国を同等の扱いとする、いわゆる"evenhandedness（平等）"の政策は後退することになり、「グレイエリア」と呼ばれていた「潜在的に軍事技術になり得る民生品（デュアル・ユース技術）」の中国への輸出許可がホワイトハウスより発表された*67。さらにブレジンスキーは、ココムにおける対中政策、特に先進的技術の移転に関する規制緩和も進めていくことを発表した*68。

　1979年1月には正式に米中の国交が樹立された。同年秋には国防総省のペーパー（Consolidated Guidance Number 8: Asia During a worldwide Conventional War）がリークされ、今後、グローバルなバランスオブパワーにおいて中国が中心的役割を担うことになると結論づけられた。そのためには中国の防衛能力の強化及び軍の近代化促進は必須であり、中国に対して、先端技術、防衛装備品、インテリジェンスデータ、米国製武器への中国製品の搭載、共同軍事演習等の様々な援助を積極的に展開することをペンタゴンがホワイトハウスに要求した*69。その後も、7月には中国に最恵国待遇が与えられ、8月にはモンデール副大統領が北京を訪れ、米中間の経済協力強化について話し合いが持たれるなど、米中関係は確実に深化していくのだった。

　対ソ連の関係では、（これまでも既に衰退していたものの）決定的なデタントの終焉が12月にやってきた。ソ連のアフガニスタン侵攻である。第1章で見てきた通り、これ以降、米国のソ連に対するエコノミック・ステイトクラフトは、ソ連向けの全品目の輸出許可の停止に始まり、果てはモスクワ五輪へのボイコットにまで及んだ。商務省のプレスリリースによれば、

カーター大統領は特に、コンピューター、ソフトウェア、製造技術、ハイテク製品の製造に死活的に重要な素材への輸出規制を強めたかった＊70。

　そして米ソの関係が冷え込めば冷え込むほど、中国は米国が持つ先端技術へのアクセスが許され＊71、1980年になると、デュアル・ユースのハイテク製品の移転を容易にする「カントリーグループＰ」が中国のために創設されるほどだった。この新しいグループは、民生用途であれば、航空機、ヘリコプター、フライトシミュレーター、航空カメラ、トラック、エレクトロニクス関連品目、コンピューター、そしてこれら全ての技術が、ケースバイケースではあるものの許可されるようになった＊72。同年9月にはペンタゴンの高官が中国を訪問すると共に、400ほどの軍事関連品目の中国への輸出が許可された＊73。チャイナ・ディフェレンシャルならぬ、「チャイナ・プリフェレンシャル」が始まったのだった。

（3）レーガン政権と対中輸出管理：第二次チャイナ・ディフェレンシャル第2期

　ニクソン時代から米国の理論は常に、ソ連との関係の中で中国が存在しており、それは80年代になっても変わることはなかった。レーガン政権が誕生した1981年、米ソの関係はさらに悪化しており、戦略的三角形において中国の重要性はさらに増していた。当時のグローバルなバランスオブパワーと国益を考えた時、米国には「強い中国」が必要不可欠だった。そのためにはさらなる輸出規制の緩和を行い、中国の軍事力強化につながる先端技術を移転していく必要があるというのが基本的なロジックだった。

　1981年1月、レーガン政権は早速、新しい対中輸出規制の政策、"two-times policy"を発表した。これは、ソ連ブロックよりも技術レベルが「2倍」高いものを中国に輸出するというもので、国務省はこの政策に基づき、武器輸出の大幅な緩和を行った。しかしながら、「2倍政策」の実施は技術的にも政治的にも困難を伴うものだった。第一に、一口に「2倍」と言っても、膨大で多様な品目を管理する商務省の規制リスト CCL（Commerce Control List）において基準を決めるのは簡単なことではなかった（そもそも、当時、ソ連に全く輸出していない品目も数多くあった）。また中国も、ソ連との比較という観点で自国への対応を決められることに反発していた。結局のところ、「2倍政策」は誰にとっても予測不可能で曖昧

な基準だったため、実質的な規制緩和に結びつかなかったのである＊74。

　他方で、米中関係には早くも翳りが見え始めていた。前政権の終わりに成立した台湾関係法に端を発するものである。79年の米中国交樹立と同時に、米華相互防衛条約は破棄され、在台米軍も撤退し、米台の国交は断絶した。しかし、米国にとってそれまで西側陣営にいた台湾が中国に占領されることも、東アジアの軍事バランスに変化が生まれることも容認できなかった。そこで、生まれたのが台湾関係法であった。同法では、実際に米軍が台湾に駐留することはないものの、有事の際の武力行使や武器供与といった軍事的な支援が大きな柱に据えられた。実際に同法に基づき1億ドル以上の軍事品目の援助や80年の大統領選のさなかにも武器供与が行われたのである。

　こうした米台関係を受けて中国は、レーガンが大統領に就任した81年に、米国の対台湾武器供与に異議を唱え、米中関係は不安定な状態へと移行していくのだった。そのため、7月には、ヘイグ国務長官が米台関係に不信感を抱く中国と対話するために訪中し、そこから8ヶ月以上の対話を繰り返し、ようやく82年8月に第三次米中共同声明が発表されたのだった。共同声明では、米国の対台湾武器供与の削減などが盛り込まれ、台湾問題に関しては平和的な解決が目指されることになった。

　また1983年にレーガン政権は、中国のカントリーグループを従前の「カントリーグループP」から「カントリーグループV（欧州や日本が属するグループ）」に変更するという重大な決定を行った。米国の輸出規制は、「品目（技術を含む）」とカントリーグループの掛け算で許可の要否が判断されるが、中国が、PからVへと移動するということは、ダイバージョン（迂回輸出）が強く疑われたり、エンドユーザーに大きな問題があったりというようなことがない限り、ほとんどのものが西側同盟国への輸出と同様に許可されるということを意味するのだった。ある国防総省の関係者は、軍事技術や先端デュアル・ユース技術の移転は中国を西側陣営に引き込むための人参（Carrot）だと述べたという＊75。まさに、経済的手段を用いて外交目的を達成しようとするエコノミック・ステイトクラフトに他ならない。ちなみに、エコノミック・ステイトクラフトには、禁輸制裁のように相手国にとってマイナスの圧力をかけるものもあれば、最恵国待遇や技術移転のように相手国にとってプラスになるような政策を実施して、自国の外交

上の目的を達成するというパターンもある。

　83年の11月になるとさらに新しい対中規制のあり方が発表された。新規制は、より一層中国を優遇するものであり、もはや、ソ連との比較における"チャイナ・ディフェレンシャル"は、その面影さえ留めていなかった。83年の改革の大きなポイントは、許可の要否にあたって検討する「品目のゾーン」が新設されたことだ。いわゆる「グリーンゾーン」は、7つの品目カテゴリーがあり、米国の国家安全保障という観点から確かに重要な品目ではあるものの、それほど機微度は高くなく、それでいて中国の軍の近代化には大きく貢献するもの（コンピューター、数値制御装置、超小型集積回路、エレクトロニクス関連品目、記録装置、半導体製造装置、オシロスコープ等）が振り分けられた。グリーンゾーンの品目を中国に輸出する場合には、これまで必要とされてきた省庁間レビュー等の時間のかかる手続きは全てカットされ、通常は許可がおりた*76。

　「イエローゾーン」は、いわゆるハイテク品目で構成され、案件ごとに商務省を中心とする省庁間レビューが行われる。当該品目を中国に輸出することが著しく米国の安全保障に脅威を与える訳でもない限り、通常、許可はおりる。

　「レッドゾーン」は、ダイレクトに武器に直結するような最も先進的なテクノロジーで構成されており、NATO 諸国や日本などの同盟国に対しても許可がおりることのない品目（Presumption of Denial）が振り分けられた。

　1985年になると、グリーンゾーンにはさらに20もの品目カテゴリーが追加されるとともに、商務省内に中国向け輸出を専門に扱う審査部門も設立された。さらには、グリーンゾーンの品目に関しては、エンドユーザーチェックさえも省略されることになった。その後もグリーンゾーンの品目は増え続け、87年の4月までにその数は、32カテゴリーにまで増えたのだった*77。こうした一連の中国優遇政策により、中国へのデュアル・ユース品目（技術を含む）の売り上げは、82年の6億3000万ドルから88年には17億2000万ドルにまで増え、ソ連圏へ輸出額の実に10倍を記録したのだった*78。

　さて、本節におけるこれまでの米中関係を眺めてみると、確かに米国の対中国輸出管理、特に、デュアル・ユース品目の貿易においては、50年代とは比べ物にならないほどに緩和され、一見すると国交樹立以降は輸出管

理における米中蜜月が形成されていたようにも見える。しかしながら、実際のところは、そうではなかった。

　83年にカントリーグループが欧州や日本並みのグループＶに"格上げ"された後も、実際のところは同じグループの他の国には遠く及ばない状態が続いていたのだった。たとえば、「国家安全保障理由」や「不拡散理由」による規制レベルは、グループＶの中で中国のみが引き続き対象とされた。特に、核関連、ミサイル、対潜戦関係品目、機密情報収集関連、戦力投射、制空権にダイレクトに関係する品目については「国家安全保障理由」として厳しい審査が行われた＊79。また、グループＶの中で唯一、ココムの審査対象となっていたのも中国である。グリーンゾーンの品目のほとんどは、実際はココム審査に回されていたのだった。

　さらに米国との関係性を悪化させたのは、1987年に発覚したイランへのミサイル（Sea Eagle と HY-2）とその技術の輸出である。レーガン政権はちょうどその時、さらなる輸出規制の緩和（コンピューター、エレクトロニクス、その他のハイテク技術）に向けて準備していた最中であったが、この規制緩和は保留となった＊80。そして1989年天安門事件が起きると、米国をはじめココム加盟国は全て武器輸出を停止し、それまでココムでも検討されてきた対中輸出規制の緩和が見送りとなった。他方で、第１章でも見てきた通り、東欧の民主化とベルリンの壁の崩壊が起こったことから、これらの国々には大規模な規制緩和が行われるという、いわばこれまでと逆転の現象が起こったのだった。

４．冷戦後の対中輸出管理：終焉したチャイナ・ディフェレンシャルと経済安全保障

（１）中国における軍の近代化と外国技術の獲得

　湾岸戦争後、イラクが膨大な兵器の蓄積、マスタードガスや神経ガス、サリン等を含む大量の化学兵器を保有、湾岸戦争以前にも炭疽菌やボツリヌス毒素等の生物剤系の兵器も大量に保有していたことが明らかになり、国際社会に衝撃が走った。他方で、中国にとっても湾岸戦争には多くの含意があった。

　1980年代の中国は、「4つの近代化」と称し、農業、工業、科学技術、

人民解放軍の近代化が目指されてきた*81。ところが、近代的な兵器を利用することで迅速な勝利を米国にもたらした砂漠の嵐作戦は、中国をして軍の近代化を最優先事項にさせる転換点となったのだった。誘導爆弾、ステルス技術、電子攻撃、空中指揮統制、機密情報収集等、湾岸戦争には人民解放軍が持っていない最新鋭の技術がふんだんに利用されていた*82。

　1993年、江沢民は「新時代の軍事戦略ガイダンス（Military　Strategic Guidelines　for　the　New　Period）」を発表し、中央軍事委員会でのスピーチにおいて、湾岸戦争が示した軍事領域におけるハイテク利用の有用性、将来性を指摘するとともに、軍事における戦略的な主導権を握るため、また中国の包括的な国力と国防力強化のために先端技術の獲得が死活的に重要であることを指摘したのだった*83。この後、95年の台湾海峡危機を経て、共産党中央委員会と国務院による「科学技術の進歩を加速することに関する決定」が発表され、市場志向と技術ベースの産業発展に舵が切られた。商業化と科学技術の応用を加速させるためには、軍事企業、民間企業、研究機関、大学の協力関係を強くしていくこと、国内外のパートナーとジョイントベンチャーを設立し、特に海外のエキスパートから技術とノウハウを獲得すること等が目標設定されたのだった*84。

　また前項で見た通り、天安門事件以降西側諸国から兵器の全面禁輸制裁を受けていた中国は、兵器と兵器技術に関する別の供給元を探す必要があった。とはいえ、実の所、それは大きな問題ではなかった。80年代後半から中国の兵器の調達元はロシアとイスラエルが多くを占めており、特にソ連崩壊後の中ロ関係は、94年までに「建設的な関係」が、96年には「戦略的パートナーシップ」が構築されるほど劇的に改善していたからである。

（2）クリントン政権の対中輸出管理

　ポスト冷戦期において、もはや「チャイナ・ディフェレンシャル」は存在しなくなった。ディフェレンシャルというからには、参照する基準点がなければならないがバランスを取るべきもう一つの極であるソ連が崩壊した後、そこに残ったのは対比から生まれる「相違」ではなく、単なる制裁、もしくはエコノミック・ステイトクラフトだった。しかも、天安門事件以降、西側各国と中国の関係は悪化傾向にあった。

　例えば1992年6月のココムの高級事務レベル協議では、旧ソ連の各共和

国に通信機器・技術を輸出（移転）するという劇的な規制緩和に合意した。これにより、ココム加盟国は、伝送速度156Mビット／秒以下で波長1550ナノメーター以下の光ファイバー通信システムを都市間ネットワーク用として旧ソ連内に設置するための輸出、及び、伝送速度156Mビット／秒以下で16QAM以下の都市間用マイクロ波伝送システムの輸出に関し、ココムの正式審査を必要とせず、自国内での独自審査と許可が可能となった。しかしこの時中国はこの規制緩和の対象国とはならなかった。天安門制裁以降の「規制緩和の停止」が続いていたからである。

　ところが、そうした状態も、1993年にクリントン政権が誕生すると変化していく。第1章でも見た通り、クリントン政権では当初、輸出管理当局のトップがなかなか決まらず、国内政治における輸出管理の位置付けが低いのではないかと思われていたところ蓋を開けてみれば、対中輸出管理について議会、政府、民間企業が激しく対立しながら、多くのハイテク品目の対中規制緩和が行われたのだった。特に、スーパーコンピュータ、通信関連機器と技術、5軸工作機械、そして商用衛生については政権前半において相次いで規制緩和が行われた（もっとも、商用衛星については紆余曲折を経て、政権2期目において再び厳しい規制対象にされた）。

　クリントン政権において対中輸出管理を推し進めていたのは、商務省と国防総省、そしてハイテク品目を有する民間企業だった。規制緩和促進派の論理は、大まかにいうと次の4つの柱を軸に展開される。第一に、冷戦期におけるソ連圏のような西側諸国共通の敵がもはや存在しないこと。第二に、米国以外の国が中国と取引を行っている品目に関して米国が単独規制を行っても、規制としてのなんら意味を持たないばかりか、米国企業の国際競争力を損なっているに他ならないということ。第三に、フォーリン・アベイラビリティのサイクルが、技術革新のスピードに伴って異常なまでに早くなっていること。これは、少し前まで最先端技術だったものもすぐにありふれた技術となり得るということを意味する。そして最後に、第1章でも見てきた通り、80年代、国際競争力重視の時代に進められた軍民転換が20世紀最後の10年に与えた影響に関するものである。70～80年代における米国の先端技術といえば、国防総省の DARPA（Pentagon's Defense Advanced Research Projects Agency）によって開発されたものが圧倒的な力を持っていたが、コンピューターのハードウェア、ソフトウェア、エレク

トロニクス、宇宙関係、核関連等、当初軍事目的に開発されたものは、やがて民生用にスピンオフされていった。

　その後、80年代に国家的な政策としての軍民転換が行われてからは、国防総省をはじめとする政府からの資金も適宜投入されながら、今度は民間企業や大学におけるデュアル・ユース先端技術の研究開発が政策的に進められることになった。1995年にホワイトハウスが発表したレポートにおいても、ペンタゴンにおける開発は市場先導の高いイノベーションと短いビジネスサイクルのペースに合わせることに向いておらず、先端デュアル・ユース技術は民間による開発が主流となったことが報告されている＊85。

　そして、こうしたスピンオンが進めば進むほど、先端企業の国際競争力を低下させ、果ては経営を圧迫しかねない厳しい米国の輸出規制について、国防総省が改革を求めていったのだった。クリントン政権で国防次官補を務めたミッチェル・ウォーラースタインは、ハイテク企業にとって、輸出が経営の重要な鍵であるからこそ、政府はあらゆるハイテク企業に対して不必要な競争上の不利益を負わせることのないように注意すべきだし、また輸出収益が先端デュアル・ユース技術の研究開発に寄与していることを認識すべきであると議会で発言をしている＊86。さらに、商務省の高官も安全保障か経済かという二分法的思考を時代錯誤だと厳しく批判し、輸出制限は企業の収益を低下させ、巡り巡って次世代技術の研究開発に十分な資金を投入できなくなる点で、返って国家安全保障に損害を与えかねないと指摘した＊87。

　他方、連邦議会では共和党議員を中心に、政府の輸出規制緩和に反対意見が噴出し、特に、クリントン政権初期に行われたスーパーコンピュータの規制解除が人民解放軍の近代化に与えた影響については、上下両院において数々の公聴会が開かれ調査が行われた＊88。レーガン政権時に国防副次官を務めたステファン・ブライアンは、「輸出規制緩和のおかげで、中国は様々なインフラを整え、独自のエレクトロニクス及びコンピューターの企業を設立することができた。シリコン・グラフィックス社、コンベックスコンピューター社、IBM は他のどの国よりも多くのスーパーコンピュータを中国に売り、クリントン政権が行ったスパコンの規制緩和の恩恵を最も受けた」＊89と議会において証言した。

（3）商用衛生の対中輸出管理

1993年、クリントン大統領は「1992年輸出強化法（the Export Enhancement Act of 1992)」によって与えられた権限によって、国家として重点的に推進するその時々のプロジェクトや政策に関して関係各省で審議と調整を行う「貿易促進調整委員会（Trade Promotion Coordinating Committee: TPCC)」を設立した。この委員会は商用衛星に関して、国務省が管轄する武器品目リスト（U.S. Munitions List: USML）から商務省が管轄する（Commerce Control List: CCL）への移管を発表しており＊90、最大のポイントはスパコンと商用衛生等のハイテク製品・技術の対中輸出規制緩和が目指されたことだ。

カントール商務長官は、ポスト冷戦期において軍事及び産業の環境が変わったことを受け、輸出管理の対象となっている品目を精査し直す必要性を強調するとともに、冷戦期のような脅威が過ぎ去った以上、米国の経済的な発展を第一に考える必要があり、とりわけ民生品の方が先進しているスパコンと商用衛生の二つの産業セクターの輸出の重要性を訴えた＊91。確かに、商用衛星を「軍事品目」として取り扱い、国務省の厳しい規制の下に置くことは、ヨーロッパ、ロシア、日本との国際的な競争という面から考えても、米国企業を不利にするものだった。企業経営の視点からも、国際競争力に遅れを取ったり、敗れたりするなどして収益の上がらなくなった部門は、縮小や廃止となり、やがては当該産業全体の衰退にもつながりかねない。先端技術を取り扱う企業の国際競争力は、安全保障の問題でもあり、産業政策の問題でもあるのだった。後に発表された商務省のレポートにおいても、当時、中国は低軌道衛星のプロジェクトを実行中であり、衛星及び関連品目の大きなマーケットだったことが示されている＊92。

そして1996年3月、クリントン大統領は、打ち上げ機（ローンチ・ヴィークル）などの一部の品目を除くほぼ全ての衛星品目の管轄を国務省から商務省に移管することを発表した＊93。以降、米国企業は、商用衛星に関しては、武器品目を審査する国務省ではなく、デュアル・ユース品を審査する商務省のライセンスで輸出することが可能になった。

ところが、こうした状況は、1995年と1996年に中国において相次いで起こったロケットの打ち上げ失敗事故によって風向きが変わっていく。1995年に中国の西昌衛星発射センターから打ち上げられた「長征2号E」は打

上げ直後に爆発し、翌96年に打ち上げられた「長征3号B」は進路から外れ、打上げから22秒後に山村地域に墜落し、数百人の死傷者を出すという大事故となった。この中国製ロケットの2号Eには米・ヒューズ・エレクトロニクス社製の衛星「Apster-2」が、3号Bには米・ローラル社製の衛星「インテルサット708」が搭載されていた。

　この事件をきっかけとして、商用衛星の規制の議論は再び白熱し、上下両院において上記2社に対する徹底的な調査が行われた末、複数の報告書が発表された。この時の下院に設置された調査委員会が本章冒頭で述べたコックス委員会である。共和党のクリストファー・コックスを委員長とする超党派の特別委員会は、少なくとも70年代から中国がスパイネットワークを使って米国から核兵器に関する最新技術を窃取してきたということを明らかにする膨大な量の報告書（コックスレポート）を議会に提出した。

　また同報告書では、ローラル社が、事故後の保険会社による現地調査において、米政府の許可なく中国人に対して規制対象技術を移転していたことが明らかにされた*94。この輸出規制違反に対してローラル社は、2002年に政府と和解し、2000万ドルの支払いに同意している。またヒューズ社に関してはコックスレポートの中で丸々一章を使って輸出規制違反の詳細が明らかにされたが、同社は衛星打ち上げ失敗に関してまとめた2冊の報告書の中で、ミサイルの設計や弾道に関する規制対象となっている技術情報を中国側に開示するという輸出管理法違反を犯した。

　こうした相次ぐ商用衛生関連の大きな事件を受けて、1998年には下院において宇宙技術やミサイル技術の対中新規契約の制限する法案（H.R.3616）がほぼ全会一致で可決され、さらに、1999年11月、1999年国防権限法においては、96年に CCL に移管された衛星品目は全て国務省の USML に戻される修正条項が盛り込まれた*95。

5．21世紀の対中輸出管理

（1）ブッシュ政権における新たなる対中輸出管理ルール

　ソ連とのバランス政策の上に成り立っていた中国の特別な取り扱い、いわゆるチャイナ・ディフェレンシャルは、冷戦とともに終結したかに見えた。天安門事件をきっかけに実施された兵器の全面禁輸は、中国だけを別

異の取り扱いにする「ディフェレンシャル」ではなく、単なる「制裁」だった。そして兵器に関して言えば、元々その調達は、旧ソ連とイスラエルに頼っていた中国にとって、天安門制裁はそれほど大きな問題ではなく、それどころか続くクリントン政権において、デュアル・ユースの貨物や技術さえも大幅に規制緩和されたこともあって、中国は米国製技術を合法・非合法に自国での兵器を含む製品開発に取り込んでいったのだった。

　こうした背景を受けて、ブッシュ政権における対中輸出管理は、単純な"格下相手"に行うものとは様相が異なっており、産業界をも巻き込んでかつてないほどの大論争に発展した。それが「チャイナ・ルール」の策定である。チャイナ・ルールは、冷戦期のチャイナ・ディフェレンシャルとは異なり、ソ連との対比のなかで規制の内容が決められる訳ではなかった。しかし、輸出管理上、その他の国とは異なる取り扱いを行うという意味においては、チャイナ・ディフェレンシャルの一種と見ることもできよう。

　新しいチャイナ・ルールが連邦公報において正式に発表されたのは2007年6月19日のことであったが、その議論はすでに2003年頃から始まっていた。ブッシュ政権内の、いわゆる「タカ派」の圧力もあり、当初、商務省は中国軍の軍事能力向上に大きく貢献する可能性のある全ての輸出に「キャッチオール要件」を課すための規則案策定に向けて計画を立てていた。この規則案は、通常であれば許可の不要な品目（いわゆる EAR99 に分類される品目）や反テロのみを理由に規制されている品目について、エンドユースやエンドユーザーが、中国軍やその関連機関であれば輸出許可申請が義務づけられる（そして基本的には不許可）という非常に厳しいものだった＊96。もちろん商務省の対中ライセンスポリシーは当時より、中国軍の能力向上を支援する品目、具体的には、通信関連、対潜兵器、インテリジェンス、発電、制空権に直接的に多大な貢献をする品目の場合は原則却下であった。しかし仮に新チャイナ・ルールが規則案通りになれば、さらに大幅に規制強化の方向へ向かうことになるため、特に米国のハイテク産業界は、初期の規則案に大きな不満を持っていた。

　クリントン政権時代に大幅に緩和されたデュアル・ユース品目の規制は、米中間の貿易を拡大させ、2004年当時米国の対外総輸出に占める対中貿易額が22％を上回っていた。中国はもはや米国にとって無視できない貿易相手になった一方で、安全保障上の深刻な問題も生まれていた。商務次官代

行のピーター・リヒテンバウムは、米中経済安全保障再検討委員会（U.S.
-China Economic and Security Review Commission: USCC：米中関係の特に輸
出規制を扱う議会に設置された超党派の諮問機関）の公聴会において、中国の
通常兵力の近代化や、機微なデュアル・ユース品目の軍事転用について継
続して懸念を抱いていることを証言した*97。その理由として、現行の制
度では、大多数の品目が許可不要であり、またたとえ許可を要する品目で
あってもほとんどは許可がおりていることをあげている。無論そこには、
クリントン政権時代の大幅規制緩和に加えて、民生品の対中輸出が米国企
業やその雇用者にダイレクトに利益をもたらしていることや、2000年代に
入ってからフォーリン・アベイラビリティがさらに飛躍的に進み、米国が
単独規制を行うことに何ら意味を持たない製品が増えてきているといった
事情も関係していた。

　しかし、「EAR99 を含む品目に対するキャッチオール規制」という当初
の規則案はやはり現実的ではなかったのだろう。2005年になるとカルロス
・グティエレス商務長官は、ワシントンD.C.において年一回、全世界の
輸出管理関係者に向けて開催される輸出管理会議「BISアップデート2005」
において、「現行、却下されている案件数は非常に少ないし、新ルール策
定後も対中輸出が大きく変わることはない。そこには中国への信頼感があ
る。つまり貿易のパートナーである中国が米国の技術を尊重し、意図され
た目的に向けて利用するであろうという信頼感が我々にはある」*98と述
べるなど、当初に比べるとかなりトーンダウンした。マシュー・ボーマン
副次官補も、他日、「低レベルの品目が中国の軍事力の大幅な増強に貢献
することはないのだから、企業に大きな輸出管理上の負担を強いることの
ない方法で新ルールを策定する」と商務長官のスピーチを補完した。結局、
2005年の年末には、当初の規則案にあったような、EAR99 まで規制する
というような厳しい管理は行わないことがリヒテンバウム次官補の口から
明らかにされ、米政府が指定した品目が新ルールの対象貨物となることが
判明した。

　また新チャイナ・ルールの草案には、もう一つの柱とも言える「適格エン
ド・ユーザープログラム（Validated End-User Program: VEU）」が盛り
込まれていた。これは、米政府に認証されたエンドユーザーへの輸出には
許可が不要になるという一種の包括許可である。中国企業が VEU になる

ためには、米中両国の輸出管理を遵守していて、民生品のみを生産していること、米国政府の社内施設への立ち入り調査を受け入れることなどの要件をクリアしなければいけない。ただし、たとえ VEU に認定されたとしても、BIS が指定する機微品目（複合素材、核物質、リソグラフィ、熱画像カメラ、航空技術等）については、引き続き個別許可を取得する必要があった。

　ところで、この頃の米国はまだ、輸出管理において中国と戦略的なパートナーとして共存できる道を探していたと思える節がある。2006年4月、米中通商貿易合同委員会（Joint Commission on Commerce and Trade: JCCT）のハイレベル会合では輸出規制、とりわけ VEU プログラムについて話し合うための作業部会を設置し、年に2回の会合を行うこと、また中国企業を対象に、EAR に対応するためのアウトリーチセミナーを米国政府が中国国内で開催することなどが合意されていたからだ*99。

　しかしながら、2006年5月の国防総省による中国の軍事力に関する年次報告や、同年11月に米中経済安全保障再検討委員会が発表した年次報告において相次いで、中国の軍事力増強について懸念と警告が発されると、風向きは変わっていった。特に USCC の報告書では、商務省が進めている新チャイナ・ルールの策定が、米国単独規制である限り、中国の軍拡止める効果が薄いことを指摘されており*100、ちょうど産業界から噴出していた新ルールへの不満とシンクロしていくのだった。

　数年に及ぶ審議を経て2007年6月19日に発表された新チャイナ・ルールは、現在では「対中軍事エンドユーザー規制」として広く知られている。対中軍事エンドユーザー規制は、当初、EAR99 を含む品目を対象とするキャッチオール規制にする案もあったが、最終的な対象品目は、CCL において国家安全保障と大量破壊兵器関連の理由により規制されている品目に限定され、またそれらの品目が中国の軍事力増強に著しく貢献するものである場合は不許可とされる。また、VEU プログラムも盛り込まれ、2007年の11月には、早速最初の5社*101が VEU として商務省に認定された。商務省産業安全保障局によれば、VEU プログラムは、これまで責任を持ってハイテク製品を利用してきたという記録を持つ中国企業に対して、ハイテク品目の輸出を促すメカニズムだとされた。EAR 規制対象品目でありながら、商務省の許可を得ることなく輸出することができるところに最

大のメリットがあり、認定された5社は中国国内に製造施設を多く持っていた＊102。

　先にも述べた通り、輸出管理は基本的には多国間の枠組みの下、特に「技術を持っている」国同士が共同・協働することに大きな意味を持つ。逆に言えば、レジーム内で技術レベルに著しい差があったり、あるいは特定の分野や品目をある国が独占しているという場合には単独規制の方が意味をもつ。無論、単独規制は諸刃の剣だ。従前の米国のように、フォーリン・アベイラビリティのある品目をいつまでも単独規制することは、米国以外の供給国がすぐに新たな供給元となり、国際競争から脱落してしまう危険がある。あるいは、同盟国からの「再輸出」により、本国からの厳しい輸出規制の意味を無にしてしまうことも考えられる（しかし、だからこそ、米国には「再輸出規制」という他国には存在しない自国の法律の域外適用があるのだとも言える）。

　そして、経済と安全保障の天秤の問題も依然として存在する。ブッシュ政権における新ルール策定の段階で何度も出てきた議論であるが、2000年初頭から中国は軍事的にも経済的にも飛躍的な成長を見せており、すでに、冷戦期のような格下の二流国ではなくなっていた。そうした国にはもはや、経済的な制裁や恩恵を与えることで相手の行動を自国の望む方向に導くエコノミック・ステイトクラフトは効果が薄い。事実、冷戦終結後、特に21世紀に入ってからは、チャイナ・ディフェレンシャルや対中エコノミック・ステイトクラフトは影を潜め、むしろ米国の技術や経済を守る方向に軸足は移った。これまで格下国だと思っていた中国の2009年の輸出額は、1兆2020億ドルで初の世界一位を記録し、しかもその輸出先の第一位は他ならぬ米国だった。

　歴史の後付けにはなるが、この時点で米国にはもはや、中国に対して輸出管理をエコノミック・ステイトクラフトとして利用する道は存在していなかったのかもしれない。しかし、自国の持つ先端技術の流出を死守する政策へと舵が切られるのは、ここから8年後のトランプ政権が誕生するまで待たなくてはならない。

（2）21世紀の冷戦
　第２章では、第二次世界大戦後からブッシュ政権までの対中輸出規制を

概観してきた。この後のオバマ政権における輸出管理は国内的な大改革が実施されことは第1章で見てきた通りであるが、それは中国を特別に意識したものというよりは、国内経済不安を解消するための広い意味での通商政策の一環によって始められたものだった。オバマ政権下においても、輸出管理上の中国脅威論がなかったわけではないが、現在に比べればはるかに小さな問題意識であり、第一章で見た通り、「少数の品目の周りに高い壁を」のスローガンのもと、ゲーツ国防長官をして「冷戦時代の遺物」とまで言わしめた米国輸出管理制度は大改革と規制緩和が進められた。その改革の中で、クリントン政権時代に二転三転した商用衛星の規制緩和（管轄が国務省から商務省へ移転）も進められたことは、既に第一章で見てきた通りである。

　他方で、この頃から米国輸出管理にはもう一つの重要なアジェンダが持ち上がっていたことは特筆に値するので最後にこの点に触れておきたい。それは「大学における輸出管理」である。

　2008年8月末、米国テネシー大学物理学部プラズマ科学研究所のJ・リース・ロス教授が、米国政府の輸出許可を取得せずに教え子である中国人の大学院生に対して武器技術を開示したとして、ノックスビル連邦地裁に訴えられ、罪を認めた。同時に、プラズマ技術を扱うテネシー州ノックスビルにある Atmospheric Glow Technology 社に勤務する物理学者も、本件に関与しているとして違法輸出の罪を認めた。テネシー大学は、One Atmospheric Glow Technology（略称 OAUGDP）というプラズマ技術を世界で最初に開発し、テネシー大学研究財団がその特許を持っていた。同財団は、2000年、OAUDGP の使用、開発、マーケティングに関する権利をテネシー州ノックスビルにある Atmospheric Glow Technology 社（以下、「AGT 社」）に供与していた。そしてこの AGT 社は、ライト・パターソン空軍基地の米空軍研究所の軍事品局との間で、無人飛行機（UAV）用のプラズマ作動装置に関する研究開発の契約を結んでおり、同時にその研究開発のためにテネシー大学とも契約していた。この時のテネシー大学サイドの研究責任者が、物理学部プラズマ科学研究所のロス教授だった。

　ロス教授は、1989年ごろからテネシー大学教授の立場で、中華人民共和国に複数回渡り、中国電子科学技術大学、復旦大学、清華大学をはじめ中

国国営の大学・研究機関においてプラズマアクチュエーター技術の講義を行ってきた。また、中国電子科学技術大学や清華大学から名誉教授の称号を与えられており、中国やイランからの留学生も研究室のメンバーに迎え入れていた。2006年5月、テネシー大学の輸出管理担当者は、F‐1学生ビザで入国した中国人留学生が ロス教授のもとで研究を行っていることに気づき、教授に対して、

①フェーズ2（軍事品契約の第2段階）は輸出規制の対象であること、

②講義のために中国へ出張する際には、携行品に気をつけること、

③フェーズ2プロジェクトの技術を留学生には開示（技術提供）しないように

との3点を、メールで助言したという。さらに2006年11月には、国務省の担当官も、イランと中国への輸出（技術提供）は禁止されていると助言したという。

　しかしながら教授は、こうした助言に耳を貸さないばかりか、AGT 社と契約したプラズマ技術のプロジェクトにおいて、中国人とイラン人の留学生をアシスタントとして採用し、再三にわたって二人に対して当該技術を供与した。そして2008 年、大学が空軍に本件を通報したことにより、「政府の輸出許可を取得することなく国防関連の技術データを外国人留学生等に提供した罪」で連邦地裁に訴えられるにいたったのだった。

　その後、ロス教授が有罪となるために検察は、確固たる証拠をもとに陪審を納得させる必要があったが、武器技術データという無形のものに対する訴追は容易なことではなかったと言われている。しかし、連邦捜査局（FBI）、移民・税関執行局（ICE）、商務省輸出執行部（OEE）、米空軍特別捜査局が一丸となって捜査を実施したことで多くの証拠が集められ、最終的に陪審は訴状にあげられた17件の訴因全てに有罪の評決を下した。そして2009年7月1日、当時71歳のロス元教授は懲役4年の実刑判決を言い渡されたのだった。ただしこの時、テネシー大学は教授に対して注意喚起を行い、その記録を残していたため、法人としての処罰は受けていない。

　この事件は、米国の大学で起こった初めての武器輸出管理法違反の重大事件であり、また大学という最先端技術（エマージングテクノロジー）の宝庫が、国家の輸出管理制度の大きな抜け穴になっていることを明らかにしたものである。この後、米国では、商務省の年次カンファレンス（BIS アップデートセミナー）においても大学のセッションができるなど、「大学の

輸出管理」は輸出管理政策の大きな柱の一つになっていく。トランプ政権以降も、孔子学院の全面閉鎖や、一部の中国人留学生へのＦ１ビザの発給停止、中国の国家プロジェクト「千人計画」等を警戒する政策も次々と打ち出され、大学を起点とする技術窃取や技術流出が大きな問題となっていることは記憶に新しい。

　輸出管理政策の難しさは、問題が国家レベルと国内レベルの２レベルにまたがっているところにある。特に米国輸出管理には、何十年も昔から多分に外交政策的側面があり、国家レベルの決定が国内レベルの行政や、企業、大学を翻弄してきた歴史は否定できない。また、時の経過と共に国際情勢が変化すれば、敵も変わり、さらには、自国の持つ技術も進歩する。また、他国も同等の技術を保持するようになることは珍しいことではなく、フォーリン・アベイラビリティの問題は絶えず更新されている。他方、実際の管理、すなわち輸出管理実務は、民間企業や大学、研究機関が担っており、特に技術管理の面では上述したテネシー大学の例をあげるまでもなく、研究者や各企業の従業員の倫理観までも要求される。そのような状況を鑑みれば、国家のハード面に着目した場合、「軍事的潜在力（レイテント・パワー）」のある先端技術を敵国より先に取得・開発すること、そしてその技術を国家的な管理の下、死守することは国家安全保障にとって不可避だと言えよう。

　もはや、中国は米国にとって、冷戦時代のような格下国では決してない。我々は、経済と安全保障の両立ではなく、安全保障のための輸出管理に、再び同盟国間で確固たる協力をして取り組む時期にきていると言える。21世紀の冷戦は、既に始まっているのだから。

註

＊1 1 Select committee United States House of Representatives, "*Select Committee on U.S. National Security And Military/Commercial Concerns With The People's Republic Of China*", U.S. Government Printing Office, May, 1999, pp.3-10.

＊2 Senator John Heinz, *U.S. Strategic Trade − An Export Control System for the 1990s*, London & New York., Routledge, 2018, p.2.

＊3 Memorandum of Conversation, by the Chief of the Division of Chinese

Affairs, 10 February 1949. *FRUS* 1949, 9:823-6.

＊4　*FRUS*, 1949, 9:826-34.

＊5　Note by the Executive Secretary of the National Security Council on United Stats Policy regarding Trade with China, 28 Feb 1949, *FRUS* 1949, 9: 826-34.

＊6　Memorandum by the Director of the Office of Far Eastern Affairs, 6 June 1949, *FRUS*, 1949, 9:851-3.

＊7　1948年にチトー指導下の旧ユーゴスラビアは、ソ連との衝突によりコミンフォルムから追放され、ソ連圏の諸国と国交断絶となった。これにともない自動的に輸出入の半分以上をソ連圏に頼っていた旧ユーゴは経済的に大きな打撃を被ることとなった。詳細は、月村太郎「チトー主義」田中明彦、中西寛編『新・国際政治経済の基礎知識』有斐閣、2004年、68頁。

＊8　安原洋子「アメリカの対共産圏禁輸政策と中国貿易の禁止1945-50年」『国際政治』第70号、1982年5月、38頁。

＊9　*FRUS*, 1949, 9:880-4, 893.

＊10　*FRUS*, 1949, 9: 866.

＊11　*FRUS*, 1949, 9: 880-4, *FRUS*, 1949, 9: 893.

＊12　*FRUS*, 1949, 4: 880-4.

＊13　安原、前掲論文、40頁。

＊14　*FRUS*, 1950, 4:141-3.

＊15　Kailai Huang, "American Business and the China trade embargo in the 1950s," *Essay in Economic and Business History*, 2001, p.33. and Oliver M Lee, " U.S. Trade Policy Toward China: From Economic Warfare to Summit Diplomacy," in *China's Trade with the West: A Political and Economic Analysis*, ed. Arthur A. Stahnke, p.39.

＊16　*FRUS*, 1950, 6:638-9.

＊17　*FRUS*, 1951, 7:1908-9.

＊18　*FRUS*, 1950, 6:651-4.

＊19　香港とマカオへの輸出は、「戦略的重要性の無い品目」と直接消費量に対する量的制限の範囲内であれば認められた。*FRUS*, 1950, 6:673.

＊20　FRUS, 1950, 6:664-5 and *FRUS*, 1950, 6:676-7.

＊21　FRUS, 1951, 7:1923-28.

＊22　The Economic cooperation administration (ECA)は、1948年に大統領直下に設置された対外援助の実務を行う機関。

＊23　*FRUS*, 1951, 7:1907.

＊24 Report Prepared by the Economic cooperation administration, *FRUS*, 1951, 7:1908-9.

＊25 *FRUS*, 1951, 7: 1988.

＊26 *FRUS*, 1951, 7: 2004.

＊27 Memorandum of Conversation, by G. McMurtrie Godley of the Office of Western European Affairs, 5 January 1952. *FRUS*, 1952-54, 1:818-19, 836.

＊28 加藤洋子『アメリカの世界戦略とココムー岐路にたつ日本の貿易政策』有信堂、1992年）、168頁。

＊29 Memorandum by the Secretary of State and Director of Mutual Security to the Executive secretary of the National security Council, 19 January, *FRUS* 1952-54, 1:18-9.

＊30 Lee Oliver M., "U.S. Trade Policy toward China: From Economic Warfare to Summit diplomacy," ed. by Arthur A. Stahnke, *China's Trade With the West* (New York: Praeger Publishers, 1972), pp43-51.

＊31 共和党ジョセフ・マッカーシー上院議員（ウィスコンシン州）による共産主義者の糾弾。マッカーシー議員に名指しされた政治家、作家、映画俳優など多くの者が表舞台から姿を消すこととなった。

＊32 それどころかむしろ、産業界からの好意的な協力があったため、対中禁輸というビジネスにはマイナスの要素も国内コンセンサスが得られたのである。Kailai Huang, "American Business and the China trade embargo in the 1950s," *Essay in Economic and Business History*, 2001, p.34.

＊33 規制緩和への動きの要因として、朝鮮戦争の休戦の他にも、スターリンの死亡や54年のインドシナ休戦、そして欧州が経済復興を遂げてきたことなども挙げられる。

＊34 The Ambassador in the United Kingdom to the Department of State, 26 February 1954; Report to the National Security Council by the Secretary of State and the Director of Foreign Operations. *FRUS*, 1952-54, 1:1081.

＊35 The Chief of the Operations Mission in the United Kingdom to the Department of State, 10 November 1953; The Ambassador in the United Kingdom to the Department of State, 21 November 1953. *FRUS* 1952-54, 1:1039-49.

＊36 The Secretary of Commerce to the Special Assistant to the President, 7 June 1954. *FRUS* 1952-54, 1:1181-82.

＊37 加藤、前掲書。182頁。

＊38 内訳は国際リストⅠ（禁輸）が176品目、国際リストⅡ（量的管理）が24品

米中の経済安全保障戦略
新興技術をめぐる新たな競争【7月新刊】
村山裕三編著　鈴木一人・小野純子・
中野雅之・土屋貴裕著　本体 2,500円

次世代通信技術（5G）、ロボット、人工知能（AI）、ビッグデータ、クラウドコンピューティング……。新たなハイテク科学技術、戦略的新興産業分野でしのぎを削る国際競争の行方と、米中のはざまで日本がとるべき道を提言する

米国を巡る地政学と戦略【7月新刊】
スパイクマンの勢力均衡論　本体 3,600円
ニコラス・スパイクマン著　小野圭司訳

地政学の始祖として有名なスパイクマンの主著 *America's Strategy in World Politics: The United States and the balance of power*、初めての日本語完訳版！第二次世界大戦初期の米国を巡る国際環境を網羅的に記述しているが、現代の国際政治への優れた先見性が随所に見られる名著。「地政学」が百家争鳴状態のいまこそ、スパイクマン地政学の真髄を学ぶために必読の書。

松本学日記　昭和十四年～二十二年　【6月新刊】
尚友倶楽部・原口大輔・西山直志 編　本体 7,800円

大正～昭和戦前期に「新官僚」として注目を集めた政治家松本学の日記の翻刻版。昭和14年から昭和22年に貴族院の終焉を見届けるまでの9年間の日記。日本文化中央連盟（文中連）を組織し、全村学校運動、建国体操運動など独自の文化運動を展開。

タイガー・モリと呼ばれた男
日米の架け橋となった幻の剣士・森寅雄
早瀬利之著　本体 2,400円【6月新刊】

戦前から戦後にかけて、剣道を通して日米の架け橋とならんとした森寅雄のスケールの大きな生涯を描く。「昭和の武蔵」といわれた天才剣士が昭和12年に渡米、ハワイ・西海岸中心に剣道を普及し、フェンシングのチャンピオンにもなった。戦後最渡米し米国剣道連盟創設、ハリウッドスターのフェンシングのコーチも務めた。

アウトサイダーたちの太平洋戦争
知られざる戦時下軽井沢の外国人
髙川邦子著　本体 2,400円【5月新刊】

深刻な食糧不足、そして排外主義的な空気が蔓延し、外国人が厳しく監視された状況下で、軽井沢に集められた外国人1800人はどのように暮らし、どのように終戦を迎えたのか。聞き取り調査と、回想・手記・資料分析など綿密な取材でまとめあげたもう一つの太平洋戦争史。ピアニストのレオ・シロタ、指揮者のローゼンストック、プロ野球選手のスタルヒンなど著名人のほか、ドイツ人大学教授、ユダヤ系ロシア人チェリスト、アルメニア人商会主、ハンガリー人写真家などさまざまな人々の姿が浮き彫りになる！

ドイツ人のブッス家

芙蓉書房出版
〒113-0033
東京都文京区本郷3-3-13
http://www.fuyoshobo.co.jp
TEL. 03-3813-4466
FAX. 03-3813-4615

目、国際リストⅢ（警戒リスト）が55品目である。Memorandum of discussion at the 207th Meeting of the National Security Council, 22 July 1954. *FRUS* 1952-54, 1:1233.

＊39　*FRUS* 1952-1954, 14:580-81.

＊40　*FRUS* 1955-57, 10:259-62.

＊41　Report to the National Security Council by the Secretary of State and the Director of Foreign Operations, 30 August 1954. *FRUS*, 1952-54, 1:1250-55.

＊42　加藤、前掲書、188頁。

＊43　米中会談の詳細については、Kenneth T. Young, *Negotiating With the* Chinese Communist: The United States Experience, 1953-67. (N.Y., McGraw-Hill Books, 1968)を参照。

＊44　Robert G. Sutter, *China-Watch: Toward Shino-American Reconciliation*, Baltimore: The John Hopkins University Press, 1978.

＊45　Telegrams from the Delegation at the Foreign Ministers Meetings to the Department of State, 31 October, and 16 November 1955. *FRUS*, 1955-57, 10:266-67.

＊46　Telegram from the Embassy in the United Kingdom to the Department of State, 3 December 1955. *FRUS* 1955-57, 10:273-74.

＊47　Memorandum of a Conversation, Department of State, 31 January 1956. *FRUS*, 1955-57, 10:304-12.

＊48　Special National Intelligence Estimate, 17 January 1956. *FRUS*, 1955-57, 10:292-93.

＊49　Letter from the Secretary of State to the President, 8 December 1955. *FRUS*, 1955-57, 10:276.

＊50　Letter from the Assistant Secretary of Defense for International Security Affairs to the Under Secretary of State, 12 December 1955. *FRUS*, 1955-57, 10:278-79.

＊51　Memorandum from the Assistant Secretary of State for Far Eastern Affairs to the Secretary of State, 30 March 1956. *FRUS*, 1955-57, 10:322-23.

＊52　リストAは国防総省と CIA が、戦略物資としての機微度と経済面での重要性が最も低いと判断したものから構成されている。リストBは、中程度に機微度と経済への重要性があるもので、リストCは最も機微度と重要度の高いものから構成されている。

＊53　*FRUS*, 1955-57, 10:327.

＊54 Minutes of the 40th Meeting of the Council on Foreign Economic Policy, 3 April 1956, *FRUS*, 1955-57, 10:327-29.

＊55 Memorandum by the Under Secretary of State for Economic Affairs, 4 June 1957. *FRUS*, 1955-57, 10:458.

＊56 *FRUS* 1955-57, 10:461-2; 463-4; 465-66.

＊57 加藤の研究においてもチンコムは1971年まで存続していることが明らかにされている。加藤、前掲書、189頁。

＊58 Henry A. Kissinger, *White House Years* (Boston: Little, Brown & Company, 1979), pp.164-171.

＊59 加藤、前掲書、211頁。

＊60 Harry A. Cahill, *The China Trade and U.S. Tariffs* (New York: Praeger, 1973), pp.8-10.

＊61 Banning N. Garrett and Bonnie S. Glaser, "From Nixon to Reagan: China's Changing Role in American Strategy," in *Eagle Resurgent ?* ed. Kenneth A. Oye, Robert J. Lieber, and Donald Rothchild (Boston: Little, Brown, 1987), pp.264-71.

＊62 Nayan Chanda, "The China Card in Play," *Far Eastern Economic Review*, October 2, 1981, p.11.

＊63 Zbigniew Brzezinski, *Power an Principle: Memoirs of the National Security Advisor, 1977-1981* (New York: Farrar, Straus & Giroux, 1983), pp.197-199.

＊64 Elizabeth M. Nimmo, "United States Policy Regarding Technology Transfer to the People's Republic of China," *Northwestern Journal of International Law & Business*, 6 (1984), pp.257-8.

＊65 *Ibid.*, p.189.

＊66 Banning N. Garrett, "China Policy and the Strategic Triangle," in *Eagle Entangled: U.S. Foreign Policy in a Complex World*, ed Kenneth A. Oye, Donald Rothchild, and Robert J. Lieber, p.236.

＊67 *Ibid.*, p.236.

＊68 Brzezinski, *Power and Principle*, p.212.

＊69 Garrett and Glaser, "From Nixon to Regan," pp.264-71.

＊70 Press Release, "President Sets Tougher criteria on High Technology Exports to the U.S.S.R.," *U.S. Department of Commerce News*, March 19, 1980.

＊71 Sally Meese, "Export controls to China: An Emerging Trend Dual-Use

Exports," *The International Trade Law Journal*, 7, No.1 (Fall-Winter 1981-82), p. 20.

＊72 *Ibid.*, pp.,33-34.

＊73 Brzezinski, *Power and Principle*, p.424.

＊74 Testimony of William T. Archey, Acting Assistant Secretary For Trade Administration, Department of Commerce, in *Controls on Exports to the People's Republic of China*, hearing before the Subcommittee on International Economic Policy and Trade of the Committee on Foreign Affair, House of Representatives, 98th Congress, 1st session, November 17, 19083, p.2.

＊75 Nayan Chanda, "More Bytes for China," *Far Eastern Economic Review*, August 6, 1987, pp12-13.

＊76 Madelyn C. Ross, "Export Controls: Where China Fits In," *The China Business Review*, 11, No.3, 1984, p.59.

＊77 Testimonies of Melvin W. Seals, Deputy Assistant Secretary, Department of Commerce, and of Michael E. Zacharia, Deputy Assistant Secretary of State for International Trade Controls, in *Technology Transfer to China*, hearing before the Subcommittee on Energy and Commerce, House of Representatives, 100th Congress, 1st Session, August 3, 1987, 26-29.

＊78 Heinz, *U.S. Strategic Trade*. P.89.

＊79 Denis Fred Simon, "technology For China: Too Much Too Fast?" *Technology Review*, 87, No.7, October 1984, p.47.

＊80 David Siverberg, "Liberalizing Tech Transfers to China Faces Opposition," *Defense News*, March 14, 1988, p.7.

＊81 U.S. Government Accountability Office, *Impact of China's Military Modernization in the Pacific Region*, GAO/NSIAD-95-84, Executive Summary, 1995.

＊82 David Shambaugh, "China's Military: Real or Paper Tiger? ," *The Washington Quarterly*, 19, No.2.

＊83 David Finkelstein, "China's National Military Strategy: An Overview of the Military Strategic Guidelines," in *Right Sizing the People's liberation Army: Exploring the Contours of China's Military*, eds. Roy Kamphausen and Andrew Scobell, Strategic Studies Institute, p.102.

＊84 Kathleen Walsh, *Foreign High-Tech R&D in China. Risks, Rewards, and Implications for US-China Relations*, 2003, p.47.

*85 The White House, *Second to None: Preserving America's Military Advantage Through Dual-Use Technology*, January 1st, 1995.

*86 Statement by Mitchel Wallerstein in U.S. Senate, *National Security Implications of Lowered Export Controls on Dual-Use Technologies and Defense Capabilities*, hearing before the Committee on Armed Services, 104th Congress, 1st Session, May 11, 1995, p.6.

*87 Ian Baid and William Reinsch, "Does China Matter to the Health of the U.S. Economy?," in Economics and National Security: *The Case of China*, ed. Kent Butts and Edward Hughes, January 1st 2001, p.80.

*88 Statement by Floyd Spence in *U.S. House of Representatives, U.S. Supercomputer Export Control Policy*, hearing before the Committee on National Security, 105th Congress, 1st Session, November 13, 1997, pp.1-2.

*89 Statement by Stephen Bryen, in U.S. Senate, *US Export control and Nonproliferation Policy and Role and Responsibility of the Department of Defense*, hearing before the Committee on Armed Services, 105th Congress, 2nd Session, July, 1981, p.16.

*90 Federal Register, Vol.58, No.190, Monday, October4, 1993.

*91 Letter of Secretary of Commerce Michael Kantor to Katherine Schinasi, in U.S. Government Accountability Office, *Export Controls: Change in Export Licensing Jurisdiction for Two Sensitive Dual-Use Items*, GAO/NSIAD-97-24, Appendix II, Comments from the Commerce Department, 1997.

*92 U.S. Department of Commerce, *U.S. Commercial Technology Transfer to the People's Republic of China*, Bureau of Export Administration, Office of Strategic Industries and Economic Security, January, 1999, p.61.

*93 Shirley A. Kan , CRS Report for Congress, *China: Possible Missile Technology Transfers from U.S. Satellite Export Policy ? Actions and Chronology*, September 5, 2001.

*94 Robert Lamb, "Satellites, Security and Scandals: Understanding the politics of Export Control," Center for international and Security Studies at Maryland, *SISSM Working Papers*, 2005, pp.29-41.

*95 U.S. Congress, *National Defense Authorization Act for Fiscal Year 1999*, H.R.3616.

*96 The Export Control Practitioner, "More Exports to China could get caught in BIS plans for new "Catch-all" regulation," May 25, 2005, Vol10, No.5.

*97 Statement by Peter Lichtenbaum, in U.S .-China Economic and Security

Review Commission Hearing, June 23, 2005.
https://www.uscc.gov/sites/default/files/6.23.05lichtenbaum_statement_wrts.
pdf

＊98　The Export Control Practitioner, "Drafters intend to limit military
Catch-all rules to knowledge standard," November 2005, Vol.19, No.11.
<https://www.exportprac.com/ht/d/ContentDetails/i/26326/pid/221>

＊99　The Export Control Practitioner,"U.S. and China form working group to
discuss Export policies," May 2006, Vol.20. No.5.

＊100　U.S.-China Economic And Security Review Commission, *2006 Report to
Congress*, 109th Congress, 2nd Session, November 2006.

＊101　最初に VEU の認定を受けたのは、Applied Materials China/Boeing Hexel
AVIC I Joint Venture/National Semiconductor corporation/Semiconductor
Manufacturing International Corporation/Shanghai Hua Hong NEC
Corporation である。

＊102　Federal Register, *Approved End-Users and Respective Eligible Items
for the People's Republic of China (PRC) Under Authorization Validated
End-User (VEU)*, BIS, 19th October 2007.

第3章

米国の輸出管理の新展開
従来型の限界と今後

中野 雅之

1. はじめに

　米国では、特に2018年後半以降、対中国を念頭においた諸規制が相次いで講じられるようになった。同年8月に成立した「国防権限法2019」（National Defense Authorization Act For Fiscal Year 2019、略称 NDAA2019）と、これに組み入れられる形で成立した「輸出管理改革法」（Export Control Reform Act、略称 ECRA）による輸出規制、「外国投資審査現代化法」（Foreign Investment Risk Review Modernization Act、略称 FIRRMA）による対内投資規制、国防権限法2019において指定された中国5社製通信・監視関連機器・サービスに関する米国政府調達禁止規定、「国際緊急経済権限法」（International Emergency Economic Powers Act、略称 IEEPA）に基づく情報通信技術サービスのサプライチェーンのセキュリティ確保についての大統領令による国内民間取引における「米国敵対者」の製品・サービスの排除措置、国防権限法2020での中国製ドローン・鉄道・バス車輌の購入規制、「安全で信頼できる通信ネットワーク法」に基づく国家安全保障上の脅威をもたらす企業からの通信機器の購入についての連邦資金使用禁止措置、大統領令に基づく「米国テレコムサービス分野における外国勢力参加評価委員会」の設置と新規参入制限・既認可取消措置、米証券取引委員会（SEC）による米国上場企業の投資家保護ルールの強化措置、等の中国企業を直接明示又は念頭においた経済取引規制が、短期間に成立し施行され

た。

　また、中国に対して政治的に対抗するものとして、各年度における国防権限法での指示のほか、台湾に関する「台湾旅行法」、「アジア再保証推進法」、「台北法」、香港に関する「香港人権・民主主義法」、「香港自治法」、人権保護に関する「ウイグル人権法」等、中国のいわゆる「核心的利益」に正面から対峙する法案も相次いで成立した。

　これらの諸法は、いずれも上下院ともほぼ全会一致で可決したものであるが、それらの共通的な背景となっているのが、2017年12月に発表された「米国国家安全保障戦略」である。同戦略では、テロリスト、「ならず者国家」（北朝鮮、イラン等）と並び、中国、ロシアを「米国の国益や価値観と対極にある修正主義勢力」と位置づけ、対抗すべき必要性を打ち出した。そして、その米国政府としての考え方を米国議会として裏打ちしたものが、前掲の国防権限法2019であった。そこでは、中国共産党の政治的影響力、経済活動、サイバー活動、世界のインフラ開発プロジェクト、米国と同盟国やパートナーに対する軍事活動、等に対処するための中国に対する「全政府戦略」を指示すると規定された。

　同法成立の2018年8月時点では、この「全政府戦略」が具体的に何を示すものかは明らかではなかったが、その後、現在に至るまでの米国の政策展開は、中国が進めようとする現状変更の試みを、米国政府が諸法により授権された権限を最大限活用して、まさに全方位的に阻止しようとするものだったことを知ることになる。

　上記の米国の諸法、諸規制は、中国に政治的、経済的、更には軍事的に対抗するものであり、それぞれの狙い、効果、相互関連性等を俯瞰的に評価・分析することは興味深く、また有益なものではあるが、ここでは「輸出管理」に焦点をあて、米国の安全保障輸出管理の新展開というテーマに絞って論を進めることとする。

　安全保障輸出管理の考え方や手法は、その時々の世界の安全保障を取り巻く環境（危機状況）に応じて変化するものである。したがって、本章では、まず米国の輸出管理に影響を与える安全保障をめぐる環境がどう変わってきているのかを概説し（第2節）、その変化に従来型の安全保障輸出管理が対応しきれない理由を説明し（第3節）、米国が新たに打ち出した輸出管理の特徴を示し（第4節）、その上で、今後米国がどのような安全

保障輸出管理を模索するのかについて論じていく（第5節）。

2．世界の安全保障輸出管理に影響を与える環境の変化

（1）現状変更勢力である中国の軍事力の飛躍的強化

　世界の安全保障を取り巻く環境はここ数年で大きな変化を見せている。とりわけ大きな変化は中国の現状変更を進める動きの顕在化であろう。

　2018年10月に米国のペンス副大統領がハドソン研究所でおこなった対中批判演説は非常にインパクトのあるものだった。従来の米国の対中政策（いわゆるエンゲージメントポリシーに基づく対中融和政策）を失敗だったと断言し、習近平主席が2012年に打ち出した、「中華民族の偉大なる復興」という中国の夢の実現という名の下で、中国共産党の統一戦線工作を含めて、中国による現在の世界秩序を変更させようとする挑戦を全面的に否定し対抗していくとする演説は、「新冷戦宣言」とも評された。

　この演説の前後から、米国の安全保障を守るための諸施策は、イラン、北朝鮮、ロシア、テロリストに対するものを堅持しつつも、中国に対抗するものが大きな割合を占めるようになっていった。その中で輸出管理に係る規制が多用されていくことになるが、その根底にある主たる問題意識が、中国の軍事パワーの飛躍的発展と米国の覇権維持への危機感であった。

　AI 兵器革命の進展により、現代は、電子戦、宇宙戦、サイバー戦等の世界になっている。そこでは情報通信技術の飛躍的発展が鍵を握ることになるが、例えば、大量の小型ドローンの自律編隊飛行・攻撃、衛星破壊攻撃、量子暗号による通信等が挙げられる。また、中国の「接近阻止・領域拒否」（Anti-Access/Area Denial、略称 A2/AD）戦略は、西太平洋、第2列島線内での米軍展開を阻止しようとしており、そのための主要兵器が、中距離ミサイルやステルス爆撃機・潜水艦、自律ドローン等である（中距離ミサイルについては、米国はこれまで、米露間の INF 条約によって保有を禁じられていた）。

　さらに、次世代戦略兵器として、極超音速兵器、宇宙兵器、無人システム、電磁レールガン等の研究開発が進んでいるが、米議会でもそれらを「破壊的国防エマージング技術」として警鐘を鳴らしている。これらの先進兵器の開発、実用化が、中国において国家を挙げて推進されたことによ

って中国の軍事パワーが強大化し、米中間の軍事バランスにも大きな影響を与えるものとなり、米国の覇権を揺るがしかねないような事態となったことに対する危機感が、米国の輸出管理規制の全般的強化の最大の要因になっていることは間違いない。

（２）先進兵器開発を支える中国の軍民融合戦略

　習近平政権になって以降、世界秩序の現状変更を指向する中国の挑戦を支えるための軍事パワー強化のために推進したのが、「軍民融合」の国家戦略化であった（2016年）。同戦略では、「高度先端技術の軍民共有と相互移転を促進し、ハイテク武器・装備を開発・保有すること」、「海洋・宇宙・サイバー空間等の分野での軍民融合発展の推進に力を入れ、科学技術・経済・軍事において機先を制して有利な地位を占め、将来の戦争の主導権を奪取すること」が掲げられた。軍部サイドでは、「科技興軍」「自主創新」というスローガンが掲げられた。そして、2017年には中央軍民融合発展委員会が設立され、習近平主席が委員長を務めることとなった。

　この軍民融合戦略は、2015年にまとめられた国家戦略である「中国製造2025」と密接な関係がある。同戦略は、製造強国という目標を達成するための10の重点分野を設定し、それぞれの領域で最終的に世界一を目指すというものである。

　その10の技術領域とは、①次世代情報技術産業、②ハイエンド工作機械・ロボット、③航空・宇宙用設備、④海洋工程設備・ハイテク船舶、⑤先進的軌道交通設備、⑥省エネルギー・新エネルギー自動車、⑦電力設備、⑧農業用機器、⑨新材料、⑩バイオ医薬・高性能医療機器、になる。これらの多くの分野が、電子戦、宇宙戦、サイバー戦等の世界での兵器システムや次世代戦略兵器の開発につながる。

　そして、民営企業の軍需産業への参入の簡略化・範囲拡大が積極的に進められたことにより、軍民融合戦略を担う主体自体が、かつてのような国有軍需企業集団や国防関係大学だけに留まらず、それ以外の一般企業や大学・研究機関にまで広がっている。更に、軍需企業の混合所有制改革や軍需部門の証券化等を通じて、国有軍需企業と一般企業の資本面での融合も進んでいる。

　なお、このような実態も踏まえて、米国国務省のフォード次官補は、

「中国においては基本的に民間ユーザーと軍事ユーザーの区別が存在しなくなり、最終用途、最終需要者に焦点をあてた伝統的な輸出管理政策のアプローチはできなくなる。軍民融合はそのような区別を台無しにする。今後は、その技術が中国国内の誰にとって大きな価値を有し、それが中国の軍事能力の手助けになるのかを問うアプローチになる」と安全保障輸出管理の方針にも大きな影響を与えるコメントを2018年10月時点で述べており、国務省や商務省はその後も繰り返し警鐘を鳴らしている。

　このような軍民融合戦略の深化を通じた軍事的パワーの発展を支える主体の多様化が、後述する Entity　List や Unverified　List 等の規制主体リスト掲載者の拡大につながっていると考えられる。

（3）武器・兵器と「戦い方」の変化・進化

　既に多少触れたが、そもそも安全保障輸出管理の原点的な課題である対象となる武器・兵器の変化・進化について改めて述べてみる。近年の武器の変化、通常兵器の進化には驚くべきものがあり、武器・兵器の変化は戦争そのものの変化をもたらす。

　特に通常兵器の革新は目を見張るものがあると言われている。このあたりの詳細解説は専門家に任せるとして、わかりやすい例を挙げれば、AIの活用による戦争の様相の激変だろう。AI が戦争を情報化戦争、知能化戦争へシフトさせ、AI とロボットが普及すると従来の戦争とは全く別の次元の戦い方になる。人間の判断能力を超えるスピードで意思決定がなされ、そこに感情は入らない。実際、AI の軍事利用は既に始まっており、各種対空ミサイルシステムの目標決定や自動目標追尾、兵器の欠陥の予測、サイバー戦への利用等、その適用分野は軍事領域の大部分に及んでいるという。

　AI 兵器革命が進展した場合、最も重要なことは、いかに大量の情報を敵より多く早く集められるか、それらを目的に合った形でいかに早く分析し結論を出せるか、そしてその結論をいかに早く関連する兵器や兵器管理システムに伝えることができるのか、ということになる。また、それら一連の機能・システムを妨害あるいは破壊する能力（逆に妨害や破壊から守る能力も）を有することも大きな要素になるのは当然である。監視衛星の能力、レーダー・センサーの能力、コンピュータの能力、AI の能力、通信

の能力、これらの力の差が戦争の勝敗を分ける時代になっているのだ。そしてこれらの技術に支えられた電子戦、宇宙戦、サイバー戦の重要度が増し、いわゆる「C4ISR」*1と呼ばれる領域での技術力の差が、戦争の勝敗の決め手となる。中国では、大量の小型ドローンの自律編隊飛行・攻撃、衛星破壊攻撃、対艦弾道ミサイル、ステルス爆撃機・潜水艦、ミサイル艇、自律型ドローン、極超音速兵器、宇宙兵器、無人システム、電磁レールガンのような新たな兵器・戦術、それを支える技術の開発が着実に進んでいる。

　このように従来の「武器」という言葉から連想する、人間が戦場にいて直接戦闘を行うための「火器」（爆弾、戦闘機、戦車、戦艦等を含む）のようなものとは全く違う次元の、新しい「兵器」と「戦い方」の革命が進行中なのである。そしてそれらを支える新技術で優位性を持つ者が、戦いでの優位性を持つという状況下では、それら新技術の流出を防ぐためには、おのずと輸出管理の強化が必要になってくる。

（４）兵器や戦略に影響をもたらす技術の研究・開発の様相の変化

　前述のように、武器・兵器や戦争戦略の一大変化をもたらすのがそれらを支える関連技術であるが、「技術そのものの研究・開発の様相」も大きく変化してきている。それらは、官・民の投資割合、領域の多様化、開発スピードの速さ等の点で顕著である。

　2018年5月にワシントン D.C.で開催された米国商務省 BIS が主催する輸出管理セミナーで、アシュー次官補は米国の技術開発の現状を次のように述べた。

「米国の研究開発総費用は世界で最高水準であるが、その内の連邦政府支出額の割合が減少し、民間セクター支出割合が増加する傾向が続いている（昨年は約1：3）。このため、生成中の重要技術が、輸出規制の対象となる前に、外国の企業・団体に知られやすく、外国からの投資の対象になっており、また、研究・開発に携わる者も、外国からの投資を、安全保障の意識を持たずに、受け入れるようになってきている。従って、輸出管理当局は、以前に比べ、技術のライフサイクルのより早期の段階から建設的に関与し、新興重要技術を早期に特定し、実効的な規制を行う必要性が急速に高まっている」と。

　まさに米国の技術研究・開発の変化、そして技術管理に対する危機感を率直に示すものだと思われる。軍事転用できる技術の研究・開発において、米国政府のコントロール下にあるもの（国防総省が予算を持ち進めているもの）よりも、民間で行われているものの方がはるかに多くなっていること、研究・開発の初期段階で重要な技術が輸出管理の網にかからず流出してしまうこと、を認めている。

　開発された技術の利用のされ方として、スピンオフ（軍事目的で開発した技術が民生用途に使われる）とスピンオン（民生目的で開発した技術が軍事用途に使われる）という2つのパターンがあるが、近年の軍事用途に使える技術というのは、兵器と戦略・戦術が大きく変わってきていることに伴い、かなりスピンオン型のものが利用されることが多くなっている。民生用として新しい技術が開発されたとしても、それがどのように軍事的に利用されるのかということについては、その初期段階では明確にはわからないことになる。

　また、研究・開発の場所（空間）も大きく変わってきている。近年の技術の研究・開発は、大学、研究機関、会社等の組織の枠や、国をも越えて行われるようになってきている。研究・開発に携わる者が、研究・開発に必要な資金を欲することは当然なのだが、外国からの投資の受け入れに懸念を持たないようになってきており、資金の提供元についての懸念を考慮することが少ないようだ。そして、複数の個人や研究機関が共同で研究・開発するケースが増え、その開発スピードが今まで以上に早くなっている。

　このように、輸出管理当局が、新しい技術の研究開発の動向やその主体、軍事面での応用可能性について、早期に把握することが難しくなっている。

　ここまで、米国の輸出管理に影響を及ぼす安全保障を取り巻く環境変化の大きなものとして、現状変更勢力である中国の軍事パワーの飛躍的強化、武器・兵器と「戦い方」の変化・進化、そして兵器や戦略に影響をもたらす技術の研究・開発の様相の変化、があることを説明してきた。次にこれらの環境変化が、安全保障輸出管理にどのような影響を与えるのか、従来の安全保障輸出管理の枠組みや手法では対応が難しくなってきているところに目を向けていく。

3．安全保障輸出管理の変化

（1）安全保障輸出管理の枠組み

　冒頭で述べたように、安全保障輸出管理とは、その時々の安全保障を取り巻く環境（脅威の対象、技術進歩の度合い等）の変化に応じて変化するものだ。安全保障輸出管理の枠組みという点では、やや歴史を振り返ることになるが、まず思い浮かぶのが第二次世界大戦後の東西冷戦時代に存続（1949年に発足）した対共産圏輸出統制委員会（Coordinating Committee for Multilateral Export Controls（略称 COCOM、ココム））である。そして1994年のココム解散後、現在では、4つの安全保障に関係する輸出管理に関する国際レジームがある。それらは、核関連の技術・資機材の規制を目的とする「原子力供給国グループ」（Nuclear Suppliers Group: NSG 1978年～）、生物・化学兵器開発製造に関連する技術・資機材の規制を目的とする「オーストラリア・グループ」（Australia Group: AG 1985年～）、大量破壊兵器や生物化学兵器を搭載できるミサイルの関連の技術・資機材の規制を目的とする「ミサイル技術管理レジーム」（Missile Technology Control Regime: MTCR　1987年～）、そして通常兵器の開発製造に用いられる関連の技術・資機材を規制することを目的とする「ワッセナー・アレンジメント」（The Wassenaar Arrangement: WA 1996年～）、である。

4つの輸出管理国際レジーム

	大量破壊兵器関連				通常兵器関連
	核兵器	生物・化学兵器		ミサイル	通常兵器
国際条約 核兵器、生物・化学兵器そのものを規制	核兵器不拡散条約（NPT） 1970年発効 190カ国締約	生物兵器禁止条約（BWC） 1975年発効 173カ国・地域締約	化学兵器禁止条約（CWC） 1997年発効 190カ国締約		
輸出管理レジーム 通常兵器や大量破壊兵器の開発に用いられる汎用品等を規制	原子力供給国グループ（NSG） 1978年発足 48カ国参加	オーストラリア・グループ（AG） 1985年発足 42カ国参加		ミサイル関連技術輸出規制（MTCR） 1987年発足 35カ国参加	ワッセナー・アレンジメント（WA） 1996年発足 42カ国参加

（2）現行の安全保障輸出管理体制の限界

　現在、世界の安全保障を維持するための輸出管理の枠組には、上述した通り NSG、AG、MTCR、そして WA がある。米国もこれらの国際レジームにはすべて加盟しており、ここで決められた安全保障輸出管理上必要な規制品目（品目と言った場合は、モノ(製品、部品、材料等を含むあらゆる物)、ソフトウェア、技術を指す）を、自国の法令である輸出管理規則（EAR）に組み込み規制している（詳細は第1章を参照）。

　これらの国際レジームは、いわゆる紳士協定に基づく自発的な集合体であり、国際条約に基づくものではない。それぞれ、民生用途に用いられるが、核兵器、生物・化学兵器、ミサイル、通常兵器の開発や製造に用いることもできる、いわゆるデュアルユース品目を定め、規制している*2。

　今回はそれぞれの国際レジームの説明をすることが目的ではないので、最も広範に通常兵器の開発や製造に利用できるデュアルユース品目を規制している WA に焦点を当て、その構造的な問題点について説明する。

　この WA の難しいところは、「通常兵器の過剰な蓄積を防ぐ」という、元々の発足目的の曖昧さに基づくのだが、加盟国の多さ、加盟各国の保有技術レベルの違い、加盟各国の安全保障認識の違い、意思決定のプロセスの長さ等にある。また、それらの構造的な問題に加えて、技術の進歩、通常兵器の進化という周辺的な要素も、WA の活動を難しいものにしている。

　上述した通り、WA とはココム解散から2年の空白を経て1996年に「通常兵器の過剰な蓄積を防ぐ」という目的で誕生した国際的な紳士協定であるが、ココムのように、「共産主義国家に資本主義国家が持っている軍事転用可能な高度な技術を渡さず、技術的優位性を維持し、西側諸国の安全保障を守る」という明確な目的を持つものではない。加盟国の数もココムの17カ国（同じ価値観とほぼ同レベルの先端科学技術力を持つ国）よりもはるかに多く、42カ国が加盟している。当然、それぞれの国が保有する先端技術のレベルには差があるし、ロシア等、安全保障認識の異なる国も入っているのというのが実態である。

　また、「通常兵器の過剰な蓄積を防ぐ」と言っても、通常兵器の定義、戦争に使われる技術・機器がいわゆる直接的な戦闘に用いられる武器、つまり火器類や戦闘機、戦車、潜水艦といったものに限定されなくなってきている現在、規制対象にすべきデュアルユース品目を漏れなく決めること

は至難となっている。しかも WA では基本的に最低1年をかけて（1年のサイクルで）、加盟国から規制の改廃追加の意見を募り、数回の技術的検討会を開き、全会一致で決議するという仕組みになっている。規制対象技術の議論に技術を持たない国が加わること、安全保障認識の異なる国が加わることは、議論のスピードを落とし、各国の利害が一致しない場合があり、全員一致の原則で決めるシステムではなかなかスムーズに決まらないのは当然である。

　WA 等の国際輸出管理レジームにおいて、どのような会合が設置されているか、また会合の開催日程等は原則非公開であるが、2018年に米国商務省 BIS が開催したセミナーにおいて、米国の担当官は一つのテーマについて1～2年をかけて検討し決定されると発言していた。さらに国際レジームで決まった内容を、その後各国が自国において法制化し、実際の規制を行うわけだから、ある品目（モノ、ソフトウェア、技術）を規制すべきではないかとある国が気づき、それを提案し、運良く合意されたとしても、気づいた時からなら1～2年はかかるだろうし、それらを各国が自国法制度内で実施するのにはさらに半年から1年はかかり、結局3年くらいはかかることも考えられる。

　また、WA 等の国際レジームが決めた規制品目をそれぞれリストに掲載し、加盟各国の輸出者等に、規制に該当する品目を輸出する場合に許可を取得させる形をとるわけだが、ある品目をリストに明示し規制するためには、規制したい品目の技術的な線引き（スペック決め）を行う必要がある。例えばミクロン以下の線幅で露光できる半導体製造装置等の既存の品目については、何を（どの技術レベルの品目を）規制すべきかの議論もできようが、最先端の、まさにエマージングなものは、スペックで線引きすることは難しい。さらに言えば、そもそも見つけられていない（議題に上りもしない）可能性もある。

　参考までだが、我が国の政省令改正（WA の結果を反映させている）の事実から、ここ数年間、WA でどのような改廃追加（規制の強化・緩和等）が行われてきたのかを簡単に紹介する。

2019年改正（基本2018年合意の反映）：

　　　強化（7）、緩和（9）、明確化（13）

2018年改正（基本2017年合意の反映）：

　　強化（11）、緩和（15）、明確化（24）
2017年改正（基本2016年合意の反映）：
　　強化（6）、緩和（12）、明確化（18）
※数字は各年度実施されている「安全保障貿易管理説明会〈政省令等改正の説明
　（輸出令別表第一関連等）〉」資料から筆者計算。

　WA で規制している品目が全体でいくつあるのかを明確に掴むことは難
しい。何を持って1品目と数えるかが難しいからだ。数える場合の対象が、
大項目で分類された品目の数で良いのか、中項目で分類された品目なのか、
それとも細かくスペックで分類された末端の品目なのか、どのレベルのも
のを、規制対象品目を数える「基数」にするのかによって異なるからだ。
一般的に、EU での規制品目リストの区別すべき品目（定義が異なる品目）
は約1300と言われている。この数をベースに考えると、毎年改正される品
目件数は、世の中の技術進歩がこれだけ速く広範囲に進む中、そうした動
きを的確にとらえ反映できているのか疑問が残る。
　また、最先端の品目（特に技術）がカバーされていないことも国際レジ
ームによるリスト規制の限界の一つである。まさに新興の、生まれてきた
ばかりの技術は、当然、開発に関わったごく少数の人間しか知らないもの
であり、その技術が将来的にどのような面で軍事利用されるのかについて
は、おそらく予想さえされていない。特にスピンオン型の場合、民間が開
発した新興のある技術が、軍事利用されそうだ、軍事的に非常に大きなイ
ンパクトを持ちそうだという見当をつけることがまず難しい。加えて、そ
の技術を一定のスペックでくくることも大変難しい。したがって、現行の
WA のような組織と運営で、最先端の技術をタイムリーにすくい上げ、そ
れらを規制すべきかどうか検討し、実際の規制に落とし込めるようにスペ
ックで規制対象品目を明確化することは、非常に困難である。

4．米国の打ち出した新たな安全保障輸出管理

　前節では、従来の国際レジームをベースとした安全保障輸出管理体制が、
所期の目的を果たすことが難しくなっていることを説明したが、そうした
限界がある中で、米国は、2018年に成立した ECRA において、新たな方

向性を打ち出した。

　ECRA とその時期を境に目立ってきた諸施策を見ると、米国が、輸出管理に関して大きく三つの方向性を持って臨んでいることがわかる。

　一つ目は規制対象の技術領域を見直し、新興技術と基盤的技術を規制すること、二つ目は、Entity　List 等に掲載することによって対象主体を明確にして規制すること、そして三つ目は軍事エンドユース・軍事エンドユーザー規制を強化することである。

（1）エマテク、ファンテク規制—新しい類型の技術分野の規制

　第一の方向性は、規制対象の技術領域を見直し、新興技術と基盤的技術を規制するという点である。もともと ECRA では、Emerging Technologies（新興技術）と Foundational Technologies（基盤的技術）とを分けて規定しておらず、単に Emerging and Foundational Technologies と呼び、「米国の国家安全保障上重要な技術」と規定されている。そして、2018年11月の米国商務省 BIS によるパブコメ募集通知において、「米国の国家安全保障上重要な技術とは、例えば、通常兵器、大量破壊兵器、諜報関連情報収集、テロ活動、等に利用されうる技術であり、米国に軍事上又は諜報上の利点をもたらす技術等を意味する」と規定された。

　エマテクの想定分野として、以下の14の技術分野が米国政府から例示として公表されている。

ECRAのEmerging　Technologies（新興技術）14の技術分野

(1) バイオテクノロジー	(8) 輸送関連技術
(2) AI・機械学習	(9) 付加製造技術（3D　プリンタ等）
(3) 測位技術	(10) ロボティクス
(4) マイクロプロセッサー	(11) ブレインコンピュータインターフェース
(5) 先進コンピューティング	(12) 極超音速
(6) データ分析	(13) 先端材料
(7) 量子情報・量子センシング技術	(14) 先進セキュリティ技術

　（注）上記は大分類であり、更にこの下に多数の細分類された技術が記載されている。

いずれもこれからの安全保障にとって大きな意味を持つ領域である。一部は重なる部分もあるが、従来の武器、戦争の概念からくる技術領域とは異なる。（また、これらは「中国製造2025」で中国が重点分野とした領域ともかなり重なる。）

ちなみにエマテク、ファンテクと従来の規制品目との関係を図で表すと以下のようになる。

従来の安全保障輸出規制品目とエマテク、ファンテクとの関係

この図では、縦軸には軍事転用の可能性（技術レベル）、横軸には製品化度（その技術の世の中での顕在度）をとり、技術の位置づけを概念的に示しているのだが、この図からもわかるように、米国はまだ世の中に製品やサービスとして顕在化する前の、最新の技術（エマテク）と、既に一旦は最先端ではないという理由から、従来の規制リストから外したものの、特定の重要産業の基盤を支えるような、かつ米国が優位性を持っている基盤的な技術（ファンテク）を特定し新たに規制する方針を打ち出した。

しかし、実際には2021年3月時点で、エマテク、ファンテクとも、独自規制としてはまだほとんど具体的に明示・規制されていない。

エマテクの規制に関しては、ECRA で規制することとなってから既に2年以上が経過するが、米国の独自規制として発表されたエマテクは、地理空間画像の領域における AI 技術の特定のアプリケーション、「深層畳み

込みニューラルネットワークを訓練するために特別に設計された地理空間画像ソフトウェアであって、一定の機能を有するもの」という、ほんのわずかな技術だけである。エマテクを規制すべきだというコンセプトは理解できるものの、実際に具体的な技術を特定すること（規制対象とする技術範囲を明確にスペックで示すこと）はかなり難しいと言える。

　ただ、WA では、エマテクに当たるものが、数は多くはないものの合意に至ってはいる。これは、ECRA において、米国の産業界だけが制約を受けることを回避するために、できれば国際レジームでの合意を目指すこととされていることを踏まえたものと思われる。

　なお、2020年5月に BIS のエマテク諮問委員会が開催されたが、そこでもエマテクの具体的な予定品目や規制施行のスケジュール等は発表されなかった。同時に、エマテクに関しては広範な規制を考えず、関連する技術をスライスして細分化したものを対象にしていくとの姿勢が示された。今後、量子コンピュータ、3D プリンター、半導体技術等の重要カテゴリーの中から、特定の限定された品目につき、五月雨式に公表される可能性が高いと思われる。

　一方、ファンテクについては、ようやく2020年の8月末に、その定義や対象の考え方について、事前意見募集（規則案策定のための事前通知（ANPRM））が行われた。ECRA において示された重要な新しい規制のうち未着手だったファンテク規制もここにきてようやく動き出したと言える。ファンテクとして、安全保障上重要な特定の産業領域における基盤的な技術（おそらく規制対象国が持っていないもの）を定めようとしている。前掲の ANPRM には、「基盤的技術には、EAR の軍事エンドユース・軍事エンドユーザー規制の対象品目が含まれうる。この対象品目の多く（半導体製造装置及び関連ソフトウェア・ツール、レーザー、センサー、水中システム等）は、中国、ロシア、ベネズエラにおける軍事革新の取り組みに貢献しうるものである。」と記載されている。EAR の軍事エンドユース・軍事エンドユーザー規制の対象品目のほとんどが、AT（反テロ）規制品目である（これらは、WA や非米国ではリスト規制非該当である米国独自規制品目）。

　後述するが、米国はファーウェイに対して、米国の輸出管理規則（EAR）に従来からある「直接製品ルール」を拡大・変更した規制を導入し、「半導体の開発・製造」に関わる部分をターゲットとしたが、前掲

ANPRM でも「半導体製造装置及び関連ソフトウェア・ツール」が例示
されており、米国の狙いが滲み出ている。

　ファンテクは、エマテクとは異なり、既に市場に存在するもので、産業
の基盤となる品目、しかも現時点では規制対象外のものを規制することを
目指している。したがって、この規制が実施されれば、規制方法にもよる
が、これまで自由に流通していた品目が規制されることになるため、関係
業界に大きな混乱が生じる可能性も否定できない。

　しかし、いずれにしても、規制対象品目を見直し、本当に規制すべき
（規制して米国の国家安全保障が守られる）技術領域を、エマテクとファン
テクという視点から決めていくという輸出管理手法は、米国の問題意識か
らすれば、必然だと思われる。

（2）Entity Listの制度・運用強化―懸念主体を明確にした規制

　米国の輸出管理の新しい方向性の第二は、Entity List 等の懸念者リス
トに掲載することによって対象主体を明確にして規制するという点である。

　Entity List 自体は、ずっと以前から EAR に規定されている。Entity
List に掲載する（＝規制したい者を明示する）と、その者に対して、米国か
らはすべての品目についての取引（輸出）が許可の対象となり、原則は不
許可となる。また米国外の国からは、EAR 対象品目の取引（再輸出、同一
国内取引）が同様となる。

　米国の輸出規制の最大の特徴は、米国からの輸出（技術の提供も含む）
時に適用されることに加えて、米国以外の国から第三国に輸出される際
（米国から見れば再輸出される際）にも米国法令に基づく規制が及ぶという、
いわゆる「再輸出規制」という仕組みにある。これは、①純粋に米国産の
品目、②デミニミスルールに基づく米国産品目を一定以上組み込んだ品目、
③直接製品ルールに基づく米国の技術を直接的に用いて作られる品目、を
米国以外の国から第三国に輸出する際にも規制が及ぶところにある。
Entity List に掲載された者とは、米国からはもちろん、この再輸出規制
という仕組みによって、米国以外の国からも EAR 対象品目の取引はでき
ないことになる。

　Entity List というのは、もともと「米国の安全保障・外交政策の利益
に反する者」を対象にすると規定されながらも、従来は大量破壊兵器拡散

懸念者や不正輸出に関与した者等を主に掲載している印象が強いリストであった。しかし、「対中全政府戦略を指示する」とした国防権限法2019成立以降は、米国として許容できない軍事関連活動に関与しているとか、国防関係のサプライチェーン確保が危うくなるといった理由で掲載されるケースが目立つようになっていった。そして、中国の軍民融合の深化に対する危機感が高まるにつれて、その軍民融合関連企業や国家プロジェクト関連企業等の掲載が多く掲載されるようになっている。また、企業が中心だったものが、大学・研究機関にまで広がりを見せている。さらに、最近では、新疆ウイグルや香港等の人権侵害に関連する者も、「米国の外交政策に反する者」として掲載される例が多くなっている。

　米国の輸出管理規則（EAR）における商務省が管轄する「リスト」は3つあり、警戒・規制の軽い順に、① Unverified List、② Entity List、③ Denied Persons List がある。また、財務省の管轄になるが、資産凍結等の最も厳しい措置がとられる SDN List というものもある。その特徴を簡単にまとめると表のようになる。

米国の輸出管理規則(EAR)における商務省が管轄する「リスト」

リスト名	内　　　　容	管轄省庁
Denied Persons List（DPL）	・米国輸出管理規則(EAR)の悪質・重大な違反を犯し、輸出等特権を剥奪された者のリスト。 ・EAR 対象品目の輸出・再輸出、同一国内販売の禁止。掲載者による EAR 対象品目の取引禁止。 ・掲載者の所有・支配の下にある品目につき、EAR 対象品目を利用して据付、保守、その他のサービスを行う行為の禁止	商務省（BIS）
Entity List	・米国の安全保障・外交政策上の利益に反する者や、WMD 拡散懸念者等のリスト。 ・EAR 対象品目の輸出・再輸出、同一国内販売の禁止。EAR99（リスト規制対象外）品目も許可要の場合がある。	
Unverified List	・未検証エンドユーザーリスト。米国政府が許可前のチェックや、許可証を使用した輸出の出荷後検証を実施することができないため、最終用途・需要者に懸念があるユーザーのリスト。 ・EAR 対象品目の輸出・再輸出に許可が必要な場合に	

	許可例外が使えなくなる。許可が不要な品目を輸出・再輸出する場合にも、相手方から UVL 文書と呼ばれる誓約文書の取得が必要になる。	
Specially Designated Nationals List (SDN リスト)	・国連制裁国、米国禁輸国、テロ支援国の政府関係機関、関連企業・銀行等の金融制裁対象リスト。 ・在米資産の凍結、ドル取引の禁止等。米国人の関与禁止。	財務省（OFAC）

（出所）CISTEC「米中緊迫下における米国諸規制についてのQA風解説」
　　（2020年9月2日）

　Entity List への追加は、商務省、国防総省、国務省、エネルギー省の当局者から成る「エンドユーザー審査委員会」によって決定される。米国商務省 BIS が Entity List に掲載する場合の「米国の安全保障上又は外交上の利益に反する」場合の主な例として、テロ支援行為、テロ支援国（イラン、スーダン、シリア、北朝鮮）の軍事能力又はテロ遂行能力を向上させる行為、軍事品目やその部品、技術、融資等についての取引であって、米国の安全保障や外交方針に反する行為、商務省又は国務省のエンドユーザー、エンドユースチェックを妨げる行為、EAR 違反のリスクのある行為、等を挙げている。ただ、上述した通り、米国政府がどう判断するかの裁量の幅は広く、掲載に際して、事前に聴聞等を行うわけではない。

＜最近の主な Entity List への掲載者＞

　中国通信機器大手の ZTE（中興通訊）及びその子会社が、2016年に、イラン制裁違反を理由に Entity List に掲載され、その後 ZTE とその子会社が2018年4月に一段高い規制が適用される DPL に掲載されたことは大きな事件であった。米国政府の要求を受け入れ、最終的には代替措置と引き換えにリストから削除されたが、この一件で米国企業との取引、米国外の企業との取引が大きく制限され、ZTE が企業の存亡の危機にまで追い込まれたことは周知の通りである。Entity List の掲載対象者は、米中関係の緊張の高まりを受けて、この2年間で次のように大幅に増加した。

＜2018年8月以降に掲載された主な対象＞

①2018年8月：中国の主要軍需企業集団（中国航天科工集団有限公司、中国電子科技集団有限公司）傘下の44企業・研究所＜違法輸出に関与、又は米国として許容できない軍事エンドユースに関与したとの理由＞

②2018年10月：JHICC（福建省集成電路有限公司）＜「中国製造2025」における半導体分野を担う主要 DRAM メーカーの JHICC（福建省集成電路有限公司）が「米国の国防産業のサプライチェーンに悪影響を及ぼす」との理由＞

③2019年5月：ファーウェイ（本社）とその子会社68社＜米国の国家安全保障又は外交政策の利益に反する活動に従事している等の理由＞

④2019年6月：中科曙光（Sugon）、天津海光先進技術投資有限公司（Higon）、無錫江南計算技術研究所、等、スーパーコンピューター関係の中国5団体＜開発したスーパーコンピューターが様々な軍事的な最終用途、需要者に利用されていることを公に認めていること、人民解放軍の研究所が所有していること等の理由＞

⑤2019年8月：ファーウェイの子会社46社（追加）

⑥2019年10月：新疆ウイグル自治区公安局、その傘下の19政府機関、ハイクビジョン、ダーファ、アイフライテック、メグビー、センスタイム等の監視関連8企業＜新疆ウイグル地区におけるウイグル人等への人権侵害及び虐待に加担しており、米国の外交政策に反する等の理由＞

⑦2020年6月：北京計算科学研究センター、北京高圧科学研究センター、クラウドマインズ、ハルビン工業大学等24組織・企業＜米国の物品及び技術を中国において軍事転用する支援を行うリスクと、新疆ウイグル自治区において、中国政府が主導するムスリム少数民族に対する人権抑圧への加担が理由＞

⑧2020年8月：ファーウェイの関係会社38社（追加）

⑨2020年8月：南シナ海における人工島（軍用地形を含む）の建設関連24組織・団体＜中国の軍による、国際的に非難されている南シナ海での人工島の建設及び軍事化を支援する役割を果たしているという理由＞

　これらの動きからもわかるように、米国の Entity List 掲載対象者の幅が格段に広がっているとともに、その掲載理由もまた拡大している。その掲載は、基本的には米国政府の裁量で行うことができるため、米国にとっ

ては、懸念エンドユーザーに対する強力かつ機動的な輸出管理手段となっている。再輸出規制を通じて、第三国からの EAR 対象品目の輸出やその第三国内での取引も規制できるものとして、日本企業等の取引にも大きな影響を及ぼすものとなっている。

　そして、米中関係の緊張の一層の高まりの中で、Entity List 掲載者に対する米国再輸出規制の影響力を見せつけたのが、同リストに掲載されたファーウェイとその関連会社を対象として2020年5月、8月に行われた「直接製品ルール」の拡大適用であった。これにより、日本企業を含む第三国企業は、それまでの再輸出規制の下では対象外であったファーウェイ向け輸出（再輸出）が困難となり、甚大な影響を被ることとなった。ファーウェイとその関連会社については、前述のように、2019年5月に最初に Entity List に掲載（本社と関連68社）されて以降、同8月に追加掲載（関連46社）され、更に2020年の8月に追加掲載（38社）されている。ファーウェイとその関連会社（合計153社）が Entity List に掲載されたことにより、米国からの輸出は原則禁止されることになったものの、米国以外の国からの再輸出については、デミニミスルールによって米国原産品目が25%超のものが対象であるため、米国政府から見れば米国以外の国からの再輸出が「抜け道」的なファーウェイ向け供給ルートと映った。ロス商務長官は、ファーウェイが米国企業の製造拠点を海外にシフトさせようとしているとして、これを脱法行為だとして強く批判した。なお、再輸出規制のうち直接製品ルールは、本来の適用要件が限定的なものであったため、ファーウェイ向けに適用される余地はなかった。このため米国政府は、2019年秋以降、ファーウェイ向け再輸出の場合には、デミニミスルールで一般的な「25%超」の閾値を、テロ支援国向けの「10%超」に引下げることを検討した。しかし、産業界は影響が大きすぎるとして強力に反対し、実現には至らなかった。

　そこで米国政府は、産業界への影響を極力抑制しつつ、ピンポイントでファーウェイ向け再輸出を抑えるための方策として打ち出したのが、直接製品ルールのファーウェイ向けに特化した拡大適用とその強化であった。米国の輸出管理規則（EAR）に規定されている「直接製品ルール（Direct Product Rule）」とは、安全保障理由で規制される品目のうち、特定の米国由来の技術又はソフトウェアを直接用いて製造された直接製品（モノ、ソ

フト、技術）について、輸出許可や許可例外無しに、旧共産圏国（中国やロシア等）やテロ支援国（イラン、北朝鮮等）等への再輸出を禁止する制度である。

　2020年5月に、Entity　List に掲載されたファーウェイとその関連会社（以下「ファーウェイ・グループ」という）に対して行われた、直接製品ルールの拡大適用の「第一弾」については2種類ある。その規定は複雑であるが、趣旨を要約すると以下のようになる。

　一つは、ファーウェイ・グループが設計した技術等に基づき、米国原産の機器等を利用して、開発・生産した品目を、ファーウェイ・グループに供給することを禁止するというものである。もう一つは、ファーウェイ・グループが米国原産ソフトウェア等を使って米国外で生産した製品等を、ファーウェイ・グループに供給することを禁止するというものである。機器や技術・ソフトウェアの対象分野は、通信、エレクトロニクス、コンピュータの3分野の一定の ECCN 該当のものとなっている。

　これは、「米国原産の機器やソフトウェア等を使って」というところで米国との関わりを持たせた規制になっているが、それだけと規制対象範囲が大きく広がってしまうため、「ファーウェイ・グループの設計等の技術に基づき」（米国原産機器を使う場合）、あるいは「ファーウェイ・グループが生産した」（米国原産ソフトウェアを使う場合）という点で限定をかけたものである（ファーウェイの専用品）。これによって、ファーウェイ・グループの半導体設計会社であるハイシリコンが、生産委託している台湾のTSMC（台湾積体電路製造）から供給を受けることが困難となった。TSMCは、ファーウェイとの取引を打ち切り、米国政府との間で、米国での先端半導体工場を建設することになった。

　しかしこの第一弾の枠組みでは、他社の設計によるものや、汎用品であれば対象からはずれるため、ファーウェイはそれらを活用する動きを見せた。そこで米国政府は、第一弾発動の3ヶ月後の2020年8月に、直接製品ルールの拡大適用をさらに強化し（第二弾）、規制対象の条件となっていた「ファーウェイ・グループが設計した技術等によって」「ファーウェイ・グループが生産した」という限定を削除した。これにより、第一弾ではファーウェイ向け専用品だけが対象であったところが、汎用品までに広がることとなり、もはやピンポイントの規制ではなくなってしまい、日本企

業にも甚大な影響を与えるものとなった。

　更に、この2020年5月、8月に発動されたものは、ファーウェイとその関係会社に対してのみの特別な規制であるが、「直接製品ルール」においては、今後ファーウェイとその関係会社以外の Entity List 掲載者にも適用可能とされている。そうすると、従来の Entity List 掲載者に関する再輸出規制は、主としてデミニミスルール（米国原産品目が25％超のものが対象）に基づくもので、これに該当する場合が比較的少なかったのに対して、この拡大強化された直接製品ルールによって、米国製機器やソフトウェアを使って生産した製品までが（デミニミスルールとは関係なく）対象になり得ることとなった。これにより、再輸出規制の適用範囲が大きく拡大し、米国だけでなく米国以外の産業界にも直接、多大な影響を及ぼし得るものとなった。

　米国から見れば、（産業界のビジネスへの影響は別として）Entity List 制度の実効性を飛躍的に高めるものとなった。

（3）軍事エンドユース・エンドユーザー規制―懸念ある「国」を特定した規制

　Entity List は、規制対象者を具体的に特定して、これに対する輸出、再輸出等を原則禁止するというものであるが、それらの特定された者以外であっても、特定国の軍事エンドユース向け及び軍事エンドユーザー（軍又は軍事エンドユースを支援する活動・機能を有する者）向けの輸出、再輸出等を規制するのが、「軍事エンドユース・軍事エンドユーザー規制」である。これも Entity List 掲載による輸出規制と同様の効果をもたらす可能性がある。

　この「軍事エンドユース、軍事エンドユーザー規制」は、日本の通常兵器キャッチオール規制に相当するものであるが、これを見直すべき旨がECRA で規定された。ECRA では「包括的武器禁輸国」*3に対する輸出、再輸出、同一国内移転について、「軍事エンドユース、軍事エンドユーザー規制」の許可要件の範囲の検討、許可例外（許可不要とされているもの）についての要件見直しを求めた。

　そして、米国政府は見直しの検討に時間を要したが、2020年4月に規制案を公表した。具体的には、中国に対しての「軍事エンドユーザー規制」

の導入、「軍事エンドユース」の定義の拡大、「軍事エンドユース、軍事エンドユーザー規制」における対象品目の拡大、中国向け再輸出許可例外の廃止・厳格化等であった。「軍事エンドユース、軍事エンドユーザー規制」及び「一部の許可例外の廃止」に関しては、同年6月29日から施行された。

①中国に対しての「軍事エンドユーザー規制」の導入と軍事エンドユース
　定義の拡大
　　従来、「軍事エンドユーザー規制」は、ロシア、ベネズエラ向けのみが対象だったが、これに中国が追加された。これにより、中国の軍事エンドユーザーに対する輸出、再輸出、同一国内移転については、それぞれの取引時点で、その取引相手が中国の軍事エンドユーザーであることを知り又は知りうる場合は、たとえ用途が民生であっても、米国商務省 BIS　の許可が必要となった。「軍事エンドユーザー」とは、国の軍（陸軍、海軍、海兵隊、空軍、又は沿岸警備隊）、国家守備隊、国家警察、政府の諜報・偵察機関、等の直接的な機関と、「軍事エンドユース」の支援を意図した活動あるいは機能を有するあらゆる個人、企業、団体あるいは組織と定義されている。このような定義からすれば、軍民融合を国家戦略として推進している中国に適用する場合には、いわゆる一般企業や研究機関、大学等がこれに該当する可能性が否定できなくなる。
　　一方、「軍事エンドユース規制」については、これまでもロシア、ベネズエラ向けだけでなく中国向けも含めて対象となっていたが、そのエンドユースの定義が拡大された。「軍事エンドユース」の定義は、米国 ITAR（The International Traffic in Arms Regulations, 国際武器取引規則）の USML（U.S. Munitions List, 軍事品目リスト）に掲げられている品目、もしくは EAR の CCL（Commerce Control List, 規制品目リスト）の ECCN（Export Control Commodity Number, 輸出管理品目番号）が A018（宇宙関連品目）もしくは600番台品目（機微度の低い武器関連品目、ITAR から移動してきた品目）へ対象品目を組み込むこと、上記の品目の操作、据付、保守、修理、オーバーホール、分解修理、開発、もしくは製造のいずれかに対象品目を使うこと、またはそうした行為を支援、貢献することと規定された。
　　なお、国防総省が、2020年6月以降、20年近く前の「国防権限法1999」

に基づき、「中国軍に所有又は管理されている中国企業」を逐次指定しているが、これらの指定された企業は当然「軍事エンドユーザー」と位置付けられることになると考えられる。

②軍事エンドユース規制、軍事エンドユーザー規制における対象品目の拡大
　米国の「軍事エンドユース・軍事エンドユーザー規制」には、規制の対象となる品目が定められている。その対象品目は、従来は32品目であったが、21品目が新たに追加されることになった。従来からの規制品目32品目は、一定の劣化ウラン、テロ支援国規制品目、熱画像カメラ、炭素繊維、レーザー、航空機用ガスタービンエンジン、作動油、高性能コンピュータ、ベアリング、通信装置、デジタル・オシロスコープ等だ。一方、新たに追加された品目は、原発、加工装置、電子機器、通信機器、半導体設計、情報セキュリティ、水中等探知目的の音響機器、超伝導電磁センサー、振動試験装置、航空機エンジン関連等21品目（新規追加17品目、範囲拡大4品目）になる。

③許可申請審査方針をケース・バイ・ケース方針から原則不許可方針に変更
　この「軍事エンドユース、軍事エンドユーザー規制」の見直しにおいて、大きなインパクトがもたらすものが、許可申請審査方針をケース・バイ・ケースから原則不許可に変更したという点である（これは、後述の許可例外CIV の廃止の考え方とも共通するものである）。「軍事エンドユーザー規制」においては、民生用途であっても許可申請が必要となったが、それも含めての原則不許可方針であるから、Entity List 掲載者のように具体的企業名等が特定されていなくても、Entity List 掲載者向けとほぼ同様の扱いとされることになる。

④軍民融合の進展を背景にした、エンドユーザーに着目した許可例外の見直し
　ECRA で示された方針に基づき、許可例外 CIV（Civil end-users）の廃止と許可例外 ARP（Additional Permissive Re-export）の厳格化検討が進んだ。
　許可例外 CIV とは、安全保障理由での規制品目のうち、特に機微度の

低い品目について、安全保障上の懸念国（中国を含む旧共産圏の国等）への輸出であっても、エンドユーザーが「民間であり、民生用途で」輸出等する場合は、米政府の許可取得を不要とできる許可例外の制度であった。しかし、軍民融合の進展により、最終需要者（民間か否か）・最終用途（民生用か否か）に係る判断が困難であるとの見解に立ち廃止されることとなった。

　許可例外 APR とは、国際レジームの一つ WA での合意品目のうち、機微度の低い品目について、日本を含むパートナー国からほぼ全ての国（懸念国を除く）への再輸出について、米政府による許可の取得なしで行えるという許可例外制度であるが、パートナー国でも、米国の国家安全保障上、外交政策上の目的と、その国の管理政策が一致しない可能性がでてきているという懸念（即ち、米国からの輸出は制限されても、他の WA 加盟国からは制限されないとの懸念）から、この許可例外の一部廃止が検討されている。

　以上、特定の「者」に対する、あるいは懸念する「国」に焦点を当てた米国の規制強化について見てきたが、いずれも、軍民融合が進展し、米中の軍事バランスを崩しかねない軍事的脅威となっている中国を主たる対象とした規制強化となっている。

　このような「者」や「国」を明確にした規制は、ある意味非常に分かりやすい。経済取引への影響は別として、ターゲットを明確にする輸出規制を行うことは、輸出管理上非常に合理的ではある。加えて、再輸出規制の拡大強化により、輸出規制が整備されていないような、あるいは整備されていても当該仕向国との外交方針が異なるような第三国の企業等にも米国の方針に従わせることができる。

　さらに再輸出規制というツールとは別の次元の問題だが、そもそも EAR の Entity List への掲載対象は、「米国の国家安全保障上、外交政策上の利益に反する者」となっているので、EAR 違反をしなくとも米国政府の裁量でこのリストに載せることができる。第三国の企業も、米国の国家安全保障政策、外交政策の利益に反するように見られる取引を行った場合には、掲載される可能性がないとは言えない。いわゆる「バックフィル」に当たるような行為（米国企業が輸出できないことに乗じて、その代替品を抜け駆け的に輸出するような行為）は、このリストに掲載されてしまうリ

スクをはらみ、掲載されれば、米国との取引が断たれてしまう。

　また、「軍事エンドユーザー」には、「軍又は軍事エンドユースを支援する活動・機能を有する者」も含まれるので、中国の軍の所有・管理下にあるとされるような企業、研究所や、軍民融合で軍事能力向上に大きく寄与するような企業等とそれに資するような取引を行っている場合には、日本企業といえども「軍事エンドユーザー」として、規制対象になる可能性もある。

　こういった潜在的可能性が、非米国企業に対して米国規制に従わざるを得ない動機付けとなるという面もある。

5．米国の輸出管理の今後について

　ここまで述べてきた通り、米国は、安全保障輸出管理を取り巻く環境の変化（現状変更勢力の台頭、武器・兵器の進化、それを支える技術の研究開発の様相の変化）と従来型の安全保障輸出管理体制で行う規制の限界により、独自の安全保障輸出管理を進め始めている。

　2018年以降に米国が打ち出してきている①エマテク、ファンテク規制への重点シフト、②Entity List を多用し、特定の懸念者に焦点を当てた規制の増大、③中国という懸念国を明示した軍事エンドユース、軍事エンドユーザー規制の強化、等は米国の国家安全保障上の利益を守るためには、どれも実効性の高い施策であることは確かである。

　加えて、前述の通り、米国の EAR が持つ「再輸出規制」（域外適用）の影響力は大きく、その適用範囲が更に広がっている中で、Entity List 掲載対象拡大とも相俟って、米国は、国際レジームによる協調的な規制を超えて、米国が独自に行う規制を米国以外の国に対して、従わせる力を更に強めていると言える。

　しかし、いくらそうした強力なツールを持つ米国でも、米国だけがその行いたい輸出管理を実施しても、米国の目的を達成するための効果を十分にあげることはできないという面がある。なぜなら、近年の技術の研究・開発は、大学・研究機関・企業等の組織の枠や国をも越えて、研究・開発に従事する体制になってきており、米国だけが規制を行っても、米国産でない、あるいは再輸出規制の対象にならない、同レベルの品目（モノ、ソ

フトウェア、技術）が米国以外の国から米国の安全保障上ターゲットとする国や者に流れてしまえば、規制に従った米国の産業界や米国の研究・開発者だけが不利益を被る形になってしまうからである。

　そうなると冒頭のペンス副大統領の演説の受け止め方のように、現状変更勢力に対峙するものとして、米国と同じ価値観を持つ、しかも最先端の技術を有する比較的少数の国々に参加を求めて、東西冷戦下のココムのようなターゲットを明確にした「新たな輸出管理レジーム」を創設したいと米国が考えるのが自然の流れではないかと思われる。

　仮にそうであれば、米国と同じ価値観と、ほぼ同程度の技術力を有し、現状変更を認めるべきではないと考える国々（有志国）としては、新しい輸出管理レジームに加わることも選択肢にはなり得ると思われる。

　しかしそれが、単に米国が決めたことに追従するだけのスキームだとすれば、適当とは言えない。米国と他の有志国とが同じ目的に向って、実効性の高い輸出管理の内容を協議の上で決めつつ、その代わりに、現在強化されつつある米国の再輸出規制の域外適用は抑制するということが重要となる。

　現在、米国が Entity List の掲載対象を拡大するとともに、再輸出規制を強化しつつあるのは、他の諸国の輸出管理の制度運用が十分でないとの認識に立っていると考えられるので、有志国で協調して同様の輸出管理の制度・運用が担保できるのであれば、再輸出規制の強化は、少なくとも協調する有志国に関しては必要ではなくなるはずである。

　既に述べたように、実際に2020年5月と8月に行われたファーウェイ・グループを対象とした直接製品ルールの拡大適用は、日本企業を含む第三国企業とファーウェイ・グループとの取引を突然断ち切るに等しい効果をもたらした。実質的に米国一国が決めた規制を、米国以外の国の企業が従わざるを得なくする強力な措置であった。しかも、このファーウェイ・グループ向けの直接製品ルールの拡大は、その規定内容が極めて複雑であり、米国内の産業界が受ける管理・対応負担とは比べ物にならない大きな負担を第三国の産業界に強いるものであった。在外の米国大使館がそれらの制度を丁寧に当該国の産業界に説明をするかと言えば、そういうこともなかったようだ。

　価値観、輸出管理の目的、利害が基本的には一致するはずの日欧等の諸

国に諮ることなく、米国一国だけで、再輸出規制というツールを使って事実上強制的に従わせ、多大な管理負担を強いるというやり方は、同盟国や協力国の信頼や共感を得られにくいと言えるだろう。

　米国の輸出規制、再輸出規制を管轄する米国商務省と米国産業界の距離と比べて、米国以外の産業界との距離は、地理的にも、その他のカルチャー的な面（言語、官民交流、ロビー活動、訴訟社会等）においても、あまりにかけ離れている。また、行政に対する不満の声の米国政府への届き方も全く異なる。米国産業界からの声は選挙の票に直結するが、米国以外の国の産業界の声は票にならない。米国の産業界からの輸出・再輸出規制についての声が当然届きやすいが、米国以外の産業界からの再輸出規制についての声は届きにくい。

　そのような米国の再輸出規制という域外適用の不合理さを解消するためにも、有志国による新たな輸出管理レジームにおいては、規制の対象を本当に必要のあるものに絞り込み、日頃から規制対象技術や懸念あるエンドユーザーについての情報交換を密に行い、変化に対し迅速に協議し、その共通の目的達成のために、同じ枠組み、同じ内容の規制を行えばよいのではないだろうか。

　現実には多くの障壁があり、価値観を共有する有志国と言えども地政学的利害が一致するわけではないが、純粋に理論的に輸出管理の有効性だけを考えれば、参加するそれぞれの有志国が同じ枠組み、同じ内容の規制をすれば良いというのは当然の帰結である。そうなれば、いずれかの国がループホールになるということがなくなるし、米国以外の産業界にとっても、自国の法令での規制がない中で、米国の法令の域外適用によって苦しめられるという状況の解消にもつながることにもなる。

　現在のように、同盟国であっても米国との間に実際の規制の枠組み、レベルや実効性において差があるようでは、再輸出規制という伝家の宝刀を米国は捨てることはできないであろう。我が国においても、最近の安全保障輸出管理をめぐる環境変化を踏まえて、新たな規制の枠組みと実効的、効率的な制度・運用のあり方を早急に検討する必要があると思われる。

　有志国による新たな枠組みにおいては、規制の対象とする品目は、できる限り限定する必要がある。現在の国際レジームでも第一章でも触れたフォーリン・アベイラビリティという概念は健在だが、この徹底を図る必要

がある。そして、規制対象品目を特定する作業は難しいであろうが、真に輸出規制を実効性のあるものにするためには、規制対象国の軍事力を発展拡大させないように本当に必要な最新の技術（エマテク）、軍事上重要な産業基盤を構築する分野の技術（ファンテク）を厳選する必要がある。

　軍事的発展をもたらす技術領域や産業領域全般にかかわる品目に広く網をかけることはやめ、その品目がなければその領域が成り立たなくなる鍵となる品目だけに限定すべきだ。

　そして規制を実施するスピードも重要である。現状の国際レジームに基づく各国の規制は、規制を実施する各国に一定の裁量が認められており、新しい規制対象が決まっても、各国が自国の法令に反映して規制を実施する時期は同時ではない。さすがに2年違うということはないが、半年あるいは1年程度は開始時期に差が出ることはしばしば生じている。各有志国において、迅速に自国法令に反映できるような枠組みを作ることが必須となる（例えば我が国で言えば、政令ではなく、省令、告示ベースで規定するなど）。

　以上はリスト規制のあり方に関することだが、キャッチオール型の規制も同様である。米国では、中国、ロシア、ベネズエラを対象国とする軍事エンドユース、軍事エンドユーザー規制があり、客観要件とインフォーム要件とがある。日本の通常兵器キャッチオール規制では、国連武器禁輸国に輸出する場合には客観要件（用途要件、需要者要件）とインフォーム要件とがあるが、他の非グループA国向けはインフォーム要件のみである。このような差異が生じたのには経緯がある。日本の通常兵器キャッチオール規制ができた当時には、米国では武器禁輸国向け以外は対中エンドユース規制しかなかったし、対中エンドユーザー規制もなかった。そのような中で、その規制のあり方の検討の際に、当局側から非ホワイト国全般を対象として客観要件とインフォーム要件とを適用する案が提示されたため、米欧と比べての過重さに産業界が反発し、中国だけに絞らず非ホワイト国向けにする代わりに、インフォーム要件だけになったという経緯がある。

　その後の10年強の間に、中国の軍民融合戦略が大きく進展し、ハイテク通常兵器が安全保障上の焦点となっていることを考えれば、米国が中国、ロシア等向けの規制を強化したのに併せて、我が国の通常兵器キャッチオール規制についても、その両国向けには客観要件を設けることも検討して

もいい時期に来ていると思われる。

　また、Entity　List 型の規制についても、日本の外為法の枠組みにはない。軍民融合が高度化、深化している中で、輸出者側が懸念エンドユーザーを見極めることは難しくなっている。したがって、輸出先として特に懸念のある企業等を、有志国政府間で共有し、これを有志国による新しい枠組みの中で、「者に対する規制」として反映していくことは、政府当局と輸出者側の双方での実効的かつ効率的な管理につながる。

　以上述べた通り、今後も、米国は新たな安全保障輸出管理、規制の方向を推し進めるであろうが、米国だけで実効性が上がらない領域もある以上、その目的を達成するためには、同じ価値観やほぼ同じ程度の技術力を持つ諸国との協力、連携を図り、それら有志国による共通の枠組み、内容での輸出管理を推進するのが望ましい。そのような枠組みを前提に再輸出規制を撤廃すれば、輸出者側の負担も大きく軽減されつつ、実効性、効率性は逆に向上するのではなかろうか。

　このような世界が実現するかどうかはわからないが、現在の環境下で輸出管理を真に実効的なものにするためには、米国の英断と価値観等を同じくする諸国の理解と協力が必要になるのではないかと考える。

註
＊1 C4ISR とは、Command（指揮）、Control（統制）、Communication（通信）、Computer（コンピュータ）、Intelligence（情報）、Surveillance（監視）、Reconnaissance（偵察）の略。
＊2 WA では武器そのものも ML（Munitions　List）に規定、また NSG も Part1 で専用品を規制している。
＊3 包括的武器禁輸国とは、武器禁輸国（Afghanistan/Belarus/Burma/Central African　Republic/China/Congo/Cuba/Cyprus/Eritrea/Haiti/Iran/Iraq/North Korea/Lebanon/Libya/Somalia/South　Sudan/Syria/Venezuela/Zimbabwe）と禁輸国（Iran/North　Korea/Syria/Cuba/Crimea(Ukraine)　+Russia）を指す。

第Ⅱ部

＊

中国の経済安全保障戦略

第Ｉ部で論じられたように、米国でトランプ政権が発足して以降、対中貿易赤字の改善や中国の「不公正な貿易慣行」などを名目に、米中の貿易摩擦が本格化してきた。それは単なる貿易摩擦にとどまらず、米国が中国による先端科学技術の窃取に対する取締りを強化するとともに、中国の戦略的新興産業の育成や製造業の発展計画である「中国製造2025」の見直しを迫るなど、経済貿易面での対立から、技術や人権、価値観をめぐる対立へと拡大してきている。

　近年、Society5.0 やインダストリー 4.0 など、先端科学技術による社会の変化が加速する中、次世代通信技術（5G、6G）やロボット、人工知能（Artificial Intelligence: AI）、ビッグデータ、クラウドコンピューティング技術に代表される第四次産業革命を牽引する新興ハイテク科学技術や同産業分野の研究開発は日進月歩を超えた秒進分歩の勢いである。なかでも、華為（ファーウェイ）や中興通訊（ZTE）に対する規制など、5G をめぐる米中間の対立が表面化したことは記憶に新しい。

　前述の通り、2018年8月13日に成立した米国の2019会計年度の「国防権限［授権］法」では、「輸出管理改革法」（Export Control Reform Act of 2018: ECRA）が盛り込まれた＊1。この ECRA では、米国の国家安全保障上重要な技術である「基盤的技術」（Foundational Technologies）および先進的な「新興技術」（Emerging Technologies）を輸出管理の対象とすることが規定されている。これは米国が経済・安全保障上重要な先端科学技術に敏感な証左でもある。

　米商務省によれば、同法で新たに輸出管理の対象となる「新興技術」には、ロボットや AI、極超音速飛翔技術などはもちろん、量子情報・量子センシング技術やブレーン・マシーン・インターフェース（BMI）といった量子力学や脳神経科学などの先端科学とその応用技術分野を含む14分野が指定されている。こうした先端科学技術の経済・安全保障上の重要性や将来性、軍事利用の可能性などを考慮すれば、米国の輸出管理は必然の理である。

　新興先端技術とその獲得をめぐる国際競争は経済発展の要である。その新興先端技術の獲得をめぐる各国の競争が熾烈化しており、とりわけ、米国が懸念を示している「中国製造2025」や「軍民融合」発展戦略などを掲げる中国の経済安全保障戦略を理解することは米中対立の背景を理解する

ことにつながる。そこで、第Ⅱ部では、新興技術をめぐる中国の戦略を経済と安全保障の両側面から説明していきたい＊2。

　第4章では、中国の経済建設と国防建設の一体化戦略とその背景について分析を行う。中国が経済建設と国防建設を一体化させ、先端科学技術とその応用分野の獲得を目指す理由は、経済のニーズと国防・軍事のニーズとの両側面がある。こうした経済建設と国防建設の関係をめぐる議論は、建国以降、歴史的な変化が見られる。毛沢東の時代は国防の強化のために経済建設の強化が行われ、鄧小平の時代は経済建設を優先し、江沢民以降、経済建設と国防建設の融合した発展が目指されるようになった。また近年では、経済成長率が逓減する「新常態」の中で、イノベーション駆動型の経済モデルへの転換が急務となっている。そのため、経済のニーズから研究開発費を増大し、戦略的新興産業を育成し、「中国製造2025」や「大衆創業・万衆創新」政策を掲げ、新型インフラ投資を加速させるなど、様々な施策を打ち出している。

　一方、国防・軍事のニーズから、習近平政権下の軍改革の下では、「戦って勝つことができる軍隊」のため、国防・軍事の近代化、とりわけ機械化、ハイテク化、情報化、インテリジェント化した戦争への対応が必要と認識されている。そのため、「科技興軍」（科学技術による軍の振興）が掲げられ、「軍民融合」による国防科学技術分野のイノベーションを促進している。

　第5章では、中国の安全保障の経済的側面である「軍民融合」発展戦略について考察する。そもそも中国では軍事セクターと民間経済セクターとの一体化は古くて新しい戦略であるが、その軍事と民間とを一体化する戦略を表すスローガンとその中身にも歴史的な変化が見られる。こうしたスローガンは、中国人民解放軍の機関紙『解放軍報』では建国初期にあたる1956年頃からみられ、「寓軍于民」、「軍転民」、「平戦結合」、「軍民結合」、「軍民一体」などと変遷してきた。特に、軍事技術を民間に転換するという「軍転民」は、1980年代以降よくみられるようになってきた。「軍民融合」は、2006年の胡錦濤政権時代に最初に『解放軍報』に登場し、翌2007年頃から重要性が説かれてきた。その後、習近平政権は、「軍民融合」を国家戦略に位置付け、非常に重要視している。

　第6章では、経済の安全保障的側面について、とりわけ習近平政権が

「総体国家安全観」に基づいて進めている「経済安全保障」の強化について論じていく。習政権は、経済の安全保障的側面として、国家安全保障に影響する分野への外国企業による対中投資の事前審査や、市場の管理監督強化による安定の維持、資源の安定供給のための国際チャネルの確保、輸出管理制度の確立、システミックリスクへの対応などに重点を置いている。特に、「輸出管理法」をはじめとして整備を進める様々な国内法制度は、日本をはじめとする関係諸国にも直接影響を及ぼすものである。

（土屋貴裕）

註

*1 Public Law 115-232, H.R.5515 John S. McCain National Defense Authorization Act for Fiscal Year 2019, August 13, 2018. 国防権限［授権］法は、米国連邦議会の下院が、毎年、翌年度の米国の国防に関する方針や予算を決定するための法律である。1999年5月に提出された下院特別委員会の米国安全保障および中華人民共和国との軍事・経済問題に関する特別委員会報告書、通称「コックス報告書（Cox Report)」を受けて、米国議会は、軍事技術漏洩など安全保障上のリスクを生じさせる中国との軍事交流を禁止する条文を2000会計年度国防権限［授権］法に盛り込んだ。U.S. Congress, House, Select Committee on U.S. National Security and Military/Commercial Concerns with the People's Republic of China, Report of the Select Committee on U.S. National Security and Military/Commercial Concerns with the People's Republic of China. < http://www.house.gov/coxreport/cont/gncont.html> 同法については、先行研究の間で "Authorization" の訳が「権限」と「授権」とで二分している。日本語の意味として、どちらか一方に定位することが困難であるため、以下、本稿では「国防権限［授権］法」と訳を併記して用いる。なお、第II部におけるインターネット情報の最終アクセス日は2021年3月4日である。

*2 第4章および第5章は、土屋貴裕「新興先端技術をめぐる中国の経済産業政策と国際競争」日本国際政治学会2019年度研究大会報告論文（分科会D-2)、2019年10月20日、第6章は、土屋貴裕「〔研究レポート〕経済の安全保障的側面を強化する中国」日本国際問題研究所、2021年3月11日を基に再構成し、大幅に加筆・修正した。

第4章

経済建設と国防建設の一体化とその背景

土屋　貴裕

1．現代中国における経済建設と国防建設の関係の変化

　中国では、建国以来、経済建設と国防建設の関係について、両者のバランスをめぐる議論が続けられてきた。建国初期の1956年4月25日、中国共産党中央政治局拡大会議において、毛沢東は、ソ連の経験を踏まえて社会主義革命と社会主義建設における十大関係について講話を行った。その中で、「経済建設と国防建設の関係」について、「我々は国防を強化しなければならない。そのためには、まず経済建設を強化しなければならない」と指摘した*1。

　毛沢東の死後、中国共産党中央委員会主席兼中央軍事委員会主席となった華国鋒も、軍による兵器・装備の近代化への予算増額要求に直面して、経済建設と国防建設への資金の投入のバランスに苦慮していた。1977年5月に行われた「大慶会議」では、葉剣英・中国共産党中央委員会副主席が、演説の中で国防力の強化の必要性を述べる一方で、「中国の基礎産業の発展を加速し、農業により良いサービスを提供し、国防にサービスを提供し、内陸の産業の建設を加速する」と産業発展の優先に改めて言及した*2。

　その後、鄧小平は1978年12月18日から12月22日にかけて行われた中国共産党第11期中央委員会第3回全体会議（第11期三中全会）で、経済建設を最優先する改革・開放路線を打ち出した。すなわち、鄧小平は「4つ（工業・農業・国防・科学技術）の現代化」を推進し、経済建設を最優先する国家

戦略に沿って「国防建設は経済建設を優先する大局に従うもの」と位置づけた。

　続く江沢民は、1997年3月の第8期全国人民代表大会（全人代）第5回会議において制定した「中華人民共和国国防法」に「国防建設と経済建設の協調発展を促進する」と明記し、1997年7月31日の建軍70周年慶祝大会における重要講話の中で、「経済建設と国防建設を協調して発展させなければならない」と強調した＊3。しかし、同年9月12日から18日に開催された中国共産党第15期全国代表大会の報告では、「経済建設を中心」として、「軍は、国家経済建設の全体的な状況に従い、それに奉仕し、勤勉かつ倹約的に軍隊を建設し、国家経済建設を積極的に支援し、参加」することが改めて強調された。

　つまり、建国以来、毛沢東や鄧小平らは、経済建設と国防建設の関係については、国防建設のためにも経済建設の強化を優先させるという方針を掲げてきた。江沢民はこの方針を転換し、両者を協調発展させることを掲げたものの、依然として党内に経済を優先すべきとの意見が根強くあった。そうした中、2001年、張睿壮・南海大学教授（当時）が、経済建設と国防建設は両立し得るとの立場から、国防建設は経済建設の従属変数ではないという見方を示すなど、学者の中でも支持する声が強くなっていった＊4。

　こうした議論を踏まえて、2002年の中国共産党第16期全国代表大会における報告では、両者の関係をめぐる表現は、「国防整備と経済建設の調和のとれた発展」として明記された。このように鄧小平期までは「（国防建設は）経済建設の大局に従う」という従属的な関係であったが、江沢民期には並列的、協調的な関係へと位置づけが変化した背景には、高い経済成長率や軍の営利性経営活動の禁止に伴う公表国防費の増額などがあったものと見られる。

　さらに、2007年10月16日の中国共産党第17期全国代表大会の開幕式では、胡錦濤は、「国家の安全保障と発展の戦略的全局の見地に立って、経済建設と国防建設を統一的に調整し、小康社会を全面的に建設する過程において、富国と強軍の統一を実現しなければならない」と指摘した＊5。つまり、胡錦濤は、経済建設と国防建設によって、富国と強軍を同時に実現することを長期目標として明確化したと言えよう。

　習近平政権下の経済建設と国防建設の関係は、こうした江沢民や胡錦濤

の路線を踏襲、発展させるものとなっている。すなわち、経済建設においては、国防・軍事セクターで獲得したイノベーションの成果を民間セクターへと転用することで経済発展を促進し、国防と軍隊建設においては、民間セクターで獲得した新興技術を含む先端科学技術の成果を応用することで、軍の近代化を推進しようとしている。

　そこで次に、中国の経済産業政策の変遷から、中国が先端科学技術に関する産業をどのように位置づけ、如何なる戦略をもってイノベーション駆動型の経済モデルを確立し、米国と並び、追い抜くという「中国の夢」を実現しようとしているのかを見ていきたい。

２．経済建設と国防建設の一体化を目指す経済的な背景

（１）中国の経済産業政策の変遷

　そもそも「経済産業政策」とは、「一国の産業間の資源配分、または特定産業内の産業組織に介入することにより、その国の経済厚生に影響と与えようとする政策」を指す*6。経済産業政策の1つとして、「補助金・税制等の金銭的誘引を使うことによって」発展産業の育成・保護が行われる。こうした政策は、市場の失敗を是正し、資源配分を好ましい方向に誘導する一方、自由な国際競争を歪める可能性がある。

　実際、東アジアの国々が今日の経済発展を成し遂げた背景には、市場における資源配分のみならず、政府の経済産業政策による市場介入が大きな役割を果たしてきた。たとえば、ロバート・ウェード（Robert Wade）は、台湾と韓国の事例から、東アジアの国々が世界銀行や西欧の経済学者が許容する以上の政府介入が行われてきたことによって経済発展を遂げてきたことを論じている*7。

　他方、中国でも、改革・開放以後の1980年代後半から産業の高度化に向けた政策的措置が図られてきた。1988年には、経済産業政策のための組織体制が整備され、国家計画委員会に「産業政策司」が成立した。この産業政策司は、劉鶴・現国務院副総理や楊偉民・現全国政治協商会議経済委員会副主任らをコアメンバーとする中国の産業政策に関する研究、制定、実施のための組織として機能した。

　1990年12月30日には、1990年代の産業政策の長期的ビジョンとして、中

国共産党第13回中央委員会第7次全体会議では、「国民経済と社会発展10年（1991-2000）規画」および「第8次5か年計画」の建議が審議・制定された＊8。翌1991年の全人代で正式に批准された同建議は、経済発展のために工業化や科学技術の振興などを含む各産業の発展の重点を示したものであった。

　さらに、1994年3月25日の国務院第16次常務会議での審議を経て、同年4月12日、国務院が「1990年代の国家産業政策」を公布し、機械電子、石油化学、自動車製造、および建設業を「支柱産業」と定めて、積極的に振興することを掲げた＊9。また、その先の長期ビジョンとして、1996年3月の第8回全人代第4次会議において、第9次5か年計画とともに、「国民経済と社会発展2010年遠景目標綱要」が批准された＊10。

　こうした中国の経済管理者、特に国家計画機関の1980年代から今日にいたる積極的な産業政策の背景には、ヘイルマンとシー（Sebastioan Heilmann and Lea Shih）が指摘するように、日本の政策的経験が強い影響を及ぼし続けてきた＊11。また、2003年以降、胡錦濤・温家宝体制の下で、産業政策が短期的かつ部門指向の政策が複数年にわたる部門横断的な計画へと変化し、その数も急激に増加した＊12。

　中国は、こうした産業政策の中で国有企業を重視し、補助金および補助金以外の政策的手法を用いて、自国の産業を保護・育成・優遇してきたことが2000年代後半以降の WTO の紛争解決手続において顕在化した＊13。中国の産業政策的手法としては、補助金のほか、税優遇措置、投資奨励・制限・禁止、廃業勧告等の構造調整（リストラ）促進、輸出制限、ローカルコンテント要求、（国有企業を含む）政府調達などが挙げられる。

　こうした中国の産業保護政策を背景に、トランプ（Donald John Trump）政権は2017年8月1日、中国に対して不公正な貿易慣行がないか1974年通商法第301条に基づく調査を開始した。この米通商代表部による301条調査は、中国による不公正な貿易慣行として、補助金や補助金以外の政策的手法に加えて、中国が米国の先端技術や知的財産権を侵害し、また非合法にその技術や知的財産を取得していることを指摘している＊14。

　また、第Ⅰ部でも触れられたように、2018年8月13日、2019会計年度の米国防権限［授権］法に盛り込まれる形で「Export Control Reform Act of 2018」（通称「ECRA」）が成立した。ECRA は、これまでの安全保障貿

148

易管理を強化する目的で制定された法律で、既存の輸出規制でカバーしきれない「新興・基盤技術（emerging and foundational technologies）」のうち、米国の安全保障にとって必要な技術14分野を輸出規制対象とするものである＊15。

　安全保障貿易管理とは、「武器や軍事転用可能な貨物・技術が、我が国及び国際社会の安全性を脅かす国家やテロリスト等、懸念活動を行うおそれのある者に渡ることを防ぐため、先進国を中心とした国際的な枠組みを作り、国際社会と協調して輸出等の管理」を行うことを指す＊16。米国が中国の先端技術取得を警戒する背景には、中国が「軍民融合」（第5章参照）による技術革新を進めていることから、先端技術の軍事転用リスクが高いことが挙げられる。

（2）中国の新興産業に対する補助政策

　近年の中国による先端技術やその応用分野、新興産業に対する補助政策は多岐にわたり、またその補助金額も多額に及んでいる。国家財政支出における科学技術関連支出は、重点開発計画、基礎研究、応用研究、技術開発研究、海外との科学技術交流および協力、その他の費用に分けられており、特に2016年以降、ロボットや人工知能などを含む重点研究開発計画分野の支出が増加している（表「国家財政支出における科学技術関連支出」参照）。

国家財政支出における科学技術関連支出（単位：億元）

	重点研究開発計画	基礎研究	応用研究	技術研究開発	海外との交流・協力	その他	合計
2015年	0.18	51.32	97.44	86.07	25.52	49.41	309.94
2016年	171.57	46.18	24.57	56.75	19.73	52.17	370.97
2017年	228.35	22.85	6.55	32.74	12.45	52.0	354.94
2018年	274.02	12.34	4.65	22.5	13.15	74.4	401.06

出典：『中国統計年鑑』各年版および国家統計局ホームページなどを基に筆者作成。

　また、ITやスマート製造、生物技術、医療健康などを主とする戦略的新興産業やロボット産業などに対しては、その発展を促進するために、国や地方が単独で出資、あるいは銀行や国営企業、金融機関などが共同で出

資する産業投資基金を設立している。たとえば、2015年8月に財政部、国家発展改革委員会、国家開発投資公司、および中国郵政が共同で設立した国家新興産業創業投資引導基金は目標規模をはるかに上回る規模となっている。

このほか、製造業に関しては、「スマート製造プロジェクト（2016-2020年）」が設定されている*17。この重点支援プロジェクト項目であるスマート製造プロジェクト、工業基盤強化プロジェクト、グリーン製造プロジェクト、ハイエンド装備イノベーションプロジェクト、製造業イノベーションセンター建設プロジェクトの5大プロジェクトに対しても、中央政府が予算を割り当てており、その総額は30億元を超えるものとなっている。

また、2015年以来、中国のさまざまな省や市、特に北京、天津、遼寧、上海、浙江、広東、江蘇などを中心とした省や市でも、新興産業に関する計画を含む多くの産業振興政策を公表している。こうした地方自治体の中でも、広東、浙江、上海、湖北、黒竜江、江蘇などの地域では、関連する企業に対して補助金や特別な資金を交付するために、財政的補助金や税制優遇を導入している。

このように、中国では、中央政府の政策に基づいて、国と地方がハイエンドのスマート製品、ハイテク企業、先進装備製造業などの新興産業を支援する一連の政策および財政的補助を数多く打ち出している。それらは、製品、企業、および産業の3つのレベルに対して潤沢に行われており、新たな先端技術およびその応用分野に関する産業の発展を促進していることが見てとれよう。

（3）イノベーション駆動型経済成長モデルへの転換

それでは、なぜ中国はとりわけ近年、新興産業の振興策を積極的に打ち出しているのだろうか。その理由は、中国の経済成長はインフラ建設などの公共事業による資本蓄積に依存してきたが、その方式が限界を迎えて投資効率が悪化してきたこと、経済発展を支えてきた労働人口がピークを迎えたこと、そしてイノベーションや業務改善による全要素生産性（Total Factor Productivity、TFP）の成長寄与度が低下してきたことが挙げられる。

そのため、中国では、近年の経済成長率の逓減が示すように、経済成長の3つの要素である資本、労働、技術革新のいずれにおいても、従来の発

展方式に陰りが見られるようになってきた。そこで、2000年代半ばに経済成長モデルの転換が提起され、積極的に進められてきている。このことから、中国は、更なる経済発展のためには TFP を向上し、「中所得国の罠」を回避しなければならないと認識するようになった。

「中所得国の罠」とは、2007年に世界銀行が報告書『東アジアのルネッサンス』で提示した枠組みで、安価な労働力や外資誘致などを活用して経済成長を実現した中所得国の成長が時間とともに鈍化し、高所得国への移行が困難になることを指している*18。「中所得国の罠」を回避するためには、都市のインフラ整備や研究開発費の増加、規制緩和の推進、高等教育制度の整備、産業構造の高度化などの施策によるイノベーションが必要となる。

この世界銀行の報告書を踏まえ、中国は、「中所得の罠」を回避し、持続的に成長するためのさまざまな経済政策を打ち出し、「イノベーション駆動型」の経済成長モデルへと構造転換を進めてきている。特に、習近平政権下では、経済成長率がさらに逓減を続ける「新常態」に入ったと認識されるようになっており、中国政府は、経済モデルの転換に向けて、次世代の基幹産業を「戦略的新興産業」と位置づけて重視し、同産業を保護・育成・振興するための経済産業政策を数多く打ち出している。

こうした経済産業政策としては、主として政府などによる補助金や税制優遇による「戦略的新興産業」の振興、「軍民融合」による経済発展と国防建設の一体化、および民間による技術革新の推進などがある。民間による技術革新に関する政策としては、2015年1月、李克強国務院総理が広東省深圳市のイノベーション関連企業を視察し、同年3月の全人代で、「大衆創業・万衆創新」（大衆による起業、万人によるイノベーション）が掲げられた。さらに、同年6月、国務院は「大衆創業、万衆創新の推進に関する意見」および「大衆創業・万衆創新モデル拠点の建設に関する実施意見」を公表し、民間レベルでの技術革新を推進している。中国政府は、これらを通じて、経済の発展モデルを転換し、持続的な発展を遂げようとしている。

（4）戦略的新興産業

2006年2月、胡錦濤国家主席（当時）の「科学的発展観」に基づき、国務院は「国家中長期科学および技術発展計画綱要（2006-2020）」を公表し、

2020年までに GDP に占める研究開発費の割合を2.5%にすることを目標に掲げるとともに、8つの先端技術分野（①バイオ技術、②情報技術、③新素材技術、④先端製造技術、⑤先進エネルギー技術、⑥海洋技術、⑦レーザー技術、⑧航空宇宙技術）を重点的に支援する計画を策定した*19。

また、2008年6月には、国務院が「国家知的財産権戦略綱要」を公表し、知的財産権の創造、活用、保護、管理能力を向上させることを掲げた*20。また同年7月にはイノベーション型国家を建設すべく、「科学技術進歩法」を改正した*21。この改正された「科学技術進歩法」では、科学・学術研究の自由を保障し、科学的探究や技術革新を進めることを奨励し、科学技術の成果を生産力に転化し、経済建設および社会建設を支援することが強調されている。

また、同法では、研究開発やイノベーションに対する投資を拡大すること、外国から導入する技術について「消化・吸収」した上で再創造すること、資源や技術開発について軍民相互間の交流や技術移転などの連携、調整を強化することなどが新たに盛り込まれた。このように、2000年代半ばから、科学技術を発展させるための政策とそれを支える法律面の整備が行われてきた。

さらに、2010年9月8日、国務院は「戦略的新興産業の育成および発展の加速に関する決定」を発表した*22。この「決定」では、今後発展の潜在力が大きく、経済社会の全面的な牽引作用を持つ産業として、7つの分野（①省エネ・環境保護、②新世代情報技術、③生物、④先端レベル（ハイエンド）の設備製造、⑤新エネルギー、⑥新材料、⑦新エネルギー自動車）を戦略的新興産業として設定している（表「戦略的新興産業の7分野とその内容」参照）。

なお、「戦略的新興産業」とは、『人民日報』などの定義によれば、「重要な先端科学技術の進展を土台として、未来の科学技術や産業の発展の新しい方向性を代表するもので、また、現時点での世界の知識経済、循環型経済、低炭素経済の発展潮流を体現するもの」であるとされている。すなわち、まだ成長の初期にあり、今後の発展の潜在力が巨大な新興産業分野という意味で用いられている。

2012年5月30日、第12次5か年計画期における7つの戦略的新興産業の主要な開発方向と主なタスク、および20のプロジェクトが提案された。また、

戦略的新興産業の7分野とその内容

戦略的新興産業分野	内容
省エネ・環境保護	先進的な環境保護や資源リサイクルを産業化など
次世代情報技術	次世代の携帯電話網やインターネット網の構築、液晶パネルなどの産業基地の建設など
バイオテクノロジー	医薬、動植物、工業微生物菌などに関する遺伝子データベースの構築など
先端レベルの製造設備	新型国産航空機やヘリコプターなどの産業化促進高速鉄道などの発展促進など
新エネルギー	次世代の原子力発電設備、太陽風力発電機、高効率の太陽光・太陽熱発電などの産業基地の建設など
新素材	炭素繊維、超電導材料、高性能レアアース材料、ナノテク材料などの研究と産業化
新エネルギー車	ハイブリッド車や電気自動車などの研究開発と大規模な商業化

出典：国務院ホームページを基に筆者作成。

2016年12月には、国務院がこの戦略的新興産業の発展計画を第13次5か年計画として公表し、2020年までに「戦略的新興産業」の付加価値が国内GDP に占める割合を15％にまで引き上げるという大きな目標を掲げた。また、国家発展改革委員会が「戦略的新興産業重点産品・サービス指導目録（2016）」を作成し、それぞれの戦略的新興産業における具体的な重点を置くべき製品やサービスを示した。

　加えて、2018年10月12日に行われた国家統計局第15次常務会議では、7分野を9分野（①次世代情報技術産業、②ハイエンド機器製造産業、③新材料産業を含む優れた全体的な利益を備えた産業、④バイオ産業、⑤新エネルギー自動車産業、⑥新エネルギー産業、⑦省エネ・環境保護産業、⑧デジタルクリエイティブ産業、⑨関連サービス産業）へと整理・再編、拡大している*23。

（5）「中国製造2025」と人工知能・ロボット産業の発展計画

　このように、中国は「中所得国の罠」を回避するため、実体経済を振興させるべく、生産活動において、労働、資金、資源等を効率よく投入し、構造を再編するという「供給側（サプライサイド）の構造改革」を実施し、要素（資本・労働）投入型からイノベーション駆動型の経済発展を目指すなど、経済政策の重点をシフトさせようとしている。

　そのための手段として、新たな先端科学技術とその応用分野に関する産

業を振興するとともに、新技術を用いた伝統的な産業および新業種を創出し、たとえば軽工業や工芸といった既存の製造分野についても産業のアップグレードを行っている。その象徴とも言える政策の1つが、「中国製造2025」（Made in China 2025）である。

「中国製造2025」は、米中貿易摩擦のターゲットの1つとされているように、米国が特に警戒している政策である。たとえば、2018年12月12日には、ウィルバー・ロス（Wilbur Ross）米商務長官（当時）は、CNBCテレビのインタビューに答えた際、米国が「中国製造2025」に対する警戒感を示していること、またそれに対して中国がその懸念を払拭しようと「中国製造2025」への言及をトーンダウンしていることを指摘している＊24。

この「中国製造2025」は、中国国務院が2015年5月に「『中国製造2025』の公布に関する国務院の通知」という形で公表した計画である＊25。この計画は、中国が掲げる中華人民共和国建国100周年のタイミングで「世界の製造強国」としての地位を築くという目標の中でも、最初の10年間にあたる2015年から2025年までの10年間で達成すべき目標に関する行動指針が示されている。

中国政府が「中国製造2025」を打ち出した背景には、「中国は依然として工業化の途中にあり、先進国と比べて大きな開き」があり、「製造業は大規模ながら力強さに欠け、自主創新（イノベーション）力が弱い」、「品質、ブランド力、国際化水準が低い」といった問題意識がある。そこで、製造業を中心に産業競争力の強化を目指すというドイツの構想「インダストリー4.0」の影響を受けて、「製造大国」から「製造強国」への転換を狙ったものである。

「中国製造2025」では、2020年までにスマート化の進展、重点分野の効率・競争力アップ、2025年までに全体の資質向上、世界の「製造強国」レベルになることを目指すことを掲げている。また、さらにその先の25年を見据えており、中国が掲げる大目標である中華人民共和国建国100周年のタイミングにあたる2049年前後に「世界の製造強国」としての地位を固め、世界の前列に立つことを掲げている。

「製造大国」から「製造強国」へ向けた方策として、具体的には9つの戦略（①国家の製造イノベーション能力の向上、②情報化と産業化のさらなる融合、③産業の基礎能力の強化、④品質・ブランド力の強化、⑤グリーン製造の全

面的推進、⑥重点分野における飛躍的発展の実現、⑦製造業の構造統制のさらなる推進、⑧サービス型製造と生産者型サービス業の発展促進、⑨製造業の国際化発展レベルの向上）を重点として掲げている。

　また、「中国製造2025」では、10の重点分野（①次世代情報技術、②高機能なデジタル制御の工作機械およびロボット、③航空および宇宙装備、④海洋エンジニアリングおよびハイテク船舶、⑤先進鉄道設備、⑥省エネルギーおよび新エネルギー自動車、⑦電力設備、⑧農業機械装備、⑨新素材、⑩バイオ医薬および高性能医療器械）を新たな製造業の柱に据えることを企図している。これは前述の「戦略的新興産業」にほぼ対応したものとなっている。

　この10大産業の1つに掲げられている「高機能なデジタル制御の工作機械およびロボット」産業については、2016年3月に、工業情報化部、国家発展改革委員会、財政部の連名で「ロボット産業発展計画（2016-2020）」という形で5か年計画が公表されている*26。同計画では、2020年までに中国のロボット年間生産10万台、国産有力企業3社以上およびロボット関連産業群5か所以上の育成、「スマート化」の推進やセンサーなどの主要部品の生産技術、応用分野の拡大の推進などが掲げられた。

　なお、中国のロボット産業は、2016年時点で既に30か所以上の比較的大規模なロボット開発区・産業パークが形成され、100社以上のロボット関連上場企業が存在している。また、これに関連して2017年7月には「次世代人工知能（AI）発展計画」を発表した*27。同計画では、商業・軍事主体を利用して、2020年までに世界のリーダーと同等の水準に至り、2025年までに AI における大きなブレイクスルーを達成し、2030年までに中国の AI 競争力を世界トップレベルに押し上げること、また2030年の目標として、AI 産業の市場規模を 1 兆元、AI 関連産業を10兆元とすることが掲げられた。

　こうした計画の具体策として、中国政府は、主な中国のロボット企業に対して国家プロジェクトなどを通じて積極的に財政的補助を行い、優良な企業へ資源集中させることでロボット関連の融資・M&A を後押ししている。さらに、資金や資源の集約、地域産業への指導強化や大学などでロボット関連学科を増設することを後押しするなど積極的な支援を行っている。

３．新興技術を重視する軍事的な背景

　中国の産業政策のもう1つの特色は、こうした経済建設を国防建設と一体化して進めようとしている点にある。とりわけ、習近平政権下では、国防と軍隊建設における大規模な改革を推し進めるとともに、経済建設と国防建設の融合した発展のために、新興先端技術とその応用分野の軍民両用（デュアルユース）を促進している。

　そのことを具体的な形で示したのが、政権1期目の節目に当たる2017年秋、中国人民解放軍建軍90周年のタイミングの前後であった。建軍90周年の記念行事を目前に控えた2017年7月24日には、軍の規模・構造・部隊編成改革を推進し、中国の特色のある現代的な軍の部隊体系を再構築することについて、中国共産党中央政治局の第42回集団学習会が開催された。

　学習を主宰した習近平は、「今回の集団学習で軍の規模・構造・部隊編成の改革の内容を段取りした目的について、『首から下』の改革の状況を理解し、改革後のわが軍の部隊体系の新たな様相を理解し、国防・軍改革を一層深く推し進めることについて検討することにある」と述べ、「軍の規模や構造、部隊の編成を最適化し、国防と軍の発展を制約している構造的な矛盾を解決することは、国防・軍改革を深化させる上で重要である」と強調した。

　2015年末から2016年にかけて行われた一連の軍改革が、「首から上」すなわち軍の頭脳中枢にかかわる指揮命令系統であったのに対して、「首から下」とは軍の身体、手足となる部隊を指している。その部隊編成改革について、習近平は、「数・規模型から質・効率型への転換、人員集約型から科学技術集約型への転換を踏み出す大きな一歩であり、現在精鋭の作戦部隊を主体とする統合作戦部隊の体系が形成されているところである」との認識を示した。

　この集団学習会の翌週7月30日、内蒙古（モンゴル）自治区の朱日和訓練基地で行われた中国人民解放軍建軍90周年記念閲兵式は、こうした統合作戦部隊の体系に向けた1期目の部隊編成改革の成果を示すものであった。朱日和訓練基地における建軍90周年記念閲兵式は、1981年9月19日に鄧小平によって行われた「華北大閲兵」以来、36年ぶりに北京以外で行われた閲兵式であった。また、演習場における実践化訓練に参加した部隊で組織

された「初の野戦化・実践化された閲兵式」と位置付けられた。これは、戦区における統合作戦部隊の体系を示す実践的な閲兵式を行うことで、「軍事戦闘準備」が進み、「強軍目標」に近づいたことを示す狙いがあると見られる。

　閲兵式に参加した部隊は、陸軍、海軍、空軍、ロケット軍、戦略支援部隊、武装警察部隊、聯勤保障部隊の1万2000人あまりで構成され、現役の主要な戦闘兵器に加えて、ステルス戦闘機「J-20」、99A式主力戦車、防空ミサイル「HQ9-B」、「HQ22」、艦対空ミサイル「HHQ9B」、弾道ミサイル「DF16改」、戦闘機「J-10C」、多用途戦闘機「J-16」、戦略核ミサイル「DF-31AG」などが初めて披露された。

　この閲兵式を経て、2017年10月18日、中国共産党第19回全国代表大会における習近平の報告では、国防と軍隊の近代化に関して、政権1期目の総括と2期目以降の新たな目標が示された。その内容は、以下の5点に集約できる。第一に、「新たな時代の党の強軍思想」の全面的な貫徹である。同思想を貫徹することは、各軍種の建設とともに、習近平の「強軍思想」の要となる戦区聯合（統合）作戦指揮機構を構築し、近代的な作戦システムを構築していくことでもある。

　第二に、世界の新軍事革命の発展の趨勢と国家の安全保障上の必要性に合わせた新たな目標が示されたことである。「2020年に軍の機械化・情報化を概ね実現させ」、「2035年までに国防と軍隊の近代化を概ね実現させ」、「今世紀中頃までに世界一流の軍に築き上げる」ことを目指すという「三段階」のスケジュールを列挙し、「軍は戦争に備えなければならないものだ」と強調した。

　この「三段階」戦略は、1997年12月7日の中央軍事委員会拡大会議で江沢民が掲げた国防と軍隊の近代化建設「三段階」戦略を発展させたものである＊28。江沢民期の「三段階」戦略は、第一段階の2010年までに中国の軍事力のしっかりとした基礎を築き、第二段階の2020年前後に機械化を基本的に実現し、ハイテク武器装備の力を大きく発展させ、第三段階の21世紀中頃までに情報化された軍隊の構築と情報戦争における勝利という戦略目標を実現するというものであった＊29。この構想に基づいて軍隊建設が進められ、急速に軍事力を強化してきた。

　その後、第一段階の目標期日を目前に控えた2009年1月に公表された国

防白書『2008年中国の国防』では、「21世紀中頃までに国防と軍隊の近代化の目標を基本的に実現する」との目標が示された。これに対して、習近平が中国共産党第19回全国代表大会で掲げた「三段階」のスケジュールは、この国防白書に示された計画を15年前倒しするものであり、21世紀中頃までに人民解放軍を米国に並ぶ「世界一流の軍隊」として築き上げることが新たな目標として設定されたことを意味している。

　第三に、軍における党建設の強化や軍事法規の整備である。習近平は報告の中で、「赤色（革命）の遺伝子を伝承し、強軍の責任を担う」というテーマ教育を繰り広げ、「軍人の栄誉体系建設を推進し、魂があり、能力があり、気概があり、人徳がある新たな時代の革命軍人を育成」することなどを掲げた。また、「全面的に厳格な軍統治を進め、軍を治める方式の根本的転換を推し進め、国防・軍建設の法治化水準を向上させる」ことを強調した。

　第四に、軍事闘争準備である。習近平は、そのために聯合作戦能力、全域作戦能力を向上させなければならないと改めて強調した。具体的には、「伝統的な安全保障分野と新型安全保障分野の軍事闘争準備を統一的に推進」することや、「新型作戦部隊と保障部隊を発展」させること、「実戦化された軍事訓練や、軍事力の運用を強化し、軍事のスマート化に向けた発展を加速させ」ること、ネットワーク情報システムを構築することなどが掲げられた。

　第五に、富国と強軍の併進である。報告では、「国防科学技術工業改革を深化させ、軍民融合の深い発展の枠組みを形成し、一体化した国の戦略体系・能力を構築する」ことや、「国防動員体系を整備し、強大で安定した国境、海、空の現代化された防衛を建設する」、「退役軍人の管理・保障機構を構築し、軍人・軍属の合法的権益を擁護し、軍人が社会全体で尊敬される職業になるようにする」と述べ、軍と社会との関係を発展させることが示された。

　こうした国防と軍隊の近代化、そして富国と強軍の併進のために、習近平政権では、「軍民融合」を国家戦略に引き上げることを決定するとともに、経済建設と国防建設の融合した発展を進めるべく新興先端技術とその応用分野のデュアルユースを促進している。そこで、次章では習近平政権における「軍民融合」による新たな科学技術とその応用分野に関する政策

を見ていきたい。

註
＊1　毛沢東「論十大関係」『人民日報』1976年12月26日。なお、「十大関係」とは、
　　(1)重工業と軽工業、農業との関係、(2)沿海工業と内陸工業との関係、(3)経済建
　　設と国防建設との関係、(4)国家、生産組織、生産者個人との関係、(5)中央と地
　　方との関係、(6)漢民族と少数民族との関係、(7)党内と党外との関係、(8)革命と
　　反革命との関係、(9)是と非との関係、(10)中国と外国との関係。
＊2　「1977年5月9日　胡耀邦出席全国工業学大慶会議」『人民日報』1977年5月10日。
＊3　「在慶祝中国人民解放軍建軍七十周年大会上的講話（1997年7月31日）」『人民
　　日報』1997年8月1日。
＊4　張叡壮「重估中国外交所処之国際環境――和平与発展併非当代世界主題」『戦
　　略与管理』2001年第1期、20～30頁。
＊5　「高挙中国特色社会主義偉大旗幟　為奪取全面建設小康社会新勝利而奮闘　中国
　　共産党第十七次全国代表大会在京開幕」『人民日報』2007年10月16日。
＊6　詳しくは、伊藤元重、清野一治、正寛、鈴木興、奥野太郎『産業政策の経済
　　分析』（東京大学出版会、1988年）を参照。
＊7　ロバート・ウェード著、長尾伸一、畑島宏之、藤縄徹、藤縄順子訳『東アジ
　　ア資本主義の政治経済学：輸出立国と市場誘導政策』（同文館、2000年）。（原著
　　は Wade, Robert, *Governing the Market: Economic Theory and the Role of*
　　Government in East Asian Industrialization, Princeton: Princeton
　　University Press, 1990.）
＊8　「中共中央関於制定国民経済和社会発展十年規劃和"八五"計劃的建議」1990
　　年12月30日。
＊9　国務院「国務院関於印発《90年代国家産業政策綱要》的通知」国発〔1994〕
　　33号、1994年4月12日。なお、1990年代の中国の産業政策については、丸川知雄
　　編『移行期中国の産業政策』（アジア経済研究所、2000年）に詳しい。
＊10　「中華人民共和国国民経済和社会発展"九五"計劃和2010年遠景目標綱要」
　　1996年3月17日。
＊11　Heilmann, Sebastioan and Shih, Lea, The rise of industrial policy in
　　China, 1978-2012, Harvard-Yenching Institute Workig Paper Series, 2013.
　　<https://www.harvard-yenching.org/sites/harvard-yenching.org/files/featurefi
　　les/Sebastian%20Heilmann%20and%20Lea%20Shih_The%20Rise%20of%20I
　　ndustrial%20Policy%20in%20China%201978-2012.pdf>
＊12　Ibid, pp.12-15.

*13 中国の補助金およびその他の政策的手段については、川島富士雄「中国による補助金供与の特徴と実務的問題―米中間紛争を素材に―」『RIETI Discussion Paper Series』11-J-067（独立行政法人経済産業研究所、2011年6月）に詳しい。

*14 United States Trade Representative, Findings of the Investigation into China's Acts, Policies, and Practices Related to Technology Transfer, Intellectual Property, and Innovation Under Section 301 of the Trade Act of 1974, United States Trade Representative, March 22, 2018.

*15 米国の輸出管理改革法（ECRA）の対象となる新興技術は以下の14分野である。①バイオテクノロジー、②人工知能・機械学習技術、③測位技術、④マイクロプロセッサー技術、⑤先端コンピューティング技術、⑥データ分析技術、⑦量子情報・量子センシング技術、⑧輸送関連技術、⑨ 3D プリンティングなどの付加製造技術、⑩ロボティクス、⑪ブレーン・コンピューター・インターフェース（BMI）、⑫極超音速技術、⑬先端材料、⑭先端セキュリティ技術。

*16 「安全保障貿易管理とは」経済産業省ホームページ。
<https://www.meti.go.jp/policy/anpo/gaiyou.html>

*17 中華人民共和国財政部経済建設司「関於印発《智能制造発展規画（2016-2020年)》的通知」工信部聯規〔2016〕349号、2016年9月28日。
<http://www.mof.gov.cn/gp/xxgkml/jjjss/201612/t20161208_2512227.html>

*18 Gill, Indermit and Kharas, Homi, An East Asian Renaissance: Ideas for Economic Growth, Washington, DC: World Bank, 2007.

*19 中華人民共和国国務院「国家中長期科学和技術発展規劃綱要（2006-2020年)」2006年2月9日。

*20 中華人民共和国国務院「国務院関於印発国家知識産権戦略綱要的通知」国発〔2008〕18号、2008年6月5日。

*21 「中華人民共和国科学技術進歩法」1993年10月1日施行、2008年7月1日改正。

*22 「国務院通過加快培育和発展戦略性新興産業的決定」国務院ホームページ、2010年9月8日。<http://www.gov.cn/ldhd/2010-09/08/content_1698604.htm>

*23 「《戦略性新興産業分類（2018)》（国家統計局令第23号)」中華人民共和国国家統計局ホームページ、2018年11月26日。
<http://www.stats.gov.cn/tjgz/tzgb/201811/t20181126_1635848.html>

*24 "CNBC Exclusive: CNBC Transcript: Commerce Secretary Wilbur Ross Speaks with CNBC's "Power Lunch" Today," CNBC(WEB), December 12, 2018.
<https://www.cnbc.com/2018/12/12/cnbc-exclusive-cnbc-transcript-commerce-

secretary-wilbur-ross-speaks-with-cnbcs-power-lunch-today.html>

＊25　中華人民共和国国務院「国務院関於印発《中国制造2025》的通知」国発
〔2015〕28号、2015年5月8日。

＊26　工業和信息化部、発展改革委、財政部「三部委関於印発《机器人産業発展規
劃（2016－2020年)》的通知」工信部聯規〔2016〕109号、2016年3月21日。

＊27　中華人民共和国国務院「国務院関於印発新一代人工智能発展規劃的通知」国
発〔2017〕35号、2017年7月8日。

＊28　李昇泉、劉志輝主編『説説国防和軍隊建設新藍図』（北京：長征出版社、2013
年)、13頁。この三段階発展戦略は、2006年、2008年、2010年版の白書『中国の
国防』にも明記されている。

＊29　江沢民「実現国防和軍隊現代化建設跨世紀発展的戦略目標」（1997年12月7
日)『江沢民文選』（北京：人民出版社、2006年)、83〜84頁。

第5章

安全保障の経済的側面
軍民融合発展戦略

土屋 貴裕

1．軍事と民間経済との関係を表すスローガンの変遷

「軍民融合」は、胡錦濤政権下の2006年から繰り返し強調されるように
なった用語である。中国では、建国以来、軍と民間が協力し、一体となっ
て経済建設を行ってきたことから、「軍民結合」という用語が繰り返し用
いられてきた。1958年には、毛沢東が「軍民結合、平戦結合」の方針を打
ち出し、7つの機械工業部を設立するなど国防産業の組織改革を進めた。
その一方で、1958年から1959年にかけては農業と工業の増産を図る大躍進
政策の文脈で、「軍民一体」による経済建設と国防建設が掲げられた。

改革・開放以降は、軍や国防科学技術のリソースを民間に転じることで
経済発展を推し進めようという「軍転民」のフレーズが用いられるように
なった。特に、1982年、鄧小平は「軍民結合、平戦結合、軍品優先、以民
養軍」の方針を掲げ、国防科学技術のハイテク化を促進するとともに、そ
の成果を積極的に民間に転用することを推奨した。

同年、国防産業の組織改革も行われ、7つの機械工業部を、機械工業部、
核工業部、航空工業部、電子工業部、兵器工業部、航天工業部、および中
国工業船舶工業総公司へと組織改編した。また、電子工業部を除く5つの
政府部門も順次「総公司」の形で企業として独立させ、さらにそれら企業
をそれぞれ分割して軍事工業（軍工）企業群を形成していった。

その後、江沢民は、前述の通り、経済建設と国防建設を協調して発展さ

せるべきとの考えを提示し、軍事セクターと民間セクターを結合させる「軍民結合」の概念を改めて提唱した。しかし、現実には江沢民による「軍民結合」は、「政府による一元的な統制の欠如と、党国体制を横断して存在する組織的障壁のため頓挫した」との見方が強い*1。そのため、2006年には、胡錦濤政権が第11次5か年計画（2006-2010）を進めていく上で、「軍民結合」をさらに推し進めるべく、「軍民融合」の概念が『解放軍報』の紙面で初めて登場し、翌2007年からその重要性が説かれてきた。

　2012年11月8日、中国共産党第18回全国代表大会において、胡錦濤は、軍隊は「国の発展戦略と安全戦略の新しい要請に適応させ、新しい世紀の新たな段階における軍隊の歴史的使命を全面的に全うすることに目を向け、新しい時期における積極防御の軍事的戦略方針を貫徹し、時代の流れに応じて軍事面の戦略的指導を強化するとともに、海洋、宇宙、サイバー空間の安全保障に大いに注意を払い、平和の時期における軍事力の運営計画を積極的に練り上げ、軍事闘争への備えを絶えずくり広げ、深化させ、情報化の条件下での局地戦争に打ち勝つ能力を柱とする多様な軍事任務を遂行する能力を高めるべきである」と述べた*2。また、同報告では、「中国の特色ある軍民融合の発展の道を歩み、国の富強と軍隊の強化を統一させて、軍民融合の発展の戦略計画の策定」することが掲げられている*3。習近平政権下の国家安全保障戦略も、この報告の延長線上にあると考えてよいだろう。

　また、この報告に先立って打ち出された2011〜2016年の中期計画である第12次5か年計画でも、軍民融合の推進が強調されており、「経済建設において国防ニーズを貫く方針を貫き、重要なインフラと海洋、航空・宇宙、情報（サイバー）など重要分野における軍民の深層レベルでの融合と共有を強化し、政策メカニズムと基準規範を整え、経済づくりと国防づくりの調和の取れた発展と相乗効果を促進する」ことが掲げられた。

　改革・開放以降、中国では、1986年3月、国家科学技術委員会と国防科学技術工業委員会が、国務院の関連部門と共に、軍民の専門家を組織して「ハイテク研究発展計画要綱」を編成した。この計画は、科学者が建議し、鄧小平が指示した時期をとって「八六三計画」と呼ばれている。国防科学技術工業部門に対する統括は、1982年までは党中央軍事委員会に属する中国人民解放軍国防科学技術委員会が行い、それ以降は、同委員会と国務院

国防工業弁公室との合併により生まれた国防科学工業委員会により、国務院と中央軍事委員会の下で行われてきた。

　しかし、改革・開放政策に伴って、各工業部門の余剰生産力を民需生産に転換する「軍転民」が行われるようになると、国防科学工業委員会の指示に基づいて行われてきた研究開発が、各工業部門に任されるようになる。それに伴い、予算についても各工業部門自身が資金を借り入れ、あるいは自身の利益から資金を捻出するようになっていった。

　こうした傾向は、基本的には「軍民融合」発展戦略の下でも変わらないと見られるが、2015年11月24日から26日にかけて開催された中央軍事委員会改革工作会議において「軍民融合による発展戦略の貫徹に着目し、軍と地方に跨がる重大な改革任務を推進し、経済建設と国防建設の融合した発展を図る」と掲げられたように、「軍が自ら稼ぐ」形式から「民間が投資・研究開発を行う」形式へと転換し、また軍事技術の民間転用のみならず、民間の先端技術におけるイノベーションを国防・軍事分野へと応用しようとしている。

　習近平政権下では、「新常態」にある経済発展と国防建設とを一体化させることで持続的な発展を目指すべく、「軍民融合」の言及頻度を急激に増加させた。また、「軍民融合」を促進するために、2014年4月3日には、工業情報化部が「軍民融合式発展の促進に関する指導意見」を発表、翌2015年1月7日には、国務院と中央軍事委員会が「軍民結合、寓軍于民（軍民融合）の武器装備科学研究生産システムの建立と改善に関する若干の意見」を発表するなど、「軍民融合」を推進させる意志を明確に示した。そして、2015年3月12日、習近平国家主席は第12期全人代第3回会議で解放軍代表団全体会議に出席した際に、「軍民融合」を国家戦略に引き上げることを表明した。

2．「軍民融合」による経済発展と国防建設の融合した発展

　前章で論じたように、中国は、経済建設と国防建設を密接に結びつけようとしているが、これは中国の国防と軍隊建設においても強調されている。

　2015年11月24日から26日にかけて開催された中央軍事委員会改革工作会議では、習近平政権下の国防と軍隊改革の全体像が示された。習近平は、

同会議における講話の中で、国防科学技術と軍民融合の発展について「軍事技術競争において積極的に優位に立ち、革新的に戦闘力の増強を図る上での貢献度を高める」、「軍民融合による発展戦略の貫徹に着目し、軍と地方に跨がる重大な改革任務を推進し、経済建設と国防建設の融合した発展を図る」と強調した。これは、全ての生産要素に関して、多分野横断的かつ効率の高い軍民融合を創出していくことを意図したものである。

　また、2016年3月25日には、習近平中国共産党中央総書記が中国共産党中央政治局会議を招集し、「経済建設と国防建設の融合発展に関する意見」を審議、採択した＊4。同会議では、「軍民融合を国家戦略に高めることは国の安全保障と発展戦略の大局を考えた党中央の重要な決定」であり、「小康社会を全面的に完成させる過程で富国と強軍の一致を実現するため通らなければならない道」であると説明された。また、「発展と安全の両方に配慮し、富国と強軍の一致を堅持し、経済建設と国防建設の調和のとれた発展、バランスのとれた発展、包容的な発展を促進しなければならない」ことが強調されている。

　同意見書は、7月21日に中国共産党中央、国務院、中央軍事委員会の連名で関係部署に印刷・配布されたが、その内容は「新たな情勢の下の軍民融合発展の全般的考え方、重点任務、政策措置を明確にした」ものであるという＊5。この意見書に掲げられた中国の軍民融合のための取り組みは、（1）中国の国防産業基盤と民生技術・産業基盤との融合、（2）軍事・民生セクターを横断した科学技術イノベーションの統合・利用、（3）人材育成および軍民の専門性・知識の混合、（4）軍事要件の民生インフラストラクチャへの組み込み、および民生用構築物の軍事目的への利用、（5）民生のサービス・兵站能力の軍事目的への利用、（6）競争および戦争での使用を目的とした、社会・経済のすべての関連する諸側面を含み込む形での中国の国防動員システムの拡大・深化、という6点である。米国防総省の『対中安全保障レポート』(2020年版) は、これらの軍民融合のための取り組み（システム）は相互に関連していると指摘している＊6。このように、中国は「軍民融合」によって経済建設と国防建設を一体化して発展させることを政策として掲げてきた。

3．「軍民融合」発展戦略を推進する経済的な背景

　それでは、なぜ中国は軍民融合、特に民生技術と軍事技術、国防と経済を併せて発展させていこうとしているのか。改革の背景には、中国の経済成長率が逓減する「新常態」のなか、公表国防費の伸び率も徐々に逓減している現状がある。そのため、公表国防費以外の手段で軍事経費を確保する必要性が生じている。党や軍は、軍事費の伸び率が低下する中で、民間の資金をうまく軍事に転用できないかと考えている。

　2016年5月、中央軍事委員会政治工作部が軍内に向けて出版した『習主席の国防と軍隊建設重要論述読本（2016年版）』には、「経済の下振れ圧力はかなり大きく、財政収入の増加は緩慢で、財政支出が硬直した状況において、軍費の正常な増加を確保するのは非常に容易ではない。集中的な統一管理を強化し、全体の増加幅を計画的に配分し、増加させるべき資源を合理的に確定し、現存する資源、とりわけ有給資源を統一的に調整、配分し、余剰を以て不足を補い、遊休を以て緊急を補わなければならない」との認識が示されている*7。

　このことから、習近平をはじめ、軍内では経済成長の伸び率が低下する中で国防費の伸び率を突出させることは困難であることが認識されており、また早晩、公表国防費のみで軍事経費を賄うことに限界が生じることが中国内で認識されていることが見てとれる。そのため、国防費以外の手段で軍事費を確保する必要性が生じており、国防費の負担は地方政府のみならず、「軍民融合」による民間企業や国有企業（軍工企業）等による装備の研究・開発を促進するとともに、軍工企業の株式化を進めるなど、民間から不足する資金を調達する仕組みづくりが進められている。つまり、「軍民融合」とは、経済と国防の現代化を両立させるための一種の知恵であると言える。

　実際、習近平は、国家主席に選出された2013年3月の第12期全人代第1回会議における解放軍代表団全体会議の席上、経済建設と国防の建設を全体的に計画し、富国と強軍の統一を実現するよう努力することを強調した*8。その際、「刻苦奮闘の精神を発揚し、勤勉節約を励行し、（資金の）浪費に反対し、軍事費を良く管理、使用し、国防のために最大公益を発揮すべきである」と述べている*9。

「軍民融合」というキーワードの重要なポイントは、軍事技術の民間転用を意味する「軍転民」に加えて、民間セクターが軍事セクターに積極的に参入するという「民参軍」が積極的に語られていることにある。「軍転民」とは、軍工企業による民営企業投資、軍工企業のハイテク分野への技術応用、資源の民間開放、国内外市場の開拓などを指す用語であり、「民参軍」とは、混合所有制改革（民間資本による軍工企業株取得など）、審査・管理体制改革、軍民（科学技術）融合体系の構築などを指す用語である。「軍民融合」は、この「軍転民」と「民参軍」の両側面から進められている。

　そして、「民参軍」が積極的に語られるようになった大きな理由の1つは、民間のお金・技術を獲得することによって軍の研究開発をより活性化させていこうという動きが高まってきたからである。また、軍が「自ら稼ぐ」伝統的なスタイルから脱却し、軍の本来任務である戦闘能力を強化し、軍事闘争準備に集中することが重要であるという考えの下で、軍が行っていた対外有償サービスを廃止し、民間や地方政府への移譲が進められた。

　前述の2015年11月に行われた中央軍事委員会改革工作会議では、経済建設と国防建設の融合した発展のための具体的な施策として、全ての生産要素による多分野横断的かつ効率性の高い軍民融合の高度な発展構造の創出、民兵・予備役や国防動員体制メカニズムの完備、退役軍人に対する管理保障業務の組織的指導の強化、サービス保障体系や関連政策制度の健全化、対外有償サービスの全面的停止などが掲げられた。

　対外有償サービスの全面的停止については、2016年3月28日、中央軍事委員会が「軍隊と武装警察部隊の有償サービス活動の全面停止に関する通知」を配布し、軍隊と武装警察部隊の有償サービスを全面停止することを決定した*10。同「通知」では、約3年後すなわち2018年末を目処に、軍隊と武装警察部隊のあらゆる有償サービス活動を段階的に停止していくとされ、その後2018年6月には、同年末までに全面停止すべく、さらなる「指導意見」が出された*11。この目標は、軍と地方政府とが協力することによって達成されたものの、「フォローアップのタスクは依然として困難である」と報じられている*12。

４．軍民融合の発展フロー

　公表国防費の伸び率が逓減する中、増加の一途を辿る最先端の国防科学技術に関する研究開発費を捻出すべく、軍工企業を再編・統廃合して効率化を図るとともに、軍工企業を株式化することなどによって民間資本を活用する動きが加速している。また、供給側の構造改革で重点が置かれている戦略的新興産業の成長は、経済のモデル転換を形成する重要な鍵となるだけでなく、軍民融合による発展の重要な鍵となっている。

　さらに、習近平は「科技興軍」（科学技術による興軍）を主張している。このことからも、民間による科学技術の発展成果を軍事転用していきたいという動きが見てとれる。加えて、軍工企業を株式化することによって民間に投資させ、国防費以外の予算を民間から調達することによって資金面を確保し、軍事技術の発展につなげる動きも見られる。この「科技興軍」の名の下で、軍民融合は一層進められている。

　たとえば、2007年には、初めて中国の軍事工業企業の株式に民間が参入することができるようになった。また、2008年の国家国防科学工業局創設以降は、理想的な工業管理体制として、民用工業管理部門が国防部門と民間部門の双方を管理する体制への移行が進められてきた。実際の軍民融合の進め方（フロー）は、軍事工業の促進と民用工業の発展によって開発し

軍民融合の発展フロー

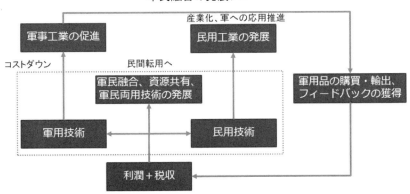

（出典）姚博『軍民融合産業基地建設研究』（北京：北京理工大学出版、2016年）、16頁を基に筆者作成。

た軍用品の購買・輸出などを通じて利潤や税収を確保し、それらを財源に、さらに軍事技術や民間技術の開発・転換や軍民融合・資源共有・軍民両用技術の発展につなげるという構図が企図されている（図「軍民融合のフロー」参照）。

　とはいえ、実際には、民間部門が軍事部門を支えるというよりも、国務院をはじめ、10大軍工企業の株式を保有する国有資産監督管理委員会や工業情報化部、国防科学技術工業局といった政府部門が主導して軍民融合を進めている状況にある（図「中国の国防工業の管理体制」参照）。

中国の国防科学工業の管理体制

（出典）曽立編『中国特色軍民融合国防資源配置與管理探索：国家戦略與基本国策』（北京：経済管理出版社、2016年）、199頁を基に筆者作成。

5．中央軍民融合発展委員会の設立

　さらに、党はこうした軍民融合を体系的に推進するための国家機構として、2017年1月22日、中国共産党中央政治局会議において中央軍民融合発展委員会設立を決定した。この中央軍民融合発展委員会は、習近平総書記が主任を務め、李克強総理、その他数名の中央政治局常務委員、国務委員2名、中央軍事委員会副主席両名、部レベルの指導者12名、およびその他のメンバーで構成されており、党と軍と政府の関連部門のトップが名を連ねている。このことから、軍民融合における「トップレベル（頂層）の設計」を強化し、各機関の調整や合意形成を図ることで障害を克服しようと

している ことがうかがえる。

　同委員会は、2017年6月20日に第1回会議、同年9月22日に第2回会議を開催したことが報じられた。この第2回会議では、20の省、市、自治区が軍民融合に関する第13次5か年計画を策定しているということが明らかにされた。なお、軍民融合に関する5か年計画は、第12次5か年計画からスタートしており、幾つかの省、市、自治区が制定していたが、これが全国規模で進められていることが伺えよう。

　また、2018年3月2日、2期目に入った習近平政権下で初となる第19期中央軍民融合発展委員会第1回全体会議が開催された。同委員会では、「2018年工作要点」、「軍民融合発展戦略綱要」、「国家軍民融合創新示範（イノベーション模範）区建設実施方案」および第1次イノベーション模範区建設リストを審議、可決したことが報じられている。このイノベーション模範区建設リストは公表されていないが、青島がその対象の1つであるようである。

　2018年10月15日には、第19期中央軍民融合発展委員会第2回全体会議を開催し、「軍民融合発展と法治建設の強化に関する意見」を審議、可決した。同「意見」では、民間企業の軍事分野への参入に際する「審査と承認の問題を大幅に合理化し、参入障壁を低くし、制度的コストを削減し、社会的生産性を解放する必要がある」と指摘されており、民間セクターが軍事セクターに参入する際の障壁を取り除く取り組みが進められている。

6．軍民融合の展開

（1）軍民融合プロジェクトのアクションプラン

　また、軍民融合に関して、中国の党、政府、軍はこれまでに非常に多くの文書やアクションプラン、また対象となる技術および製品リストを出している。たとえば、国家国防科学技術工業局は、軍民融合のプロジェクトに関するアクションプランを2015年から毎年策定している（表「国家国防科学技術工業局による軍民融合プロジェクトのアクションプラン」）。このアクションプランに基づいて、工業情報化部弁公庁と国家国防科学技術工業局総合司によって目録が作られている。2018年以降、このアクションプランは公表されなくなっているものの、引き続き毎年策定されていると見てよ

いだろう。

国家国防科学技術工業局による軍民融合プロジェクトのアクションプラン

発表年月	文 書 名
2015年4月 3日	「軍民融合深度発展2015プロジェクト行動実施方案」＊13
2015年4月10日	「2015年国防科工局軍民融合プロジェクト行動計画」＊14
2016年3月16日	「2016年国防科工局軍民融合プロジェクト行動計画」＊15
2017年6月22日	「2017年国防科工局軍民融合プロジェクト行動計画」＊16

出典：国家国防科学技術工業局ホームページを基に筆者作成。

（2）「軍用技術転民用普及目録」と「民参軍技術および産品推薦目録」

さらに、軍民融合の具体的な技術および製品に関して、工業情報化部弁公庁、国防科学技術工業局総合司は、「軍用技術転民用普及目録」と「民参軍技術および産品推薦目録」を編纂している。

「軍用技術転民用普及目録」は軍事技術を民間に転用しようという「軍転民」のを普及させるという目録である（表『軍用技術転民用普及目録』の項目」参照）。これは2012年から作られており、最初は5領域に関して、36項目、重点分野があり、新素材や先進的な装備、マイクロ電子、省エネ、新エネルギーといった分野が民間転用されていた。新素材、スマート製造、電子情報、次世代の情報技術、ハイエンド装備、新エネルギー・環境保護など、当初は36項目だったものが、2018年版では6領域150項目まで拡大しており、100頁以上にわたる長いリストとなっている。

一方、「民参軍技術および産品推薦目録」は、民間が軍事技術に参入する「民参軍」の産品目録である。これらは、技術産品ベースで、どのような分野に投資しようとしているのかをリストアップしている（表「『民参軍技術および産品推薦目録』の項目」参照）。このリストは公開されていないものの、リストの選定項目から、どのような分野に民間が軍事技術に参入しようとしているのかをうかがい知ることができる。

たとえば、2015年には、海軍の装備建設のニーズに関して、9領域の分野で799項目、民間から軍事技術として参入しているということがわかっている。2016年は、空軍およびロケット軍に関する装備建設に関して、民間から技術転用できるものはあるかということでプロジェクトを募ってリストアップしている。また、2017年の目録では、陸軍の装備に着目して、

「軍用技術転民用普及目録」の項目 *17

年度	領域数	各領域と項目
2012年	5領域	(①新素材、②先進製造工芸及び装備、③マイクロ電子及び電子情報、④省エネ・(CO_2)排出量削減、⑤新エネルギー及び高効率動力)36項目＋重点推進項目10項目など
2013年	6領域	(①新素材、②電子情報、③光電機一体化、④新エネルギー、⑤省エネ・環境保護、⑥バイオ医療)34項目＋重点推進項目10項目など
2014年	7領域	(①新素材、②電子情報、③先進製造、④新エネルギー、⑤省エネ・環境保護、⑥北斗衛星民用産業化、⑦動力および伝動)40項目＋重点推進項目10項目
2015年	6領域	(①新素材、②スマート製造、③電子情報、④次世代情報技術、⑤ハイエンド装備、⑥新エネルギー・環境保護)40項目＋重点推進項目10項目
2016年	6領域	(①新素材、②スマート製造、③電子情報、④次世代情報技術、⑤ハイエンド装備、⑥新エネルギー・環境保護)150項目＋重点推進項目10項目
2017年	6領域	(①次世代情報技術、②スマート製造、③ハイエンド装備、④新材料、⑤新エネルギー・環境保護、⑥応急救援・公共安全)40項目＋重点推進項目10項目
2018年	6領域	(①先端材料、②スマート制造、③ハイエンド装備、④次世代情報技術、⑤新エネルギー・環境保護、⑥応急救援・公共安全)140項目＋重点推進項目10項目

出典:「軍用技術転民用普及目録」各年版を基に筆者作成。

　陸軍の装備建設ニーズに合わせて、様々な分野に関する目録が策定されている。
　さらに、2018年の目録では、衛星製造および測量制御、衛星ペイロード、衛星アプリケーション、電子対抗、通信・情報セキュリティ、ビッグデータおよびクラウドコンピューティング、クラウドセキュリティ、インテリジェント無人装備などが対象領域とされており、具体的な明示はされてい

ないが、戦略支援部隊の装備建設ニーズに合わせたプロジェクトを募っているものと見られる。

「民参軍技術および産品推薦目録」の項目 *18

年度	項　　　　　目
2015年	全国22省・市・自治区の352の民間企業・組織から、海軍の装備建設のニーズに対して、9領域（①新型船舶機械電気設備、②水中無人潜航機、③新型船舶機能材料、④新型艦船材料、⑤新型船舶エネルギー、⑥新型電子情報技術、⑦新型船舶製造技術、⑧振動減少・ノイズ減少技術、⑨船舶コントロール・総合測量試験技術）、799項目の技術及び産品がエントリー、内120項目が目録に選定。
2016年	全国59の組織から、空軍、ロケット軍の装備建設のニーズに対して、①探測・目標識別、②リモートセンシング、③指揮・コントロール、④通信・ナビゲーション、⑤シミュレーション訓練、⑥検査測定、⑦維持補修保障・信頼性、⑧動力、⑨ステルス、⑩新エネルギー、⑪無人機システム、⑫発射システム、⑬一般的技術・産品等の領域、93項目の技術及び産品がエントリー、内115項目が目録に選出、17項目を重点推薦項目に選定。
2017年	陸軍の装備建設のニーズに対して、①先進素材及び制造、②車両及び工程装備、③動力及び伝動、④指揮・コントロール、⑤ナビゲーション及び測位探測、⑥目標識別、⑦光電および火力コントロール、⑧電磁砲・レーザー兵器、⑨電磁兼容・防護、⑩防化、⑪火工品・火爆薬、⑫スマート無人装備・プラットフォーム、⑬管理及び製造情報化、⑭電子対抗、⑮コア電子コンポーネント、⑯新エネルギー、⑰シミュレーション、⑱信頼性・維持補修保障等の領域について目録を選定、139企業が選出。
2018年	衛星製造および測量制御、衛星ペイロード、衛星アプリケーション、電子対抗、通信・情報セキュリティ、電磁適合性・保護、検出・ターゲット認識、データ・画像処理、ネットワークセキュリティ、ビッグデータおよびクラウドコンピューティング、クラウドセキュリティ、インテリジェント無人装備またはプラットフォーム、シミュレーションなど。

出典：「民参軍技術および産品推薦目録」各年版に関する各種報道を基に筆者作成。

7. 「軍民融合」と産業工業化モデル基地

　これらの施策に加えて、中国は、新型工業化産業モデル基地を設けることによって、前述の「戦略的新興産業」を重点的に発展させようとしてい

る。工業情報化部は、新型工業化産業6大分野（①装備製造、②原材料、③消費財、④電子情報、⑤ソフトウェア・情報サービス、⑥軍民結合［融合］）に関して、産業モデル基地を全国で組織し、2009年頃から建設を始めている。

　とりわけ注目に値するのは、2010年から戦略的な新型工業化産業モデル基地を全国レベルで認定するようになっているが、既に第9次までモデル基地認定が行われており、そのうち軍民結合［融合］産業基地が全国22省・市・自治区で36か所（北京(1)、河北(2)、福建(2)、遼寧(2)、黒竜江(1)、上海(1)、江蘇(1)、浙江(1)、広東(1)、山西(1)、安徽(2)、江西(1)、河南(1)、湖北(3)、湖南(3)、陝西(3)、四川(3)、貴州(2)、重慶(2)、内蒙古(1)、雲南(1)、甘粛(1)）設置されている。

　これは、「中国製造2025」の目標の1つとして、「重大技術設備に対する経済社会発展と国防強化の需要を満足させること」、すなわち、経済の「自力更生」によって、経済発展と国際的な競争が熾烈化している国防技術の進展とを一体として進めようとすることと符合するものであると言えよう。

　第4章で論じたように、中国は、戦略的新興産業を重視し、同産業の育成のために多額の補助金や税制優遇措置などの保護主義政策を行っている。その結果、一部の分野では中国が技術面で先行しつつあり、また市場シェアを急拡大している。さらに、全国で同産業に関する新型工業化産業モデル基地の建設を行うことで、先端技術とその応用分野によって発展が遅れている地域を牽引しようとしている。

　中国経済の「自力更生」、すなわち中国における自主開発の可能性について考えてみると、先端技術や半導体は米国等に依存しているものの、一部では中国が先行している分野もある。具体的には、スーパーコンピューターやビッグデータ解析、電子決済など、人やお金を無制限に投入して量的に増やしていくことが可能な量的分野、およびドローンやスマートフォン、通信などの安価・軽量分野については、中国が圧倒的な強みを有している。量的な分野に関しては、アメリカが輸出規制をかけたとしても、アメリカと中国の人口比を考えると、中国が今後も伸び続けるだろう。ドローンや通信といった分野でも、性能はさておき、米国や日本の3分の1程度の安価な製品を展開する能力があることから、他国が中国に対抗することは困難だろう。

さらに、新たな分野として、次世代通信技術（6G）、墨子号という世界初の量子衛星を打ち上げている量子工学の分野、ブレーンマシーンインターフェースやヒューマノイド、サイボーグといった脳・神経科学の技術を応用した分野、極超音速ミサイルといった分野では、中国が、アメリカやロシア、ヨーロッパなどよりも先行している可能性は非常に高い。また、ロボット・AI 分野については、技術面ではアメリカや日本が先行しているものの、生産・応用面では、今後中国が逆転していく可能性がある。

　こうした新興技術はデュアルユース技術であることから、戦略的新興産業もまた軍民融合と関係が深いものとして世界から注目を集めている。実際に、中国の軍民融合に関する書籍の中では、戦略的新興産業の7大分野がそれぞれ軍民融合発展の主要目標とリンクし、軍民融合を通じて戦略的新興産業の各分野における国防イノベーションを獲得して、軍事技術の向上を図っていくと指摘されている（図「戦略的新興産業の軍民融合発展の主要目標」参照）＊19。

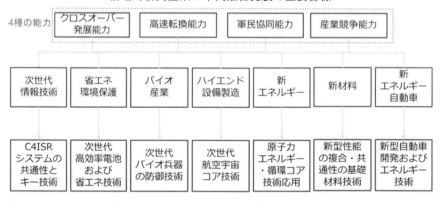

戦略的新興産業の軍民融合発展の主要目標

（出典）曽立編『中国特色軍民融合国防資源配置與管理探索：国家戦略與基本国策』（北京：経済管理出版社、2016年）、206頁を基に筆者作成。

　このように、産業政策の一環として、2015年に国家戦略に引き上げられた「軍民融合」の発展戦略を進めることで、経済発展と国防建設とを一体化するとともに、新興先端技術とその応用分野のデュアルユースや軍事転用を促進している。これらは、自由な国際競争に影響を及ぼすものであり、

また安全保障貿易管理上の懸念やリスクの増大、技術面での新たな課題などをもたらしている。

8．新興技術の軍事転用

2019年7月24日に公表された中国の国防白書『新時代の中国国防』では、国際軍事競争が日増しに高まる中、中国が軍事分野での最先端技術、特にAI、量子情報、ビッグデータ、クラウドコンピューティング、モノのインターネット（Internet of Things: IoT）の軍事用途拡大に関心を寄せられている。白書では、「情報化された戦争への進化は加速しており、インテリジェント化された戦争が近づいて」おり、「米国は絶対的な軍事的優位性を追求するために技術的・制度的革新に取り組んでいる」と自らの技術の遅れを懸念している[20]。

他方、人民解放軍は現段階では「機械化をまだ完了しておらず、情報化を改善することが緊急に必要」であるため、「量と規模のモデルから品質と効率のモデルへの変革を目指しているだけでなく、人員集約型から科学技術集約型のモデルへと変革しようと努力している」という認識が示されている。つまり、米中間に軍事革命（RMA）や技術革新の点で彼我の差があるという認識を示した上で、そのギャップを埋めて今世紀中葉までに世界一流の軍隊にするという目標を改めて掲げたと言えよう。

戦略目標である「世界一流の軍隊」建設を達成するために、同白書では、「政治建軍、改革強軍、科技興軍（科学技術による興軍）、依法治軍の堅持」、「機械化・情報化の融合発展の推進」、「軍事のインテリジェント化の発展の加速」なども掲げられており、これらに関する制度化をはじめとする取り組みが進められるものと見られる。

米国防総省による『対中安全保障レポート』（2019年版）は、「軍民融合の国家戦略は、ハードウェアの近代化を越え、教育・人員・投資・インフラストラクチャ・兵站セクターにおけるイニシアティブを含んでいる。人民解放軍は、（軍籍を持つ）制服組の防衛産業人員数を削減し、軍属を軍事研究・訓練・作戦に統合しつつある」、「軍民融合の国家戦略はまた、人民解放軍の刊行物において『インテリジェント化された』戦争と呼ばれるもの、つまり、人民解放軍の作戦を可能にするための複数のデータストリー

ムや情報フローの使用を促進するために、AI、機械学習、ビッグデータ、および無人システムといった新興技術をデュアルユースすることを強調している」と指摘している*21。

9．中国の軍民融合型イノベーションのアクター

　軍民融合による発展を推進するにあたって、中国では、政府が主導すべきもの、企業が主導すべきもの、研究開発部門が主導すべきもの、連合アクターで協力して主導すべきもの、という場合分けを行い、それぞれ対象範囲、資金源、政府の役割などを定めて、検討・推進している*22。
　たとえば、宇宙開発のような「デュアルユース技術の経済公益は明確ではないが、公益性が強く、重大な戦略と関連するもの」については、「政府主導型」として政府が推進主体となり、目標の確立、計画の策定、実施、推進などの役割を担いつつ、計画メカニズムで推進している。これに対し、「良好な見通しを有し、便益が高い両用技術、技術サービスシステムと連続するもの」については、「企業主導型」として、企業が推進主体となり市場メカニズムに基づいて推進される。
　こうした中国の軍民融合型イノベーションのアクターとしては、①政府及びその他機構、②国家実験室、③軍民融合型イノベーション主体、④軍所属研究開発機構、⑤大学及び付属研究機構、⑥産業界、⑦仲介機構がある（表「軍民融合型イノベーションシステムの構成アクターの職責・役割分担」参照）。このことから、政府その他の機構、国家実験室、軍民融合型イノベーション主体の他、軍所属の研究開発機構はもちろん、関連する大学および付属研究機構も日本をはじめ諸外国の大学や研究機関との共同研究を数多く行っていることから、注意が必要であろう。
　実際に、脳・神経科学の応用に関しては、北京の科学技術大学などの中に軍が研究所を作り、実際に共同プロジェクトを立ち上げたりしている事例も存在する。また、イノベーション活動のために資金的サポートを提供する金融仲介業務、技術移転活動における橋渡し役としての技術仲介業務を行う仲介機構の役割も、こうした中国の軍民融合型イノベーション・エコシステムを形成しており、注目に値する。
　また、産業界の主な役割は、研究開発による技術・製品のイノベーショ

ンおよび産業化である。産業界のアクターについては、軍工企業グループとその傘下企業のみならず、民間企業の中で軍事四証（現在の軍事三証）といった認証を受けている企業、さらにはスタートアップ企業や産業インキュベータ（孵化器）内の企業が存在し、幅広い形で軍民両用部門に積極的に参入している。また人民解放軍も、こうしたスタートアップ企業やインキュベータ企業の技術を積極的に取り入れようとしている。そのため、戦略的新興産業に従事する民間企業については、一部の技術が軍事応用されている、あるいは軍民両用で利用されている可能性が非常に高く、何らかの形で軍とのつながりを有している可能性があるため、留意すべきである。

軍民融合型イノベーションシステムの構成アクターの職責・役割分担

アクター	主な役割
政府及びその他機構	・担当部門の領域の基礎科学研究支援及び技術開発の先導 ・国家実験室の創建及び支援 ・担当部門の長期研究開発計画の制定 ・年度の科学研究プロジェクトの立ち上げ及び管理など
国家実験室	・公共使命に焦点を当てた応用基礎研究 ・先端技術、産業の主導的技術や共通性を持つ技術の開発 ・優秀な研究開発人材の養成
軍民融合型 イノベーション主体	・国防科学技術のユーザー ・国防科学研究プロジェクトのサポーター・立ち上げ・管理者
軍所属 研究開発機構	・軍の機密性の高い技術の研究開発・攻略を担当 ・軍に対する科学技術サービスの提供・政策決定サポート
大学及び 付属研究機構	・主として人材の養成を担当 ・基礎科学研究及び部分的な応用研究
産業界	・技術および製品のイノベーション及び産業化の任務を担当
仲介機構	・イノベーション活動のために資金的サポートを提供する金融 　仲介業務 ・技術移転活動における橋渡し役としての技術仲介業務

（出典）黄朝峰、高建平主編『軍民融合発展理論與実践』（北京：経済管理出版社、2017年）、7頁を基に筆者作成。

10. 軍民融合と国防科学技術工業

（1）国防科学技術における研究開発への指導強化

　また、習政権下では、国防安全戦略に基づき、国防科学技術工業の研究開発や更なる発展のため、軍民融合が一段と加速するものと考えられる。それは、前述の通り、中国が「中華民族の偉大な復興」を掲げて軍事力を強化する一方で、経済成長に陰りがみえ、公表国防費の2桁増を続けることが困難になってきたことが大きな要因の1つであろう。それを打開する策が、国防・軍事における民間の活用である。

　現在、海上民兵のみならず、サイバー民兵や軍民融合による国防科学技術工業の発展を加速している。こうした習近平が進める軍民融合は、毛沢東による「人民戦争」への郷愁であるように思われる*23。それは、「人民戦争」の核心が正規軍と非正規軍（人民による武装民兵）との有機的結合にあることからも説明できよう。その際、毛沢東による「兵民は勝利のもと」という言葉に見られるように、民間の活用が現代においても重要視されている。

　実際、2015年6月には、国防科技工業の発展のために国防科技工業発展戦略委員会が設立された*24。翌7月には、「国防科技工業軍民融合発展成果展」が北京の全国農業展覧館で開催された。中国の国防科学技術工業分野で軍民融合をテーマとした展覧会が開かれるのは初めてであり、また中国の軍工企業のグループ企業が一堂に会するのも初めてであった。

　同展覧会では、これまでの軍需産業の民需転換（軍転民）の成果や、中国製原子炉「華龍1号」、半潜水形掘削プラットフォーム「海洋石油981」など千点あまりが紹介されるとともに、4足歩行の大型ロボットや保利集団公司が開発したマイクロ波指向性エネルギー兵器「WB-Ⅰ型暴動鎮圧・ディナイアルシステム」なども初めて登場した。いずれも米国が先行している技術ではあるが、中国が着実に技術力を向上させている証左でもある。

　また、習近平政権の下では、中央軍事委員会による国防科学技術における研究開発の指導を強化する動きが見られる。たとえば、習近平政権下の軍事改革の一環として、2016年、中央軍事委員会は、中央軍事委員会の下に、国防科学技術の研究機関として「科学技術委員会」を設立した。この

科学技術委員会は、民間および軍事の両方の科学技術資源を利用して人民解放軍を近代化するために、軍事技術における最先端の技術革新を組織、指導を行う組織である。

　さらに、2017年には、中央軍事委員会に科学研究指導委員会を設立した。科学研究指導委員会は、最先端技術の経験を有する科学者および技術者から構成される組織で、科学技術委員会とともに国防・軍事分野の科学研究におけるイノベーションを促進するために助言や支援などを行っていると見られる。

（2）「軍民融合」と国有企業改革

　一方、中国では、軍工企業を含む国有企業改革が進められている。この国有企業改革も「軍民融合」の文脈ではあまり語られてこなかったが、中国の経済と国防・軍事との関係を見る上で重要であろう。2015年の9月13日には、国務院と中国共産党中央が「国有企業改革の深化に関する指導意見」を公表した。この中で、国有企業改革を進め、民間の資本や技術を活用する形で「軍民融合」による発表を模索したいということが銘打たれている。

　またこの会議の直後、9月19日に劉鶴・国家発展改革委員会副主任（当時）は、中国政府が電力、石油・天然ガス、鉄道、航空、通信、軍事関連といった分野で混合所有制の改革を試験的に実施していきたいと発言している。とりわけ注目すべきは、航空、通信、軍事といった国防・軍事に関連する分野で、資本を民間と国との混合所有制で行っていくという点である。今までの国有企業は、ほぼ100%が国有であったが、ここに民間の資本を入れていこうとしている。国有企業は国家の予算で運営されているので、当然、財政予算に限りがある。そのため、民間の投資を積極的に呼び入れ、また民間企業を取り込むことによって、民間の資本や技術を活用しようとしている。

　また、2016年5月には「軍隊建設発展に関する『13次5か年計画』規画綱要」が公表された。この綱要では、軍隊建設に関する13次5か年計画を作るためのポイントが掲げられており、その中で、国有企業改革と軍隊建設の発展、軍民分離の管理体制から軍民を融合した管理体制を模索していくことも掲げられている。

2016年12月の中央経済工作会議の中でも、こうした国有企業改革における混合所有制が繰り返し強調され、翌2017年4月18日には、国家発展改革委員会が国有企業改革に関するガイドラインを作成した。このガイドラインでは、①国内の企業の借り入れを削減したい、②工場の余剰な生産能力を削減していきたい、③国有企業改革を進める中で、国有企業を統廃合して、国際的競争力を向上させたい、という3点が掲げられた。また、これらを進める上で、中央政府が所有する国有企業の合併再編をさらに進めていくと説明された。

　その一例として、2017年の8月21日には、元総参謀部系の保利集団公司が中国軽工業集団公司と中国工芸集団公司を吸収合併した。実際にこれら2つの企業が軍事産業に直接関係しているというわけではないが、国有企業を整理統合・再編する中で軍と民を融合させて、軍事技術を民間に転用させていく余地があると考えられ、保利集団に統合されたと見られる。

　さらに、2018年1月には、1999年7月に分割・改組されていた中国核工業集団公司と中国核工業建設集団公司が再統合し、中国核工業集団有限公司に吸収合併された。また、2019年11月には、中国船舶重工集団公司と中国船舶工業集団公司が合併し、新会社「中国船舶集団有限公司」（China State Shipbuilding Corporation Limited）が誕生した。こうした国有企業の合併再編は、国際競争力を向上させ、国有企業の体力を上げることを企図したガイドラインに即したものであると言えよう。

　2021年3月の全人代における政府活動報告でも、国有企業の混合所有制改革を深化させ、「国有企業を発展させて民営企業を導く」ことが掲げられ、第14次5か年計画の期間を通じて、軍工企業を含む国有企業の体力を上げていくものと見られる。

11. 急減する「軍民融合」への言及

　以上、本章で見てきた「軍民融合」発展戦略は、「中国製造2025」や「海外高度人材招へいプログラム（通称、千人計画）」などと同様に、米国をはじめ諸外国の注目や批判の的となっている。そのためか、2019年を境に、『解放軍報』紙をはじめとするメディアや党、政府の発言などで「軍民融合」の文字はほとんど見られなくなっている。2019年10月に行われた

中国共産党第19期中央委員会第4回全体会議でも軍民融合への言及がある
にも関わらず、2019年以降、『解放軍報』紙上では言及数が急減している。
また、ウェブサイトからもこれらの用語を用いた記事や投稿の多くが削除
されており、数多く存在していた「軍民融合」を掲げる民間組織や微博
（Weibo）、微信（Wechat）のアカウントが次々に名称を変更したり、ある
いはアカウントを閉鎖するなどの「異変」が生じている。

　「異変」の要因は中国国内にもあるだろう。国家戦略となった「軍民融
合」は、中国内での財政補助をはじめとする優遇を獲得しやすい分野と認
識され、関連する民間の企業や組織が雨後の筍のごとく登場したが、それ
らの中には実体を伴わない名ばかりのものが少なくなかった。そのため、
党は「法治」の文脈で民間の参入障壁を低くすると同時に、法に基づく管
理を強化し始めたと見られる。

　それでは、中国は「軍民融合」による発展戦略を撤回したのだろうか。
答えは「ノー」である。たとえば、軍民融合の発展・促進に関する法律の
制定は、経済と国防の一体的な発展を目指す中国にとって極めて重要であ
る。たとえば、軍民融合を促進するための国家法として、「軍民融合促進
法」の制定が計画されている。この「軍民融合促進法」は、研究者を中心
に2011年に起案されたものをベースに、中央軍事委員会と国務院が中心と
なって法制化を進めているもので、2018年9月7日に公表された「第13期全
国人民代表大会常務委員会立法規画」でも、第13期（2018〜2022年）の内
に審議・可決が見込まれる「第一類」に掲げられている。早ければ2期目
の習近平政権の下で法案として発表される可能性がある。

　こうした軍民融合による法制度化に加えて、中国は経済安全保障に関す
る法制度化を急速に進めている。次章では、経済の安全保障的側面の強化
について見ていこう。

註

＊1 Office of the Secretary of Defense, "Annual Report to Congress: Military
and Security Developments Involving the People's Republic of China 2020,"
Arlington, VA: United States Department of Defense, 1 September 2020,
pp.21-22.
＊2 「胡錦濤在中国共産党第十八次全国代表大会上的報告」新華網、2012年11月17

日。<http://news.xinhuanet.com/18cpcnc/2012-11/17/c_113711665.htm>

＊3 同上。

＊4 「中共中央政治局召開会議 審議《関於経済建設和国防建設融合発展的意見》和《長江経済帯発展規画綱要》 中共中央総書記習近平主持会議」『人民日報』2016年3月26日。

＊5 「中共中央 国務院 中央軍委印発《関於経済建設和国防建設融合発展的意見》」中華人民共和国中央人民政府ホームページ、2016年7月21日。
<http://www.gov.cn/zhengce/2016-07/21/content_5093488.htm>

＊6 Office of the Secretary of Defense, "Annual Report to Congress: Military and Security Developments Involving the People's Republic of China 2020," Arlington, VA: United States Department of Defense, 1 September 2020, pp.18-21.

＊7 「《習主席国防和軍隊建設重要論述読本（2016年版）》 努力実現更高質量更効益更可持続的発展—関於正確把握軍隊建設発展戦略指導」『解放軍報』2016年5月24日。

＊8 「習近平在解放軍代表団全体会議上協調 牢牢把握党在新形勢下的強軍目標」新華網、2013年3月11日。
<http://news.xinhuanet.com/2013lh/2013-03/11/c_114985327.htm>

＊9 同上。

＊10 「関於軍隊和武警部隊全面停止有償服務活動的通知」中国軍網、2016年3月27日。<http://www.81.cn/sydbt/2016-03/27/content_6978533.htm>

＊11 「中共中央辦公庁、国務院辦公庁、中央軍委辦公庁印発《関於深入推進軍隊全面停止有償服務工作的指導意見》」新華網、2018年6月11日。
<http://www.xinhuanet.com/politics/2018-06/11/c_1122969971.htm>

＊12 「軍地合力推進全面停止軍隊有償服務工作紀実」新華網、2019年7月10日。
<http://www.xinhuanet.com/mil/2019-07/10/c_1210189132.htm>

＊13 「軍民融合深度発展2015専項行動実施方案」

＊14 「2015年国防科工局軍民融合専項行動計劃」科工計〔2015〕254号

＊15 「2016年国防科工局軍民融合専項行動計劃」科工計〔2016〕204号

＊16 「2017年国防科工局軍民融合専項行動計劃」科工計〔2017〕604号

＊17 「軍用技術転民用推広目録」

＊18 「民参軍技術与産品推薦目録」

＊19 曽立編『中国特色軍民融合国防資源配置與管理探索：国家戦略與基本国策』（北京：経済管理出版社、2016年）。

＊20 なお、中国のインテリジェント化（知能化）された戦争については、浅野亮

「中国の知能化戦争」『防衛学研究』（日本防衛学会、2020年3月）、19〜40頁、
および Elsa B. Kania, "Chinese Military Innovation in Artificial Intelligence,"
Center for a New American Security, June 7, 2019 などに詳しい。

＊21　Office of the Secretary of Defense, "Annual Report to Congress: Military
　　and Security Developments Involving the People's Republic of China 2019,"
　　Arlington, VA: United States Department of Defense, 2 May 2019, p.21.

＊22　黄朝峰、高建平主編『軍民融合発展理論與実践』（北京：経済管理出版社、
　　2017年）、7頁。

＊23　孟立聯「習近平新的人民戦争戦略呼之欲出」中国改革論壇、2014年9月1日。
　　<http://people.chinareform.org.cn/m/menglilian/Article/201409/t20140901_20
　　5783.htm>

＊24　Jon Grevatt, Chinese firm to establish metamaterial defence R&D centre,
　　IHS Jane's 360(WEB), 24 June, 2015.
　　<http://www.janes.com/article/52552/chinese-firm-to-establish-metamaterial-
　　defence-r-d-centre>

	第6章

経済の安全保障的側面
国内法制度の整備

土屋　貴裕

1．中国・習近平政権における「経済安全保障」の概念

　安全保障の要諦は、想定し得る脅威に対して「対処」、「抑止」すること
にある。その中でも、「経済安全保障」は、国家の経済的側面の安定や発
展を阻害し得る脅威に対して「対処」すること、あるいはそうした脅威を
「抑止」すること、あるいは脅威をもたらす対象に対して強制的な手段を
含めた働きかけを行うことを含む包括的な概念である。

　具体的には、「対処」とは、経済的要素に対する規制や管理の強化、あ
るいは備蓄や保護、国産化、あるいは代替などによって経済的な侵害を受
ける場合に対処することを意味する。また、「抑止」とは、経済的要素へ
の国際的競争力を構築し、経済的な侵害を受けないように抑止することを
意味する。その目標達成のためには、「エコノミック・ステイトクラフ
ト」の手法として、経済力を背景に他国に「強制」や「服従」、「説得」す
ることも含まれる*1。

　翻って中国では、習近平政権下において、国家安全戦略を司る国家安全
委員会が2013年11月12日に創設された。同委員会は、中華人民共和国国家
安全委員会と、中国共産党中央委員会の下部機構として設置された中国共
産党中央国家安全委員会との「二枚看板」からなる。これは、中央軍事委
員会が党と国家の「二枚看板」であるのと同様に、日常工作は党名義、法
律法規や規章類は国家名義で行い、党の領導と国家の承認とを分けたもの

と考えられる＊2。

　また、翌2014年4月15日に開催された中国共産党中央国家安全委員会の第1回会議で、習近平は「総体国家安全観」（総体的な国家安全保障観）が提示された＊3。この「総体国家安全観」の対象範囲は、「政治、国土、軍事、経済、文化、社会、科学技術、情報、生態（系）、資源、核」の安全という11項目であり、「これらの『安全』を守るのが『総体（的）国家安全（保障）観』の要」であるという。

　中央国家安全委員会主席を務める習近平・中国共産党中央委員会総書記・国家主席・中央軍事委員会主席は、国家安全に係る活動について、「総体国家安全観」を堅持し、「人民の安全を趣旨とし、政治の安全を根本とし、経済の安全を基礎とする」と述べた。この発言からは、「総体国家安全観」が政治の安全すなわち中国共産党による統治体制の維持を根本に据え、経済の安全を保障することで統治の正当性を担保していることが伺える。

　なお、2020年12月11日に行われた中国共産党中央政治局第26回集団学習会でも、国家安全保障がテーマに取り上げられた＊4。この学習会では、「新時代の安全保障業務をしっかりと行い、総体国家安全観を堅持し、中国の発展の重要な戦略的チャンスの時期を掴み活用する」こと、「国家安全保障を党や国家の業務の各方面に取り組み、経済社会の発展とともに計画、配置を行い、体系的な考え方を堅持する」こと、そして「大きな安全保障構造を構築し、国際的な安全と世界平和を促進し、社会主義の現代化国家建設のための強固な保障を提供する」ことなどが議論された。

　学習会において、習は、第14次5か年計画（2021-2025）の期間に向けて、「総体国家安全観」を貫徹するための10の提案を行った。習は、国家安全保障における党の絶対領導を堅持することを第1に掲げた上で、「中国の特色ある国家安全保障の道を堅持し、総体国家安全観を貫き、政治の安全、人民の安全、国家利益を至上として有機的に統一することを堅持し、人民の安全を趣旨とし、政治の安全を根本とし、経済の安全を基礎とし、国家主権と領土保全を守り、重大な安全リスクを防ぎ解消し、中華民族の偉大な復興の実現のために強固な安全保障を提供すること」を強調している。

２．中国の経済安全保障の重点

　この「総体国家安全観」に基づき、2015年7月1日には、第12期全人代常務委員会第15回会議において、「中華人民共和国国家安全法」が可決、成立した＊5。なお、同法は、1993年に定めた「国家安全法」が2014年に「反スパイ法」（原語は「反間諜法」）に改定されたため、内容を一新して制定されたものである。

　同法では、「国家の安全を擁護し、人民民主専制政権と中国の特色ある社会主義制度を守り、人民の根本的利益を保護し、改革・開放と社会主義現代化建設の円滑な推進を保障し、中華民族の偉大な復興を実現するため」（第1条）に制定されたものであることが条文に示されている。

　また同法では、国家安全を「国家の政権、主権、統一と領土保全、人民の福祉、経済・社会の持続可能な発展と国家のその他の重大な利益が相対的に危険のない状態、ならびに内外からの脅威を受けない状態にあること、および持続的な安全状態を保障する能力を指す」（第2条）と定義し、政権転覆や機密漏洩の防止、国家の主権や領土の保全、経済秩序の擁護、資源の確保、ネットワーク・情報安全保護能力の強化などについて明文化した。

　国家安全法について、新華社は、公布の同日に中国が強調したいポイントについて解説記事を掲載している。同記事では、①総合的、全面的、基礎的な国家安全法である点、②国家の経済安全の維持・保護、③文化安全の確保、④国家のサイバー主権の維持・保護、⑤宇宙・深海・極地などの新たな領域の国家安全のために法律によるサポートを提供した点、という5つが挙げられている＊6。

　「経済安全」（保障）に関して、同法では「国家は、国の基本的な経済制度と社会主義市場経済の秩序を維持し、経済の安全リスクを防止・解決するための制度的メカニズムを改善し、国民経済の生命線である重要な業界と鍵となる領域、重点産業、重要インフラおよび重要建設プロジェクト、およびその他の重要な経済的利益の安全を保障する」（第19条）と規定された。

　また同法に先立ち、2015年5月の時点で、中国共産党および国務院は、経済の対外開放を掲げる一方で、「核心的利益」を守り、開放型経済における経済安全保障システムを確立するために、①外国投資のための国家安全保障審査メカニズムの改善、②グローバル化によるリスク予防および管

理システムの確立、③経済および貿易の安全保障システムの確立、④財務リスクの予防および管理システムの改善を掲げた＊7。

　このことから、中国が経済の安全保障的側面として、国家安全保障に影響する分野への外国企業による対中投資の事前審査や、市場の管理監督強化による安定の維持、資源の安定供給のための国際チャネルの確保、輸出管理制度の確立、システミックリスクへの対応などに重点を置いていることを読み取ることができよう。これらの重点は、いずれも国内経済の安定や管理監督を強化することにより、自国経済を保護しようとするものである。

　こうした中国の「経済安全」の概念は、米国トランプ前政権による経済安全保障重視の姿勢を受けて、2018年以降若干の変化が見られるようになっている。たとえば、2018年以降、中国の指導者層が「経済安全」という用語を用いる際の文脈は、コア技術および関連する知的財産権やデータ、産業の保護、サプライチェーンの確保などを強調するものへと変化している。

　2020年には、中国湖北省武漢市で発生した新型コロナウイルス感染症の世界的な拡大と、米中間の対立が深化する中で、中国は経済の「自力更生」や「双循環」を掲げ、自国の企業に対する減税や融資、補助金などを拡大するとともに、インフラ投資や産業チェーンの移転、消費と輸出の拡大などの経済政策を打ち出した。その一方で、中国は経済の安全保障的側面を強化すべく、国内法の整備を進めてきている。

　また、感染拡大の影響で新興技術の社会実装が急速に進められる中、中国政府は、伝統的なインフラ投資に加えて、5G や IoT、衛星インターネット、AI、クラウドコンピューティング、ブロックチェーンなどの戦略的新興産業に関する新型インフラ投資を強化することを掲げた。また、2020年3月には、国家標準化委員会がこれら新興産業における国際標準化を目指す戦略「中国標準2035」の策定に向けた「2020年国家標準化工作要点」を公表した。

3．「輸出管理法」の制定

（1）輸出管理法の制定過程における条文の変化

　中でも国際的な注目を集めているのが、2020年10月17日に制定、12月1

日から施行された「輸出管理法」である。「輸出管理法」は、中国の輸出管理の分野で最初の特別法であり、管理政策、管理リストと管理措置、監督管理、法的責任、および附則の全5章49条からなる＊8。同法は、規制品リストの整備や特定品目の輸出禁止に係るエンティティ・リストの導入、みなし輸出、再輸出規制導入、域外適用の原則、報復措置などを規定している。

　同法は、2017年6月16日に意見請求稿、2019年12月28日に全人代常務委員会第1次草案、2020年7月3日に全人代常務委員会第2次草案がそれぞれ公表されており、制定までに変更が加えられてきた。この「輸出管理法」の意見請求稿は、トランプ米大統領の就任後に公表されており、米中対立が本格化するより前に公表されたものの、中国の新興ハイテク企業への規制を強める米国への対抗措置の一環であるとの見方が強い。

　その内容は、当初は米国への対抗措置という意味合いは薄かったと見られるが、意見請求稿の段階から「国の安全と利益の発展を守」る（意見請求稿第1条）、「輸出管理は総体国家安全観に基づく」（同第8条）、「如何なる国家（地域）にあっても中国に対して差別的な輸出規制を行う場合においては、中国は当該国家（地域）に対し相応の措置を講じる」（同第9条）など、習近平政権の対外強硬姿勢を示すものとなっている。

　また、制定、施行された条文では、「国の安全と利益を守り、拡散防止等の国際業務を履行し、輸出管理を強化・規範化するために本法を制定する」（第1条）と規定された。この「国の安全と利益」を守るという文言はその他の条文でも繰り返されているが、第2次草案では同法の適用範囲は「国の安全」に危害を及ぼす場合とされていた。つまり、同法制定に際して、中国政府が「利益」に危害を及ぼす恐れがあるとみなした場合にも、同法を適用することが明記された。

　また、「国の輸出管理管理部門は、管理品目を輸出する仕向国・地域に対して評価を行い、リスク等級を確定し、相応の管理措置を講じることができる」（第8条第2項）。この文言は、2017年の意見請求稿には見られなかったが、2019年の第1次草案で含められた。これは、米中対立の深化とそれにともなう華為や ZTE などの 5G 関連企業をはじめ、中国企業が相次いで米商務省のエンティティ・リストに追加されたことを受けた変更と見られる。

さらに特徴的なのは、「国または地域が中国の国家の安全や利益を損ねる輸出管理措置を乱用する場合、中国は実際の状況に基づき、その国または地域に対して対等の措置を講じることができる」（第48条）と、報復措置を規定していることである。こうした条文から、中国企業の排除を進める米国に対抗する狙いや、輸出管理をエコノミック・ステイトクラフトの手段の1つとしてみなしていることが読み取れる。

（2）輸出管理法が定める違法行為と過料および行政処罰

　輸出管理法に関する違法行為と過料および行政処罰は、第33条から第39条に具体的に定められている。主な対象となるのは輸出者であるが、輸出許可証をめぐる違法行為はその限りではない（第35条）。また、過料を最大で違法経営額の「10倍以上20倍以下」（第37条）などとした上で、警告や違法行為の差止め命令や違法所得の没収、関連する規制品目の輸出経営資格の取消など、厳重な処罰を定めている。その他、輸出管理法以外の法律法規の罰則も適用されることとなる（第43条）＊9。

　なお、後述の通り、中国に進出している日本企業のみならず、中国から管理品目となり得る素材や部品、技術などを輸入している日本企業への影響があるものとして、「再輸出」規制と「みなし輸出」規制が挙げられる。同法の第45条では「再輸出」に対しても規制の対象となることが明記されている。しかし、「再輸出」の定義が書かれていないため、その具体的行為対象が明確になっていない。そのため、この「再輸出」に「みなし輸出」が含まれる可能性がある。

　他方、第2条第2項では、「中華人民共和国の公民、法人と非法人組織が外国の組織と個人に管理品目を提供」する場合にも同法が適用されることが明記されている。これらの条文は、同法が「みなし輸出」についても適用されることを示したものである。しかし、管理品目の「提供」がどこで行われているかは明記されておらず、具体的な管理品目の範囲も明確に示されていない。そのため、中国の域外における意図しない取引に同法が適用されることも厳密にはあり得る。

（3）「再輸出」規制と「みなし輸出」規制

　中国の輸出管理法は、中国から輸出された素材や部品、技術などを使っ

て加工し、その後、他国に製品を輸出する「再輸出」の場合も域外適用の範囲として含めており、規制の対象になるとしている。これは、同法の運用如何によっては、日本企業が直接の輸出企業でなくても「再輸出」規制の対象となる可能性があることを示唆している。

　たとえば、①中国製の素材や部品などを組み込んだ日本製の中間財や最終材を他国に輸出する際に中国政府の許可が必要となる可能性、②エンティティ・リストに加えられた外国企業（エンド・ユーザー）と取引のある日本企業が中国からの素材や部品などの輸入を制限される可能性、③直接素材や部品を輸入していない場合でも自社が購入する部品などに使われている中国の素材の割合によって規制の対象になる可能性などが想定される*10。

　また、「みなし輸出」として、中国国内であっても、中国人から外国の企業や外国人に対して製品や情報などを提供すると規制の対象になる場合がある。現地の中国人スタッフと日本人駐在員とのやり取りが当局への申請や許可の対象となれば、日常的な業務に支障が出ることが懸念されている。さらには、日本在住の中国人が中国在住の中国人に対して輸出する場合にも適応される可能性がある。

（4）内部コンプライアンス制度の構築

　同法では、輸出許可制度の便宜措置についても規定されている。具体的には、「輸出者が輸出管理の内部コンプライアンス制度を構築し、かつ運用状況の良好であれば、国家輸出管制管理部門はその関連する管理品目の輸出に対して包括許可等の便宜措置を与えることができる」、また「具体的な方法は国家輸出管制管理部門が規定する」（第14条）とされている。このことは、対象となる輸出企業が規制に対応するための内部コンプライアンス制度を構築することを促している。

　そのため、規制品目を中国国外に輸出する可能性のある日本企業の多くは、可能であれば同法の影響を軽減すべく、便宜措置の対象となることが得策と判断するかもしれない。その場合は、規制に対応するために、社内において内部コンプライアンス制度構築に向けた態勢づくりが必要となるだろう。

（5）中国によるリスト規制の「戦略的曖昧性」

　輸出管理法の第9条第1項では、「国の輸出管制管理部門は、この法律および関連する法律および行政規則の規定に従い、輸出管理方針および所定の手順に従って、関連部門と協力して、管理品目の輸出管理リストを作成および調整し、適時に公表するものとする」と定められた。施行翌日の12月2日、商務部は「商用暗号輸入許可リスト、商用暗号輸出管理リスト、および関連管理措置に関する公告」を公表、2021年1月1日から適用を開始した*11。

　なお、2020年10月15日付「法治日報」では、第13期全人代常務委員会第22回会議における審議過程で、品目に関連するソースコード、アルゴリズム、技術文書を管理品目として追加することや、5G や量子通信など中国が既に競争力を有している技術の輸出や移転に対して、総合的な国力・競争力強化の観点からいくつかの制限を設ける必要があるとの提言がなされたことが記されている。第1弾の輸出管理リストは、こうした提言を受けたものであることが推察される*12。

　同公告は、「輸出管理法」および2019年10月に採択され2020年に施行された「暗号法」に基づくもので、データの暗号化技術、ソフトウェアなど、商用暗号に関する品目を対象としている。具体的には、暗号の演算を行うIC チップや量子暗号通信、電力、金融などの分野に特化した専用暗号設備、暗号化機能を搭載した電話やスマートフォン、ファックスなどが規制の対象となった。同時に、商用暗号に関する物品や技術の輸入に関しても許可の対象とした。

　これに先立つ2020年8月28日には、「外国貿易法」に基づき「中国輸出禁止・制限技術リスト」を改定した*13。改定では、輸出禁止品目として、宇宙船トラッキング技術や中国の精密な地図衛星データ暗号化技術、北斗衛星によるナビゲーションシステムの情報伝送暗号化技術を追加した。また輸出制限品目として、3D プリンタや無人機、AI 相互インターフェイス、暗号チップ設計、量子暗号技術などを追加した。

　このように、輸出管理リストの第1弾が公表されたものの、最大の問題は、輸出管理法の運用方針と適用範囲が未だ明らかにされていないことにある。ただし、米国が2018年に米国輸出管理改革法（Export　Control　Reform　Act、ECRA）の対象14分野を公表したものの、具体的な品目リス

トを公表できていないように、戦略物資の価格や需給、新興技術および製品の開発状況、対象となるエンド・ユーザーおよびエンド・ユース、他国との政治的関係の変化などによって適用範囲が変化し得るため、あえて運用方針や適用範囲を明確にしていないのかもしれない。

　むしろ中国は、そうした国内法の運用方針や適用範囲に「戦略的曖昧性」を残すことによって、中国に有利なルールを設定可能な状況を作り出そうとしていると見ることもできよう。実際、中国は輸出管理法に基づいて最大2年間、「輸出管理リスト以外の貨物、技術とサービスに対して臨時管理を実施し、公告することができる」（第9条第2項）。こうした条文は、他国の輸出管理法には見られず、中国内の輸出業者や関連企業に対して、追加の負担や「後出し」への対応を課す内容となっている。

　同年12月3日、中国商務部の高峰報道官が「輸出許可リストをさらに拡充し、適宜発表する」と述べているように、今後、リスト規制の対象となる可能性のある物品や技術がさらに指定されることとなる。中国国内の輸出企業は、同法で規定された品目の内、リスト規制された品目を輸出する際、事前に商務部に許可を取る必要がある。そのため、中国に生産拠点を持つ日本企業が、輸出の許認可審査の際に関連技術の開示を求められることに対する懸念も指摘されている。

　同法の施行に先立ち、11月15日、中国は東アジア地域包括的経済連携（RCEP）協定に署名し、「投資の際の技術移転要求の禁止」に同意している。しかし、輸出観法に基づく許認可審査における関連技術の開示は「投資の際の技術移転要求」には当たらないと主張する可能性は否めない。高峰報道官は「知的財産を含む輸出企業の権益は適切に保障する」とも述べているが、その運用は依然として不明瞭なため、こうした懸念は払拭されていない。

　とりわけ、リスト規制の対象となった場合に日本への影響が大きいのは、レアアース（希土類）であり、多くのメディアや企業、業界団体が懸念や不安を表明している。また、同法の制定を受けてレアアースの価格が高騰している。実際、11月26日付の「環球時報」（英語版）では、周世倹・元中国五鉱化工輸出入商会副会長が、「中国が米国の半導体使用禁止の標的としたことへの報復の手段」としてレアアースがリスト規制の対象となる可能性があると指摘している*14。

また同様に、11月30日付の「環球時報」（英語版）によれば、項立剛（中国中央テレビや中央人民広播電台、鳳凰衛視など政府系メディアの評論員を務める通信業界の専門家）が、レアアースや UAV、複合素材などが、より厳格な政府の監督下に置かれると指摘するとともに、米中貿易協議での抑止力や交渉材料となるとの見方を示している＊15。

　中国は、こうした技術や製品の輸出入に関するリスト規制に加えて、2020年9月19日には、「信頼できない実体（エンティティ）リスト」の規定を公表、同日に施行した＊16。これは、リストに掲載された外国のエンティティの中国における貿易、投資などの活動を禁止または制限することを規定したものである。ただし、本規定に基づくエンティティ・リストも同時には公表されず、米中対立をはじめとする国際環境の変化に応じて公表、追加されることが予想される。

　実際、同規定の第2条では、（1）中国の国家主権、安全、利益の発展に危害を及ぼす外国のエンティティ、（2）正常な市場取引原則に違反し、中国の企業、その他の組織、あるいは個人との正常な取引を中断、または中国の企業、その他の組織、あるいは個人に対して差別的措置を採り、合法的な権益に深刻な損害を与える外国のエンティティに対して、相応の措置を講じるとされている。

　なお、同規定によれば、エンティティ・リストに掲載する基準としては、（1）中国の国家主権・安全・発展利益に与える危害の程度、（2）中国の企業・組織・個人の適法な利益に与える損害の程度、（3）国際的に通用する経済貿易原則に合致するかどうか、および（4）その他考慮すべき要素によって決定されるという（第7条）。

　また、同規定の第10条によれば、エンティティ・リストの対象に対しては、（1）中国に関する輸出入活動への禁止又は制限、（2）中国国内投資への禁止または制限、（3）関係する人員や交通手段の入国の禁止または制限、（4）関係する人員の中国国内における就業許可、居留資格の制限または取消、（5）情状の軽重に応じた金額の過料、（6）その他必要な措置を講じるという。

　このように、同規定ではエンティティ・リストに掲載された場合の基準や規制内容が定められているものの具体的にどのような基準でそれが適用されるのかは示されていない。そのため、同リストへの掲載や規制措置が

示威的に行われることが懸念される。

４．国家安全保障（経済安全保障）とサプライチェーンの確保

　2020年4月10日、中国共産党中央財経委員会第7回会議において、習近平は、国家の中長期的な経済社会発展戦略のいくつかの重要な問題について講話を行った。同講話は新型コロナウイルス感染症拡大の只中に行われたもので、半年後に中国共産党の理論誌『求是』で公開されたものである＊17。習近平はこの講話の中で、新型コロナウイルス感染症の流行を「戦時下のストレステスト」と称し、「中国の『産業セキュリティ』と国家安全保障を確保するために、中国はコントロール可能な、安全で信頼できる産業チェーンとサプライチェーンの構築に努め、重要な製品と供給チャネルで少なくとも1つの代替供給源を確保し、必要な産業バックアップシステムを形成するよう務めなければならない」と述べた。また、サプライチェーンを構築し、キラー技術を育成し、世界の産業チェーンの中国依存関係強化を通じて、外国による人為的な供給停止に対する強力な反撃と抑止力を構築しなければならないと指摘した。

　新型コロナウイルス感染症の影響によって、各国の生産が停滞し、グローバル・サプライチェーンにも深刻な影響が出たが、米中対立が本格化した場合、少なくとも戦略物資に関しては第二次世界大戦期や冷戦期に見られたような市場の分断が再現され、デカップリングが生じる可能性がある。

　それでは、グローバル・サプライチェーンのデカップリングは何をもたらすのだろうか。冷戦期には、市場の分断に伴い、各国や陣営毎のエコシステムやガラパゴス化が進んだ。また、グローバルなオープン・イノベーションの動きが、今後「新グローバリゼーション」の下で、クローズド・イノベーションに回帰する可能性も指摘されている＊18。そのため、クローズド・イノベーションへの回帰により、ガラパゴス化や国際競争が激化する可能性がある。

　グローバリゼーションの下でイノベーションを進めてきた中国をはじめとする新興国が、引き続きイノベーションを起こせるかが問われている。具体的には、プロセス・イノベーションの先頭に立つ中国が、プロダクト・イノベーションを起こすためにコア技術を獲得することができるか、ま

たビジネス・イノベーションを起こすために、新たなビジネスモデルを創出することができるかが今後の課題となる。また、新興技術のイノベーションで先行することで、知的財産権の保護が今後の課題となる。

5．知的財産権の保護強化に向けた法改正の動き

　実際、習近平政権下の中国では、知的財産権の保護強化に向けた法改正の動きも見られる。知的財産の保護が科学技術のイノベーションに必要であるといった議論は、中国内でも2000年前後から語られるようになっている＊19。この点に関する注目すべき動向として、輸出管理法の施行日、2020年11月30日に、習近平が中国共産党中央政治局第25回集団学習会を主宰し、知的財産権の保護業務を全面的に強化すべきであると述べたことが挙げられる。

　この集団学習会では、中国の知的財産の保護に関して集団学習が行われた＊20。この学習会では、北京大学法学院教授兼国際知的財産権センター主任で国家知的財産権戦略実施研究基地主任も務める易継明氏を招き、知的財産の保護を包括的に強化し、イノベーションを刺激し、イノベーション駆動型の新たな発展方式を促進する必要があるとの認識が共有されている。

　同会議において、習近平は、「イノベーションが開発の最初の原動力であり、知的財産権を保護することはイノベーションを保護することを意味する」と述べた。その上で、「民法の関連規定を厳格に実施する一方、関連する法規制の改善を加速し、特許法、商標法、著作権法、独占禁止法、科学技術進歩法の改正を調整および促進する必要がある」と知的財産保護のためにこれらの法制度を改正する必要性を強調した。

　さらに、習は知的財産権の分野における国家安全保障を維持する必要性も強調している。具体的には、「国家安全保障に関連する主要なコア技術の独立した研究開発と保護を強化し、法律に従って国家安全保障に関連する知的財産権の移転を管理することが必要」であり、「知的財産の独占禁止や公正な競争に関連する法規制や政策措置を改善し、合法かつ強力な抑制を形成することが必要」であるとの認識を示した。

　習は、グローバルな知的財産ガバナンスに深く参加することを掲げる一

方で、こうした国内の法整備に加えて、「中国の知的財産法や規制の域外
適用を促進し、国境を越えた司法調整の取り決めを改善することが必要」
であり、「効率的な国際的な知的財産リスクの早期警戒と緊急対応メカニ
ズムを形成し、知的財産の外国関連リスクを防止および管理するためのシ
ステムを構築することが必要」であるとも述べている。

6．外国からの投資や法令の域外適用への規制

　他方、2019年3月15日、第13期全人代第2回会議において、「外商投資
法」を採択し、2020年1月1日から施行、また2020年12月には、「外商投資
安全審査弁法」を公表し、2021年1月18日から施行した＊21。この外商投資
法は米中対立の只中で、しかもわずか3か月の審議で可決・制定された。
そのため、米中間の貿易交渉を有利に進めるための施策として注目を集め
ており、米国防総省の『対中安全保障レポート』(2020年版)では、「知的
財産・技術移転・イノベーションに関する中国の不公正な貿易慣習に関連
した、米国通商代表部の301条報告書により提起されている数多くの問題
に対し対応するものであるように思われる」と指摘されている＊22。ただ
し同法は、前述の通り「国家安全法」に基づく経済安全保障強化策の一環
として2015年の時点でも掲げられており、外国企業による中国への直接投
資について、審査メカニズムの改善を図る施策であると言えよう。
　さらに、2021年1月9日、商務部は「外国と法律および措置の不当な域外
適用を阻止する弁法」を公表、同日に施行した＊23。同法制定の目的は
「外国の法令や措置の不当な域外適用を阻止し、国家主権、安全、発展の
利益を保護、中国の国民または法人の権利利益を保護すること」(第1条)
にあるという。具体的には、同法に基づき、商務部を中心とした審査機構
を設置し、中国の国民または法人が不当な域外適用に遭遇した場合に審査
が行われる。
　その審査結果に基づき、商務部は外国の法令や措置について承認、執行、
遵守の禁止を決定する(第7条)。また、当事者が外国の法令や措置を遵守
することで、中国の国民や法人などに損害を与えた(と商務部がみなした)
場合には、損害賠償を請求できると規定されている(第9条)。また、外国
の法令や措置が不当に域外適用されている場合、中国政府は必要な対抗措

置を講じることができる（第12条）。

　ただし、対象となる「外国の法令や措置」や「当事者」、「対抗措置」など用語の定義や適用範囲が曖昧なことから、中国政府が同法を恣意的に解釈し、適用する余地が残されている。そのため、中国政府が「不当な域外適用」と見なした場合、あらゆる外国の法令や措置が対象となる可能性がある。そのため、日本企業が米国等の域外適用に関する関係法令や措置を遵守し、中国企業との取引を打ち切った場合、中国から損害賠償を請求される可能性がある。

　このことから、今後、外国の法令や措置を「不当な域外適用」として対抗措置を講じる一方で、中国の知的財産法や規制を域外適用するという「二重基準」によって、中国の「安全と利益」を確保しようとすることが想定され得る。すなわち、中国の経済安全保障に関連した国内法は、中国企業の利益保護や他国に対する経済的強制の手段として、あるいは中国に対する規制を抑止する手段としても適用される可能性がある。

　そのため、2020年11月10日、日本国内主要産業団体が経済産業省に対して提出した「中国及び米国の域外適用規制について（要請）」でも示されているように、中国の国内法が「国際競争力や優位性の維持・発展のために運用がなされるのでは」との懸念を生んでいる＊24。換言すれば、中国による経済安全保障は、経済の安全を保障することに留まらず、利益や技術、資源の「囲い込み」となることが懸念されていると言えよう。

7．データセキュリティに関する法整備

　情報通信技術（ICT）を応用した情報通信インフラサービスの普及は、次なるイノベーションと経済成長の源泉になる＊25。既に我々が目にしているように、情報通信インフラの普及は、グローバリゼーションの下で、インターネット商取引やオンラインコンテンツなど様々なイノベーションを導いている。また、近年では高速通信 AI やビッグデータ解析の新興技術と技術革新によるデジタル融合が進展しつつあり、情報が価値を生み出すようになってきている。情報を基盤とするビッグデータや AI、IoT などの新興技術によるデジタル融合を中心としたイノベーションのためは、次世代高速通信（5G、6G、衛星通信など）の整備とその情報（データ）の保

護が必要不可欠となる。

　そのため、近年中国は、データセキュリティに関する法整備も積極的に
進めている。本章の冒頭で触れた2015年の「国家安全法」では、国家安全
保障の観点から、中国の情報通信技術に対する外国のアクセス制限が規定
されている。また、2015年12月27日に制定された「反テロ法」では、電気
通信事業者とインターネットサービスプロバイダに対し、「テロ活動の予
防および捜査を行っている」公共および国家安全機関への情報、復号化、
およびその他の技術の解読支援を義務付けた。

　2017年6月には、中国は、「サイバーセキュリティ法」（網絡安全法）およ
び「国家情報法」を制定、施行した。サイバーセキュリティ法は、サイバ
ー空間の主権および国家の安全、社会公共の利益維持、経済社会の情報化
の健全な発展を目的にしたもので、ネット上の個人情報や重要データの保
護を規定している。同法では、外国企業による中国での情報通信技術販売
を制限するとともに、中国政府が管掌する国家安全保障上の審査のために
データを提出することや中国国外へデータを転送する前に中国政府の認可
を得ることを求めることが規定された。一方、国家情報法は、情報収集の
取り組みを支援するために当局が国内外の個人および組織を監視・操作し、
車両、通信機器、および建造物の使用または押収を可能にするものである。

　また、2020年6月には、第13期全人代常務委員会第20回会議において、
サイバー空間以外の重要データ保護のため、「データセキュリティ法」の
意見請求稿が審議され、翌7月3日から8月16日までパブリックコメントが
行われた。さらに、同年10月には、第13期全人代常務委員会第22回会議に
おいて「個人情報保護法」の草案を審議し、10月21日から11月19日までパ
ブリックコメントが行われた。

　これらのデータセキュリティに関する法律は、一部に相互に重複する内
容を含むものの、重層的な法整備を行うことで、情報通信技術の国産化を
推進するとともに、その情報、データを中国政府が監督管理し、保護する
ものとなっている。

８．中国が経済安全保障を強化する背景

　このように、近年、中国が経済の安全保障的側面を強化する背景には、

第1に、「総体国家安全観」の下で、経済の安全を保障することが国家安全保障の基礎であるとの認識を中国共産党指導部が有していることが挙げられる。そのため、中国は、経済の安全を保障するという目標を達成するために、「エコノミック・ステイトクラフト」の手法を用いて、他国に「強制」や「服従」、「説得」を試みることを厭わないと考えられる。

第2に、米中対立や中国による技術の獲得、開発、囲い込みなどに対する先進諸国の懸念が増す中で、戦略物資やサプライチェーンを確保する必要があると認識するようになったことが挙げられる。そのため、グローバルに開かれた環境下で、経済の安全を保障するための施策として、関連する国内法を整備するとともに、自国に有利な国際ルールの形成を目指していると見られる。

第3に、特許出願件数で世界一となるなど、守るべき技術や知的財産、および新興技術を支える重要なデータなどが急増したことで、中国がそれらを守る立場になったことが、経済の安全保障的側面を強化している背景にある。そのため、中国の法整備は、他国による知的財産権の侵害も意識したものとなっている。中国が、他国から権利侵害を問題視される一方で、新興技術をはじめとする知的財産を重視するようになったことは、重大な変化である。

そこで、関係諸国は、戦略物資やそのサプライチェーンを多角化するなど、「エコノミック・ステイトクラフト」の手法に対する備えが必要となる。また、中国の一方的かつ不透明な国内法に対しては、国際社会が説明と改善を求めていくことが肝要である。加えて、知的財産や情報・データなどの保護については、世界貿易機関（WTO）や経済連携協定（EPA）をはじめとする国際的な貿易管理の枠組みの中で、公正性や実効性を担保していくことが重要であろう。

註
＊1 「エコノミック・ステイトクラフト」は、時として「経済安全保障」と同義として用いられていることがあるが、経済的要素や経済力を背景に、外交において相手に経済制裁などの「強要・服従」を迫るものであり、「強制外交」の一種である。アレクサンダー・ジョージ（Alexander L. George）らは、「抑止」が「まだ開始されていない行動の実行を思いとどまらせようとするもの」である

のに対して、「強制外交」は「敵対者によってすでに引き起こされた行動を覆そうと試みるもの」と定義している。ゴードン・A・クレイグ、アレキサンダー・L・ジョージ著、木村修三、五味俊樹、高杉忠明、滝田賢治、村田晃嗣訳『軍事力と現代外交－歴史と理論で学ぶ平和の条件－』（有斐閣、1997年）、220頁。（Gordon A. Craig and Alexander L. George, *Force and Statecraft' Diplomatic Problems of Our Times*, Third Edition, Oxford university Press, 1983, p.196）。

＊2　国家中央軍事委員会の創設については、土屋貴裕『現代中国の軍事制度 －国防費・軍事費をめぐる党・政・軍関係－』（勁草書房、2015年）、30頁を参照。

＊3　「習近平：堅持総体国家安全観 走中国特色国家安全道路」、新華網、2014年4月15日、<http://news.xinhuanet.com/politics/2014-04/15/c_1110253910.htm>。

＊4　「習近平在中央政治局第二十六次集体学習時強調 堅持系統思維構建大安全格局 為建設社会主義現代化国家提供堅強保障」新華網、2020年12月12日。
<http://www.xinhuanet.com/politics/leaders/2020-12/12/c_1126852702.htm>

＊5　「中華人民共和国国家安全法（主席令第二十九号）」中華人民共和国中央政府ホームページ、2015年7月1日。
<http://www.gov.cn/zhengce/2015-07/01/content_2893902.htm>

＊6　「聚焦新国家安全法五大亮点」新華網、2015年7月1日。
<http://news.xinhuanet.com/legal/2015-07/01/c_1115787097.htm>

＊7　「中共中央国務院関於構建開放型経済新体制的若干意見（2015年5月5日）」『人民日報』2015年9月18日。

＊8　「中華人民共和国出口管制法」中国人大網、2020年10月17日。
<http://www.npc.gov.cn/npc/c30834/202010/cf4e0455f6424a38b5aecf8001712c43.shtml>

＊9　「本法の輸出管制管理に関わる規定に違反し、国の安全と利益に危害を及ぼした場合は、本法の規定に基づいて処罰するほかに、さらに関連法律・行政法規の規定に基づいて処理と処罰を行わなければならない。本法の規定に違反し、国が輸出を禁止する管理品目を輸出した、あるいは許可を得ずに管理品目を輸出した場合は、法に基づいて刑事責任を追及する」。

＊10　中国の輸出管理法の条文は、米国の輸出管理規則（Export Administration Regulations：EAR）におけるデミニミス・ルール（De Minimis Rule）に関する規定（EAR Part734.4）や「特定の規制技術が使用されている製品」（直接製品）に関する規定（EAR Part734.3(a)）が含まれていない。そのため、対象品目となる中国製の素材や部品などが一部でも含まれている場合、同法が適用される可能性がある。

＊11 「商務部 国家密碼管理局 海関総署公告2020年第63号 関於発布商用密碼進口許可清単、出口管制清単和相関管理措施的公告」中華人民共和国商務部ホームページ、2020年12月2日、

<http://www.mofcom.gov.cn/article/zwgk/zcfb/202012/20201203019733.shtml>。

＊12 「全国人大常委会委員分組審議時建議 将源代碼和算法一併列入管制物項」法制網、2020年10月15日。

<http://www.legaldaily.com.cn/index/content/2020-10/15/content_8328619.htm>

＊13 中華人民共和国商務部、科技部「関於調整発布《中国禁止出口限制出口技術目録》的公告」中華人民共和国中央人民政府ホームページ、2020年8月28日。

<http://www.gov.cn/zhengce/zhengceku/2020-08/29/content_5538299.htm>

＊14 Yin Yeping, "Concerns about export restrictions drive up rare-earth prices," Global Times (WEB), November 26, 2020.

<https://www.globaltimes.cn/content/1208106.shtml>

＊15 Xie Jun, Li Xuanmin, "Export control law to affect rare earths, UAVs," Global Times (WEB), November 30, 2020.

<https://www.globaltimes.cn/content/1208529.shtml>

＊16 「商務部令2020年第4号 不可靠実体清単規定」中華人民共和国商務部ホームページ、2020年9月19日。

<http://www.mofcom.gov.cn/article/b/fwzl/202009/20200903002593.shtml>

＊17 「習近平：国家中長期経済社会発展戦略若干重大問題」求是網、2020年10月31日。<https://baijiahao.baidu.com/s?id=1682050644364542786 >

＊18 オープン・イノベーションについては、以下を参照。ヘンリー・チェスブロウ編著、PRTM 監訳、長尾高弘訳『オープンイノベーション：組織を超えたネットワークが成長を加速する』（英治出版、2008年）、およびヘンリー・チェスブロウ著、博報堂大学ヒューマンセンタード・オープンイノベーションラボ監修・監訳『オープン・サービス・イノベーション』（CCC メディアハウス、2012年）。

＊19 たとえば、尹鴻祝、蒋建科「知識産権局負責人介紹専利法修改情況指出保護知識産権 推動科技創新」『人民日報』、2000年9月2日。

＊20 「習近平在中央政治局第二十五次集体学習時強調 全面加強知識産権保護工作激発創新活力推動構建新発展格局」新華網、2020年12月1日。

<http://www.xinhuanet.com/politics/leaders/2020-12/01/c_1126808128.htm>

＊21 「中華人民共和国国家発展和改革委員会 中華人民共和国商務部令第37号」中華人民共和国中央人民政府ホームページ、2020年12月19日。

<http://www.gov.cn/zhengce/zhengceku/2020-12/19/content_5571291.htm>

＊22 Office of the Secretary of Defense, "Annual Report to Congress: Military and Security Developments Involving the People's Republic of China 2020," Arlington, VA: United States Department of Defense, 1 September 2020, p.17.

＊23 「商務部令2021年第1号 阻断外国法律与措施不当域外適用辦法」中華人民共和国商務部ホームページ、2021年1月9日。
<http://www.mofcom.gov.cn/article/b/c/202101/20210103029710.shtml>

＊24 CISTEC 事務局「経済産業省に対して米中の域外適用規制について要請書を提出－中国輸出管理法及び米国の拡大直接製品規制に関して」『CISTEC journal』No.190（安全保障貿易情報センター、2020年11月）、37〜41頁。
<https://www.cistec.or.jp/service/china_law/20201110.pdf>

＊25 ICT によるイノベーションについては、総務省編『平成28年版　情報通信白書』（日経印刷、2016年）および、同『平成30年版　情報通信白書』（日経印刷、2018年）などを参照。

日本の経済安全保障政策への展望

村山　裕三

　前章まででみてきたように、米中両国とも、新興技術に関連した安全保障と経済を結びつけた技術戦略を策定した。そして、これらがぶつかり合う形で、米中間の技術覇権争いが進行している。終章では、前半で日本の技術経済安全保障政策を振り返るとともに、米中間の技術覇権競争を受けた日本の新たな技術政策体制について述べる。そして、後半部分で新たな政策体制の下で、日本が取るべき技術経済安全保障政策のあり方を検討することにする＊1。

1．政府による技術経済安全保障の取組

（1）米国での問題顕在化と日本の対応

　日本で技術を介して安全保障と経済問題が関係し始めたのは、米国における日本製部品への依存問題に端を発している。1980年に米国上院軍事委員会のパネルが防衛産業基盤に関する報告書を発表し、安全保障を支える防衛産業基盤が弱体しつつあることに警鐘を鳴らし、日本については、日本からの半導体メモリの輸入が急増しており、将来これが問題化する可能性があることを指摘した＊2。その後の日本のエレクトロニクス分野の競争力向上を背景に、1980年代の後半には、国防総省、国防科学委員会、全米技術アカデミー、議会技術評価局などから数多くの報告書が出された。これらの報告書では、米国の兵器生産において、日本製の電子部品への依

存が進んでいる事実をあげ、ここから生じる軍事上の脆弱性を指摘している*3。

　このような米国での動きは、日本では一部の防衛専門家以外にはあまり知られていなかった。ところが、1991年の湾岸戦争の勃発とともに、この問題が日本で一気に注目を集めることとなった。というのは、湾岸戦争で米軍が使用し、その威力を見せつけたハイテク兵器の中に日本製の電子部品が使用されていることが指摘され、これにメディアが大きな関心が寄せたのである。これに対する日本の反応は、大きく二通りに分かれていた。その第一は、米国製のハイテク兵器の活躍には、信頼度の高い日本製の電子部品が大きな役割を果たしており、これにより、日本の電子技術の優秀さが証明された、とするものである。もう一つの流れは、日本は原則的に武器輸出禁止の政策を掲げているものの、日本製の電子部品が米国製のハイテク兵器に組み込まれることにより、この原則が形骸化しているとする批判的な論評であった*4。これらのいずれの議論も、日本技術の優秀性の謳歌や平和主義の固持のレベルにとどまり、この問題に対する掘り下げた分析や問題を解決するための政策にまで踏み込んだものではなかった。

　一方、米国の技術政策は1990年代に入り、依存問題に絡まる日米技術摩擦を経て、日本からの軍民両用技術の移転を求め、これにより米国の軍事技術基盤を強化する、より建設的な方向へと変化し始めた。このような動きを受けて、日米間で軍民両用技術分野の協力の可能性が模索されるとともに、この実現に向けた日米対話が始められた。米国防総省の日本部長を務めた経験を持つバンダービルド大学のジェームズ・アワーが主催する日米技術協力フォーラムはこの好例で、この会議には防衛庁（当時）や経済産業省の関係者に加えて、防衛関連企業からも参加し、軍民両用技術に関する専門的な立場からの議論が交わされた。ただ、このような動きはあったものの、具体的な政策にはなかなかつながらず、技術を介した安全保障と経済の重なりに対する具体的な政策やプロジェクトの開始は2000年代にまでずれ込んだ*5。この時期になり、ようやく技術の軍民両用性を意識した政策やプロジェクトが開始されることになるが、以下では、省庁ごとにこれらの動きを振り返ることにする。

（2）防衛省の取組

　軍民両用技術の開発においては、防衛省（当時、防衛庁）がその先陣を
切るが、ここには筆者も個人的に関わっており、その経緯をまず記すこと
にする。筆者は、自衛隊の幹部育成プログラムである一般研修課程の講師
を1998年より務めており、「経済と安全保障」の講義を担当していた。こ
の講義では、技術と経済安全保障に関わる課題に焦点を当て、米国におけ
る軍民融合の動きや軍民両用技術に関わるトピックを取り上げていた。
1999年12月に開催された第47期の研修には、後に初代の防衛装備庁長官と
なる渡辺秀明（当時、技術研究本部主任研究官）が参加していた。また、渡
辺は翌年2月には、筆者が新著を出版した機会をとらえて防衛研究所で開
催された研究会にも参加し、防衛分野の研究開発のあり方などについての
議論に加わった。渡辺は、防衛分野への民生技術の導入に以前から関心を
持っていたが、これらの講義と研究会に参加することにより、「（防衛省の
研究開発で）軍民両用技術に重点を置くべきとの考えが確信に変わった」
と後に述べている*6。

　渡辺は、この後、技術研究本部の研究企画を担う「企画官」の職を得て、
防衛省として初めてとなる研究開発の戦略文書の作成に取り組んだ。この
ような経緯で完成したのが、2001年6月に出された『研究開発の実施に関
わるガイドライン』で、ここでは先の講義と研究会で得られた知識が色濃
く反映され、従来の防衛省のやり方とは一線を隔した方策が打ち出された。
このガイドラインでは、優れた民生技術を積極的に導入、応用することと
し、また、防衛と民生相互の技術の循環が必要であり、独立行政法人、大
学、特殊法人などとの交流を進めることを促した。また、この文書は、既
存の研究開発システムでは、飛躍的に発展する民生や学術分野の成果を取
り入れることが困難であるとして、米国で進行中の新たな技術開発方式を
提唱するなど斬新的な部分が多く、当時は反対する意見も出たようである
が、結果的にここで示された考え方は、その後の防衛省の研究開発における
基本的な枠組みを提供することになった*7。

　2001年の研究開発ガイドラインの策定により、従来の技術研究本部と防
衛産業の枠組みにとらわれずに、外部機関と協力して研究開発を進める試
みが可能になり、また防衛分野への民生技術の導入が日本でも進み始めた。
防衛省は2002年頃より新エネルギー・産業技術総合開発機構（NEDO）と

の連携を図り、ミリ波送信デバイス、量子ドット型赤外線センサ、RF －MEMS可変回路などの分野で、軍民両用技術の開発を始めた。また2003年頃より、防衛省はNEDO、宇宙航空研究開発機構、情報処理推進機構や大学との研究協力を行い、民生技術が関わった交流が開始された。

　例えば、防衛省が防衛装備品向けの開発を行ってきた非冷却赤外線センサ分野は、高感度センサ材料の研究を行うNEDOと日本電気（NEC）と連携して開発が行われた。この開発プログラムでは、防衛向けには、暗視装置、小銃照準具、航空・地上無人機、監視装置などへの応用をめざして高機能センサが開発される一方、民生用には監視・セキュリティ用、カメラ化による車両への搭載、医療分野などの保守保全サーモグラフィーなどへの応用を視野に入れて、量産型の低価格センサの開発が行われた。この他にも、2008年度からは防衛省はNEDOと協力して、中小企業技術革新制度（SBIR）の枠組みを使って、中小企業の持つ優れた技術を防衛装備品に組み入れるプロジェクトや、総合科学技術会議の府省庁連携プログラムにおいて、理科学研究所が主導する中赤外電子波長可変レーザーによる遠隔探知技術の開発に防衛省技術研究本部が参加し、テロ対策技術の開発などが行われた*8。

　軍民両用技術の開発をめざすプログラムは、2010年代の中頃からその規模が拡大した。2015年度より開始された防衛装備庁の安全保障技術研究推進制度では、初年度は3億円の予算であったのが、2017年度より100億円を超える規模の研究開発プログラムとなった。この制度は、将来の防衛分野の研究開発に役立てることを期待して、先進的な民生技術における基礎研究を公募するプログラムであり、基礎研究を対象とするものの、その目的は軍民両用技術に照準をあてている。また、2017年度からは、より直接的に軍民両用技術に焦点を当てた開発プログラムも開始されている。これが、「進展の速い民生最先端技術の短期実用化に関する取組」で、2017年度より開始されている。このプログラムの目的は、民生分野の最先端技術を、その技術を持つ民間会社と運用者である防衛装備庁が一体となって迅速に防衛装備品に取り込むプログラムで、3〜5年程度の短期間で技術の実用化を行う計画となっている。また、ここで開発された技術は民生市場でも展開し、同じ技術を防衛と民生の両市場で活用することにより、防衛向けの製品価格や維持費の低減もめざしている*9。このように、2000年

代に入り開始された防衛省による軍民両用技術の開発は、2010年代後半に入って規模が拡大し、より本格化することとなった。

（3）総合科学技術会議、文部科学省の取組

　総合科学技術会議と文部科学省では、民生と防衛という軍民両用技術の切り口ではなく、民生技術と社会の「安全・安心」という切り口から、デュアル・ユース技術の開発に乗り出した*10。まず、文部科学省は、2003年4月に「安全・安心な社会の構築に資する科学技術政策に関する懇談会」を立ち上げた。この背景には、米ソ間の冷戦が終結し、また米国で9.11同時多発テロが起こるという国際政治上の大きな環境変化があった。国際環境が変化する中、テロ対策などの分野においては、日本が得意とする技術を活かせるし、またこの方向に技術開発を展開させることが、国際社会における日本の地位向上にも役立つという考え方が生まれることとなった。

　この研究会には、科学技術の専門家に加えて、国際政治、ビジネス、リスク管理などの分野の専門家も加わり、幅広い視点から議論が交わされた。そして、2004年4月に同懇談会は報告書を発表し、「安全・安心な社会を実現する技術の基盤を強化し、国際的な安全・安心の増進に貢献することは、経済力・技術力を背景としたわが国の安全保障上、重要な政策」であるという位置付けを行った。このように、この報告書では、「安全・安心」という文言を使いながらも、日本の安全保障へ至る視点をにじませている。また、研究開発を進める際には、「先端的な科学技術の開発を目指すだけではなく、安全・安心分野への既存技術の転用」が重要であるとして、明確にデュアル・ユース技術の視点も打ち出した*11。

　一方、この懇談会と同時期に並行して開催された総合科学技術会議の「安心・安全に関する常勤議員の勉強会」でも、同様の視点からの議論が行われた。この勉強会には、筆者も2回にわたり招聘され、経済安全保障と軍民両用技術のトピックについて、常勤議員との間で専門的な観点からの議論を交わした。そして、この勉強会での議論は、2004年の「安全に資する科学技術推進プロジェクトチーム」に受け継がれ、このプロジェクトチームが2006年6月に発表した報告書では、「安全に資する科学技術については、わが国の科学技術力を駆使し、国際的な技術優位性を確立すること

により、わが国の技術安全保障を強化し、総合的な安全保障に貢献することが重要である」と述べられ、国際優位性をもつ日本の技術を活用して、安全保障を強化するという視点が、総合科学技術会議でも打ち出された＊12。そして、この方策は、第3期科学技術基本計画の推進計画の中に盛り込まれ、「安全に関する科学技術の研究開発については、デュアルユース技術（軍民両用技術）による開発体制のあり方を他分野とも連携して検討する必要があり、防衛・警察・消防関係の科学技術についても積極的に民生技術を活用した研究開発の取組を推進する」と記述された＊13。このように2006年になると、軍民両用技術を通じた防衛技術の強化の方針が、日本の科学技術政策の司令塔である総合科学技術会議の文書の中にも書き込まれるまでになった。

（4）経済産業省の取組

　経済産業省は、日本の省庁の中で、技術経済安全保障の課題に最も深く関与してきた組織である。というのは、輸出管理（安全保障貿易管理）と外資規制という、技術を介して経済と安全保障が交錯する二つの領域を所管してきたからである。

　日本の輸出管理の歴史は、1952年のココム（対共産圏輸出統制委員会）への参加にまでさかのぼるが、1987年の東芝機械のココム違反事件を契機として、日本の輸出管理制度は大幅に強化された。ここで確立された日本の輸出管理制度は世界的にも高い評価を受けたが、その後も経済産業省は、輸出管理レジームの動向や世界を取り巻く技術環境の変化に対応して、制度の改正に取り組んできた。2000年以降だけをみても、2002年にはリスト規制品目以外の貨物や技術に対しても、大量破壊兵器に使用される恐れがある場合はそれらを規制する大量破壊兵器キャッチオール規制を導入した。そして、2008年にはこの規制枠組みを通常兵器にまで拡大した。また2009年には、USB メモリなどの記憶媒体が普及したことなど受けて、移転先の属性を問わずに国外への機微技術の持ち出しを許可対象とするボーダー規制を導入した。また、2017年の改正では、違反事例に対する行政制裁と罰則を大幅に強化した。

　輸出管理と比べて対応が遅れたのが、外資規制の分野である。外資による対内直接投資は外為法第27条により規制されていたが、1991年以来、15

年以上にわたり見直しがされてこなかった。この間にＩＴ革命が進行するなど、大きな技術環境の変化が進行し、また日本の外資規制はエレクトロニクス部品、先端材料、工作機械などの重要分野の規制で不十分な部分があった。このような欠陥を埋めるために、2007年に外資規制の大幅な見直しが行われた。この見直しでは、武器の定義枠組みを変更し、また、大量破壊兵器不拡散の要素も取り入れることにより、それまで規制外だった多くの軍民両用技術を規制対象に組み入れるなどの変更が行われた*14。また、2019年にも外資規制に対する見直しが行われ、それまで株式の10％以上の保有を出資の事前審査の対象としていたのを1％以上に改正して規制の網を広げる一方で、懸念のない投資に関しては事前届け出の免除を行うなどの改正を行った。

　このように、経済産業省は、輸出管理と外資規制を通じて技術経済安全保障に長年にわたり関ってきたが、その体制は、最近になりさらなる強化が図られている。例えば、同省は、2015年に製造産業局の中に製造産業技術戦略室を設け、産業競争力と安全保障の両面から重要視すべき技術、すなわち重度の高い軍民両用技術を特定し、必要に応じてこれらを保護、育成するための方策作りに取り組んだ。また、米中間のハイテク覇権競争に対しては、これにいち早く対応し、2019年の外資規制の見直しでは、米国の2019年国防権限法に盛り込まれた外資規制と輸出管理強化策を視野に入れた議論がなされた。そして、この議論を受けてまとめられた産業構造審議会の安全保障貿易管理小員会の中間報告では、「安全保障と一体となった経済政策」という、経済安全保障を前面に押し出した考え方が示された*15。また、2020年6月には「特定高度情報通信活用システムの開発供給及び導入の促進に関する法律」が、経済産業省と総務省の共管で公布された。この法律は、その目的に安全保障も明記された産業振興法で、日本で5Gやドローンの研究開発や普及を行う企業に対して、低金利融資や減税措置を受けられるようにしたもので、経済安全保障の範疇に入る政策といえる。

（5）国家安全保障局、内閣府の取組

　2020年4月に、国家安全保障会議の事務局にあたる国家安全保障局に、経済分野を専門とする経済班が設けられた。この経済班は、日本の経済安

全保障政策を担う役割を果たすために創設された組織で、ここが主導して経済安全保障戦略が策定されるとされている＊16。

　経済班が創設されるきっかけになったのは、米中ハイテク競争に端を発した米国の中国に対する外資規制の強化策であり、日本の外資規制が省庁を横断する形で効果的な体制が確立されていないことに対する危機感が存在していた。外資規制が対象とする技術は、経済産業省を始め、総務省（通信関係）、厚生労働省（医薬品関係）などの広範囲に及ぶが、経済産業省以外は、海外からの投資を安全保障面からチェックする体制に甘い部分が残っていた。このことが契機となり、安全保障面から経済政策を見る組織の必要性が認識され、国家安全保障局の中に経済班が設けられることになったといわれている＊17。したがって、この動きは、経済産業省による2019年の外資規制の見直しと重なる動きであり、ここには経済安全保障に長年にわたり取り組んできた経済産業省の問題意識が反映されており、経済班のトップ（審議官）には、経済産業省出身者がつくことになった。

　経済班が手掛けようとしているのは、サイバー攻撃対策や外資規制を含む日本からの技術流出の防止策、5G などの通信安全保障に関わる課題、新型コロナ対応策としての医療分野のサプライチェーン問題などが含まれると報道されている＊18。いずれにしても、これまで明確な戦略が存在しなかった経済安全保障分野に、これらを包括的に取り扱う組織が創設された意味合いは大きいといえる。

　一方、「安全・安心」の視点から、技術開発にアプローチする方策も、同時期に開始された。「安全・安心」については、先に総合科学技術会議と文部科学省が、2003年から2006年にかけて積極的に取り組み、「安全・安心」が第3期科学技術基本計画の3本柱の一つに据えられたことにより、2006年度より数多くの技術研究開発プロジェクトが始められた。ところが、これらは2009年の民主党政権の誕生とともに頓挫し、技術研究開発から「安全・安心」という視点も立ち消えとなっていた。

　この「安全・安心」の視点は、内閣府の統合イノベーション戦略推進会議によって、2010年代末にイノベーション政策の一環として取り上げられることになった。同会議は、AI 技術、バイオテクノロジーなどと並んで「安全・安心」分野を強化すべき分野の一つとして位置づけ、2018年12月にイノベーション政策強化のための有識者会議「安全・安心」が設置され

た。この有識者会議は2020年1月に「「安全・安心」の実現に向けた科学技術・イノベーションの方向性」と題された報告書を発表し、「安全・安心」分野の技術政策を、1)知る、2)育てる、生かす、3)守る、の3つの領域に整理して、政策の方向性を提示した。

この報告書では、「安全・安心」の技術シーズとニーズの技術情報を集約し、これらをマッチングするために、新たなシンクタンクの設立が提言された。また、重要技術の育成については、育成した技術を社会実装につなげるために人材育成を行うとともに、一貫したプロジェクトのマネジメント体制の必要性を指摘した。また、「守る」分野においては、日本からの技術流出の穴を埋めるための関係省庁による連携などの包括的な方策を提言した[*19]。

（6）転換期を迎えた日本の経済安全保障政策

ここまで見てきたよう、日本では2000年代の前半から経済と安全保障を結びつけた技術開発プロジェクトが開始され、輸出管理と外資規制の分野でも変化する国際環境への対応が行われてきた。このような取り組みが加速化したのが2018年頃からで、ここには米中ハイテク覇権競争、その具体的な米国の政策として2019年国防権限法に盛り込まれた輸出管理と外資規制の影響が存在していた。

この一例が経済産業省により行われた2019年の外資規制の見直しであり、先に見たように、この見直しの背景には、米国における政策変化に同盟国としてどのように対応するか、という問題意識が存在していた。また、2020年に国家安全保障局に経済班が設けられた背景にも、先に見たように、米中間の技術分野における緊張の高まりがあった。さらには、2018年末にイノベーション政策強化のための有識者会議「安全・安心」が設けられた背景にも、米中のハイテク技術競争の高まりがある。この有識者会議では、守るべき対象を「国家、国土、国民及びその生命・財産や諸活動、社会システム等幅広く及び」と述べられているように、通常の「安全・安心」分野にとどまらず、テロやサイバー攻撃などの安全保障に絡む分野も包括し、国家安全保障局経済班の立場と共通する問題意識を含んでいる[*20]。

これらの動きに加えて、経済安全保障に関係する省庁では、この分野の重要性の高まりを受けて、組織変更が行われている。経済産業省では、

2019年6月に大臣官房に経済安全保障室を設置し、また製造産業技術戦略室の機能を拡張して、省内に技術調査室を設け、重要技術のサプライチェーンの分析や海外からの対内投資に関わる技術調査などを始めた。また、外務省は、2019年10月に組織を改編し、新安全保障課題政策室を設置した。この新たな組織の目的は、経済安全保障の重要度の高まりを受けて、経済・技術分野における安全保障政策に関わる取り組みを強化する点にあり、この組織は2020年7月に経済安全保障政策室に名称変更されている。一方、防衛省は「経済安全保障情報官」を新設し、防衛装備庁も「装備保全管理官」を設置して、防衛産業の情報保全や海外への技術流出の防止策の強化に乗り出している。また、警視庁では、2020年10月に経済安全保障対策班を設置し、公安調査庁でも経済安全保障関連調査プロジェクト・チームを立ち上げて人員を増やし、先端技術の海外への流出を防ぐための活動を強化している*21。

　一方、政治の分野でも、経済安全保障への関心は高まりをみせており、自民党のルール形成戦略議員連盟は、2019年3月に「国家経済会議」の創設を提言した。「国家経済会議」の目的は、「米中のエコノミック・ステートクラフト戦争の下で我が国が生き抜くために、戦略的外交・経済政策を練り上げる」点におかれており、米中間の経済・安全保障の両分野における覇権争いを受けた提言といえる*22。この提言は、部分的に国家安全保障会議経済班の設立にも寄与したといわれている。また、自民党政務調査会の新国際秩序創造戦略本部は、2020年12月に『「経済安全保障戦略」の策定に向けて』と題された提言を発表し、日本における経済安全保障戦略の策定を求めた*23。これは、政府に対して「経済安全保障一括推進法」の制定を求めたもので、これが実現すると、経済安全保障が日本の政策のひとつの柱となる重要な動きとして注目される。

　このような動きを受けて、メディアも経済安全保障のテーマを重点的に取り扱い始めた。読売新聞は、2020年5月に、日米安保60年第2部の特集として「経済安全保障」を取り上げ、11回にわたり記事を掲載した。また、日本経済新聞も、2020年6月に「経済安保政策を追う」という特集記事を数回にわたり掲載した。雑誌では、『Wedge』が2020年12月に、『Voice』が2021年1月に、そして『世界経済評論』が2021年4月に、いずれも経済安全保障をテーマに特集号を発行した*24。これまで、メディアにおいても

経済安全保障のテーマがこれほど大きく取り扱われることはなかった。

　このように、これまで安全保障の傍流という扱いを受けてきた経済安全保障が大きな注目を集め、実際の政策面での動きにつながってきている。この一連の動きの中で特に注目されるのは、政策的な対応が縦割りではなく、国家安全保障局や内閣府が政策作りに関わる形で省庁を横断した取り組みが始まっている点である。ここには、経済や技術を所管する関連省庁を巻き込まないと効果的な政策作りができない経済安全保障が、安全保障政策の中で占める重要性が高まりつつあるという、政府内の認識変化があると思われる。

　国家安全保障局の経済班の設置、安全・安心イノベーション分野におけるシンクタンクの設置計画、そして各省庁における組織の新設のように、政策を動かす機関の制度化が図られている点にも注目しなくてはならない。というのは、これまでも2000年代中頃のデュアル・ユース技術を意識した「安全・安心」への取り組みのような試みはあったが、これらはプロジェクトや予算ベースという既存の枠組みに乗ったものであり、状況が変化すると簡単に立ち消えとなる傾向がみられた。これと比べ、今回の試みは、政策を動かす組織の制度化が行われており、これにより経済安全保障をベースにした政策に恒常的に取り組める体制が整い始めている。このような動きは、第2次世界大戦後初めてのことであり、米中技術覇権競争を受けて、日本の経済安全保障政策は大きな転換期を迎えたということができる。

2．日本の経済安全保障政策のあり方

　本節では、前節でみた政府の体制変化を受けて、米中技術覇権競争の時代に、日本はどのような経済安全保障政策を実施に移すべきかを考えてみることにする。

（1）変化する経済安全保障と戦略コンセプト

　経済安全保障政策を考えるにあたって、政策の転換という視点はきわめて重要である。というのは、いつの時代にも通用する恒常的な経済安全保障政策なるものは存在しないからである。経済安全保障は、軍事安全保障とは異なり、確固とした理論のベースがない上に、その時々の国際環境に

よっても変化する性格を持つ。なぜ経済安全保障が国際環境により変化するかというと、経済安全保障政策は、経済を安全保障から見た視点をベースにした政策であり、この逆ではないからである。経済そのものは市場メカニズムにより動き、その基本メカニズムは、経済学が理論化しているように、時代によりさほど変化する性格のものではない。しかし、この経済を安全保障政策というレンズを通してみると、国際環境の変化により異なった経済の安全保障面での役割が浮かびあがってくる。日本のような米国と中国という大国にはさまれた経済重視の国では、効果的な安全保障政策を策定するためには、経済安全保障の流動的な側面を押さえておく必要がある。

　本章の筆者は、2000年代初頭の国際環境を踏まえて、日本の経済安全保障政策を、「関係性の構築」というコンセプトを使ってまとめたことがある。当時は、冷戦が終結してグローバル化が急速に進行し、その一方、新たな安全保障上の脅威としてテロが浮上した時代であった。このような時代を日本が生き抜くためには、中国や北朝鮮を、経済の論理で動く国へと誘導し、米国とは日本が得意とする民生技術を安全保障分野に活用してテロ対策の分野などで日米技術協力を進め、日米同盟を強化する必要性を説いた。グローバル時代に適した新たな関係性を周辺国と構築することが、この時代に即した経済安全保障政策の戦略コンセプトになると考えたのである＊25。

　ところがその後はグローバル化の趨勢が後退する一方で、各国で自国第一主義が頭をもたげ、それらがぶつかり合う形で米中間での覇権競争が進行した。このような国際環境下で日本が取るべき経済安全保障政策を考える際には、この環境に即した新たな戦略コンセプトを見出す必要がある。

　それでは、米中ハイテク覇権競争の時代における日本の経済安全保障政策の戦略コンセプトはどのようなものであるべきだろうか。ここで注目する価値があるのは、自民党の新国際秩序創造戦略本部の報告書にも頻繁に使用されている「戦略的不可欠性」という考え方である。これは、もともとは、PHP　Geo-Technology 戦略研究会が2020年4月に発表した報告書『ハイテク覇権競争時代の日本の針路』で提言された考え方で、他国が決定的に重要と考える領域において代替が難しい地位を獲得することをさす。この「戦略的不可欠性」を技術面からみると、日本がこれまで培ってきた

強み生かすことにより、米中両国が戦略上必須と考える技術分野において、国際競争力を保持することを意味する。この「戦略的不可欠性」を確保することにより、米中にはさまれた日本の立場を際立たせ、これにより日本の存在価値を両国に印象付けることができる。このような技術面での立場を日本が獲得することができれば、日本と協力するインセンティブは高まるし、場合によっては日本が外圧に抗する力も得られる*26。このようにとらえると、「戦略的不可欠性」はきわめて重要な考え方であり、これは米中覇権競争時代の新たな戦略コンセプトになりえると考えられる。「戦略的不可欠性」を生かした具体的な技術政策については次項でふれるが、政策をつき通すコンセプトを明確にしておくことにより、首尾一貫した政策作りが可能になるし、これが政策自体の効果を引き上げることにもつながる。

（２）技術政策ミックスの転換

　日本の「戦略的不可欠性」を確保し、これを外交・安全保障に生かすためには、どのような技術政策を策定すべきだろうか。この政策課題をつき詰めて行くと、技術については以下の3つの手段の組み合わせしかないことがわかる。それらは、1)国家間の技術の流れを自由貿易の原則にゆだねる、2)技術移転や技術協力を通じて政治的影響力を高める、3)輸出管理や外資規制などを通じた技術管理策を実施する、である。

　今までの日本の技術政策は、3)を国際的な基準に準拠する形で技術管理を行い、その他は、1)の自由貿易にまかせる、という技術政策ミックスであった。これはグローバル化が進展して経済的な機会が拡大する環境下では適切な政策であった。しかし、この政策ミックスでは、技術により外交・安全保障における影響力を発揮させるという、現代的な課題には対応できない*27。

　米中ハイテク覇権競争下の日本は、この技術政策ミックスを転換させ、3)の領域をより強化するとともに、2)の領域を新たに築き上げ、この両輪を使って技術を外交・安全保障に活かせる体制を構築することが重要となる。まず、3)の技術管理の側面であるが、この分野は経済産業省が長年にわたり取り組んできたため比較的整備されており、これらに上乗せする形で技術流出を防ぐ方策を強化すべきである。輸出管理の分野では、今まで

は輸出管理の国際基準に従って技術を管理してきたが、次項でその詳細を述べるように、「戦略的不可欠性」の確保につながる技術は、今後は国際基準の枠を超えてでも管理する必要がある。この他にも、居住者・非居住者の定義に関わる問題や大学や中小企業における輸出管理の強化などの課題はあるが＊28、これらは現在の延長線上で、あいた穴を埋める形で見直しを進めるべきである。一方、外資規制は、安全保障上のチェックがうまく効いていない技術や産業領域が存在するなどの問題はあるが、これは関係省庁の協力体制とチェック体制を強化することなどにより、改善に向かわすことができよう。

　より大きな政策努力が必要なのは、2)の効果的な技術移転・協力政策を実施するために、政府が「戦略的不可欠性」を持つ技術を掌握・育成・強化する方策である。この領域は、従来の政府向けの技術政策とは一線を隔する部分があり、この分野の技術力の強化には、国際的な競争力を持つ民間企業を巻き込む新たな研究開発システムが必要になる。

　一例として、民間企業を巻き込む形での技術開発システムのあり方を図1を参考にみてみよう。図1の技術開発システムは、まず政府資金を使って「戦略的不可欠性」を有する「安全・安心」分野や安全保障分野の技術開発を行い、この一方で同様の技術を使った民生分野の技術開発も行う。このような形で「戦略的不可欠性」を持つ技術の開発に政府が関わることにより、政府は民間企業が持つ重要技術を掌握し、開発に関与することにより、必要な時にはこれらを外交・安全保障目的に使える道が開けてくる。「戦略的不可欠性」を持つ民間技術は、日本以外の国も合法、非合法のさまざまな手段を使って入手しようと狙っており、日本政府がいち早くこれらの技術を掌握しておかないと、海外へと流出する可能性が高まる。また、副次的な効果ではあるが、同じ技術が民生・政府の両方で使用されれば、これはマーケットの広がりによるコスト低下効果、すなわち政府の調達コストの低減にもつながる。さらには、政府向けの技術を民生分野で使うことにより、この技術が民間市場における競争によりさらに磨かれ、これが政府向け技術の質向上にも結び付くというスパイラル的な効果も期待できる。

　この種のプログラムは、国際的な競争力を持ちながらも、今まで社会の安全・安心や国家の安全保障といった政府に関係した領域に関わりの薄か

図1　民生と防衛・安全・安心分野を結合したスパイラル型イノベーション

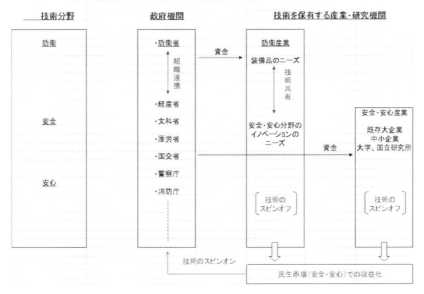

出所：筆者作成

　った民間企業を、この分野に引き入れるところに主眼がある。このために
は、技術開発の目的を安全保障に限るのではなく、社会から受け入れやす
い「安全・安心」分野と統合した形にすることが望ましい。技術的に見て
も、「安全・安心」と安全保障の「守る」分野を隔てる境はあいまいであ
り、これらを統合したアプローチには、技術的な妥当性もある。また、政
府向けの同様の技術を民生分野でも展開できるように仕立てることにより、
民間企業は民生市場からも利益が上げられる機会が出てくるため、この種
の政府プログラムに参加するインセンティブを高めることができる。特に、
「安全・安心」に関わる技術は、安全保障とは異なり、日常的に使われる
頻度が高いため、民間企業にとっての魅力は大きい。
　　一方、新型コロナウイルス後の国際関係を展望すると、「安全・安心」
技術自体の価値が、高まってきていることがわかる。現在、世界各国は、
コロナウイルス向けのワクチンや治療薬の開発に取り組んでいるが、どの
国が有効な製品を開発し、それをどのように流通させるかによって、コロ

ナ後の国際関係は影響を受ける。今回のコロナウイルス禍では、日本が有効なワクチンを開発できずに国民の間に失望感が広がった。今後は、このような事態を繰りかえさないためにも、日本が医療分野も含む「安全・安心」関連の研究技術開発を強化し、手にした技術を通じてこれらを政治的に有効利用できる道筋を作っておくことが重要となる。

（3）戦略的技術を活用した経済安全保障政策

　米中ハイテク覇権競争の環境に即した新たな目標と技術政策ミックスが確立され、日本が国際競争力を持つ技術を政策手段として使えるようになれば、次にこれらをどのように外交・防衛政策に活かすのかを考えなくてならない。これを、個別分野からみてみることにする。

　まず、米国をはじめとする同盟国に対しては、「戦略的不可欠性」を持つ技術を同盟関係の強化や日本の存在感の向上のためにいかに生かすかを考えなくてはならない。例えば、同盟国との間で兵器の国際研究開発を行う場合、「戦略的不可欠性」を持つ技術をカードとして使い、このようなプロジェクトに参加することは有効であろう。現時点では、日本の「戦略的不可欠性」を持つ技術は主として民間企業が持つ素材、部品が多いため、まずはこれらの技術を強化しつつ、国際的な研究開発プロジェクトに参加することが望ましい。その後、提供技術を素材、部品レベルから、サブシステム、そしてシステムへとレベルアップすることにより存在感を上げて行ければ、日本が同盟国の兵器共同研究開発の重要なパートナーとして浮上することができよう*29。なお、このようなプロセスを進めるにおいて、セキュリティ・クリアランス（適格性評価）制度を整備しなくてはならないことは言うまでもないだろう。現状では、クリアランスを受けていない民間企業の技術者は、機微な情報を扱う国際共同プロジェクトには参加できないため、日本が競争力を持つ民間の技術力を生かすためには、この種の制度を整備しておくことが必須となる*30。

　現在、米中ハイテク覇権競争の影響を受けてハイテク分野のサプライチェーンの分断化が進行している。この分断化は、防衛分野とそれと密接な関係がある軍民両用技術の分野では避けることができず、この領域では米国と同盟関係を持つ国々をつないだサプライチェーンが中国に対抗する形で形成されて行くものと考えられる。日本の「戦略的不可欠性」を持つ技

術はここでも活用可能である。この防衛関連のサプライチェーンでは、も
ちろん日本が得意とする素材や部品レベルでの貢献は可能であるし、さら
には、日本が競争力を持つ修理やメンテナンス技術もここで生かすことが
できるだろう。また、米中間の覇権競争が長引く場合、両国のサプライチ
ェーンの効率性の優劣が米中競争の勝敗の鍵を握ることになると考えられ
るが、ここで工作機械、検査・計測機器などの日本の生産技術を活かせれ
ば、より効率的で低コストのサプライチェーンの構築に貢献できる。また、
日本の技術や部品、製品が、国際的な防衛サプライチェーンの中に組み込
まれれば、これが結果的には日本からの防衛関連品の輸出増につながるた
め、日本の防衛産業の活性化につながる点も重要である。

　一方、日本が「戦略的不可欠性」を持つ技術が必要であるにも関わらず、
これを保有できていない分野もある。この典型がデータ流通の分野である。
米国がファーウエイなどの中国製の通信機器を排除し始めた背景には、機
密情報の漏洩とともに、中国政府がデータに対してネット検閲や社会監視
の網をかけ始めており、これが人権侵害につながるという懸念がある。特
に、こうした「デジタル権威主義」が第3世界へと広がると、これは米国
が基本とする個人の自由を重視した米国型のデータ利活用に対するグロー
バル規模の挑戦になる。このように、データ流通をめぐる摩擦の裏には、
米中間に根の深い考え方の違いが存在しており、米中覇権競争の主戦場に
なっている。

　この重要分野で日本が存在感を示すためには、「戦略的不可欠性」をも
つ技術を梃にして日本の立場を強化する必要がある。しかし、データ流通
を含む通信分野は日本がグローバルな競争力が弱い分野であり、家電や半
導体が世界を席巻した1980年代においてさえも、日本製通信機器の世界シ
ェアはとるに足らないレベルにあった。この状況は現在も続いており、例
えば、携帯基地局の日本メーカーの世界シェアは2%にも届かない状況に
ある。もちろん、村田製作所製のスマートホン用のセラミック製コンデン
サのように、世界シェア4〜5割を握る通信関連部品もある。しかし、こ
のような通信技術はまれであり、何とかデータ流通の分野でもこの種の技
術を手に入れる必要がある。このためには、日本が世界的な競争力を獲得
できうる分野を特定し、これを先に述べたような技術研究開発システムの
中に入れ込み、官民連携のもとで育成、強化しなくてはならない。このよ

うなプロセスを経て「戦略的不可欠性」を持つ技術を獲得できれば、データ流通の分野でも日本が主要なプレーヤーとして一目をおかれる存在になりえるだろう*31。

　次に、輸出管理や外資規制のような技術管理を、外交・安全保障へと活用する方策を検討してみよう。この分野は常に運用の難しさが付きまとうが、この点が如実に表れたのが、2019年夏の経済産業省による韓国向けの半導体材料3品目の輸出管理強化である。これらはまさに日本の「戦略的不可欠性」を持つ技術が絡んだケースであるが、この強化策の発表を受けて、韓国は日本製品のボイコットにとどまらず、その影響は日韓のGSOMIA（軍事情報包括保護協定）の破棄の可能性にまで及んだ。この韓国の反応からもわかるように、日本が「戦略的不可欠性」を持つ技術へのアクセスを制限することは相手国に大きな影響を与えることができる。しかし、この種の政策が意図した効果を上げられるかどうかは別問題といえる。というのは、輸出管理分野のルールは、輸出管理の国際レジームで決められており、このルールを逸脱した政策は用いることは基本的には難しい。韓国への強化策の場合も、これが元徴用工問題に対する圧力という政治的意図を持ったものか（韓国側）、ただ単に国際ルールに基づいて輸出管理を強化したものか（日本側）が判然とせず、あいまいさがつきまとう結果になった。輸出管理の個別品目を用いた政策は、どうしてもこの種のあいまいさが生じるため、これを体系的な政策に落とし込むことは難しいといえる。

　「戦略的不可欠性」を持つ技術をエコノミック・ステートクラフト的に使うよりも、日本がまず優先させるべきは、これらの技術の流出を全面的に防ぐことである。重要技術が、潜在的に敵対する可能性のある国に流れると、それが日本や同盟国に与える影響は計り知れない。この種の技術を日本や同盟国が活用するか、あるいは潜在的敵対国に流出するかでは、180度異なる結果となるのである。残念ながら、今までの日本は技術流出への備えが甘く、後者の事例がたびたび起こっていた。

　技術の流出防止においては、国際レジームが規制する品目に上乗せする形で日本が保持する「戦略的不可欠性」を持つ技術を加え、その管理体制を強化する必要がある。この作業は、同盟国や有志国を巻き込む形で進めなければならない。すなわち、技術覇権競争下における技術流出防止策に

ついて、多国間の枠組みの中で情報や課題を共有し、適切なルール策定を行うことが望ましい。今後、米国から中国への技術の流れがさらに制限され、米中間で重要技術のサプライチェーンの分断化が進行する可能性がある。この技術の流れの制限と分断化がトランプ政権時代のように米国のみの事情を反映して決定され、これが同盟国に押し付けられるような事態になると、その影響は「戦略的不可欠性」を持つ技術にとどまらず、海外における日本企業の経済活動全般へと波及する。このような事態を防ぐためにも、技術流出やサプライチェーンの分断化に関わる議論に日本が参加し、そこに同盟国の利害とともに、日本の経済的利害を反映させなくてはならない。幸いにも、米国では同盟国との協力を重視するバイデン政権が誕生し、重要技術分野のサプライチェーン構築において、同盟国や有志国と緊密に協力する方針を打ち出している＊32。この機会を活用して、日本の経済安全保障にとって有利な方向へと同盟国の議論を先導すべきであろう。このように考えると、技術管理の分野では、個別品目をベースにした政策よりも、ルール形成により多くのエネルギーを費やした方が、実りは大きくなるといえる。そして、このようなルール形成の場において、日本が戦略的に不可欠な技術を持つ強みを生かすことにより、交渉を有利に進める道を模索すべきであろう。

　最後は、政策ミックス（219頁）の国家間の技術の流れを自由貿易の原則にゆだねる、に対する重要性の再認識である。通商国家としての日本がよりどころとしなくてはならないのは自由貿易の堅持であり、これを技術レベルでみると、技術の自由な流れを確保するということになる。しかし、米中ハイテク覇権競争が激化する現在は、グローバル化が主導した時代とは異なり、自由競争を守る際に適切な技術移転・協力と技術管理が欠かせなくなってきている。すなわち、経済安全保障政策を実施するにあたっては、常に技術の自由な流れと技術移転・管理政策とのバランスを考慮しなくてはならず、前者に比重をおきすぎると、現在の国際関係の下では信頼に足る国とはみなされないし、後者に比重をかけすぎると、通商国家の生命線である自由貿易を失いかねないのである。

　自由貿易と安全保障の間でバランスをとることは、もちろん言葉で言うほど簡単なことではない。これを実現させるためには、両者をバランスさせる小さな政策の積み重ねが必要であり、そのいずれに対しても国際環境

を踏まえた正しい判断がくだされなければならない。したがって、日本の経済安全保障政策を成功に導くためには、経済安全保障戦略という大戦略を立てるのではなく、それぞれが有効性を持つ小さな政策を積み上げて行くことが何よりも有効である。米中ハイテク覇権競争という新たな環境の下では、自由貿易と安全保障をバランスさせること自体にたいへんな努力を要するが、これらを地道に重ねて行く先に日本が大国間の争いの中を生き延びて行く地平が開けるといえる。

註
＊1　本章は、村山裕三「日本の技術経済安全保障政策－米中覇権競争の中の「戦略的不可欠性」を求めて」『PHP 総研特別レポート』2020年10月、に加筆、修正を行った。
＊2　Defense Industrial Base Panel of the Committee on Armed Services, House of Representative, *The Ailing Defense Industrial Base: Unready for Crisis*, U.S. Government Printing Office, 1980.
＊3　これらの報告書については、村山裕三『米国のハイテク兵器と日本の両用技術：米国製兵器の日本製電子部品への依存問題と日本の対応策』RIPS 特別報告10、平和安全保障研究所、1992年2月、28〜29頁を参照。
＊4　同上、42〜43頁を参照。
＊5　村山裕三『アメリカの経済安全保障戦略：軍事偏重からの転換と日米摩擦』PHP 研究所、1996年、195〜202頁及び村山裕三「日米間の軍事技術交流、移転はどのように進められてきたか。」、西原正、土山實男編「日米同盟 Q&A100」亜紀書房、1998年、148〜149頁を参照。
＊6　筆者との電子メールによるやり取り、2020年9月2日。なお、筆者は、2000年1月に日本放送出版協会より、米国と日本における軍事分野を含む技術開発システムの変遷を取り上げた『テクノシステム転換の戦略：産学官への道筋』を出版しており、この機会をとらえて、2000年2月22日に「テクノシステム転換と安全保障」と題された研究会が防衛研究所で開かれた。
＊7　防衛庁『研究開発の実施に関わるガイドライン〜防衛技術基盤の充実強化のために〜』2001年6月。なお、渡辺が防衛装備庁長官に就任した1年後に作成された「防衛技術戦略」にも、このガイドラインの基本的な考え方が踏襲されている。防衛省『防衛技術戦略〜技術的優越の確保と優れた防衛装備品の創製をめざして〜』2016年8月。
＊8　ここまでの記述は、村山裕三「軍民両用技術をめぐる日本の動向と将来への

展望」平和安全保障研究所編『年報　アジアの安全保障2013－2014：混迷の日米中韓　緊迫の尖閣、南シナ海』2013年、10〜18頁を参照。

＊9　防衛装備庁ホームページ及び尾崎圭一「新技術短期実証に関する取組について」『防衛技術ジャーナル』2019年3月、30〜38頁を参照。

＊10　本章では、軍事にも使える民生技術を「軍民両用技術」、軍事を始め安全・安心分野などにも使える技術を「デュアル・ユース技術」と区別して使用することにする。

＊11　文部科学省、安全・安心な社会の構築に資する科学技術政策に関する懇談会『報告書』2004年4月。

＊12　総合科学技術会議、安全に資する科学技術推進プロジェクトチーム　『安全に資する科学技術推進戦略』2006年6月。

＊13　総合科学技術会議「第3期科学技術基本計画　分野別推進戦略」2006年3月、278〜279頁、なお第3期科学技術基本計画では、「安全が誇りとなる国、世界一安全な国・日本を実現」、として「安全・安心」が大目標として掲げられたが、引用はその推進戦略における記述である。

＊14　この改正の詳細は、村山裕三「M&A のグローバル化と安全保障上の規制：日本のケースを中心に」『国際問題』2007年12月、5〜13頁を参照。

＊15　産業構造審議会　通商・貿易分科会『安全保障貿易管理小委員会　中間報告』2019年10月。

＊16　「経済安保戦略、年内策定へ」共同通信配信、2020年2月22日。

＊17　「技術守り、育てる体制を」『読売新聞』2020年5月20日。

＊18　「省庁横断「経済班」が司令塔」『日本経済新聞』2020年6月3日。

＊19　統合イノベーション戦略推進会議『「安全・安心」の実現に向けた科学技術・イノベーションの方向性』2020年1月。シンクタンクの具体的な構想については、イノベーション政策強化推進のための有識者会議「安全・安心」『国及び国民の安全・安心の確保に向けた科学技術の活用に必要なシンクタンク機能に関する検討結果報告書』2021年4月、を参照。

＊20　同上、1頁。

＊21　「警察庁外事情報部経済安全保障対策官吉田知明の巻頭メッセージ」『営業のツボ』情報処理推進機構、2021年第56号。警察庁が海外への技術流出対策を強化した背景には、2013年に京都祇園で起こった中国系クラブを通じた技術流出事件がある。これに危機感を抱いた京都府警が京都の行政や実業界と協力して「モノづくりプリザーブ」という組織を立ち上げて技術流出防止に乗り出した。この活動が警視庁全体へと広がった。公安調査庁の取組については、『経済安全保障の確保に向けて〜技術・データの流出防止〜』公安調査庁、2021年3月、を

参照。

＊22 ルール形成戦略議員連盟、提言『国家経済会議（日本版 NEC）創設』2019年3月。

＊23 自由民主党政務調査会新国際秩序創造戦略本部『提言「経済安全保障」の策定に向けて』2020年12月16日。

＊24 「米中新冷戦で重要性増す「経済安保」、取られ続ける技術や土地、日本を守る「盾」を持て」『Wedge』2021年1月号、「経済安全保障と日本の活路」『Voice』2021年2月号、および「経済安全保障の罠：問われる国・企業の国際力」『世界経済評論』2021年5・6月号。

＊25 村山裕三『経済安全保障を考える：海洋国家日本の選択』日本放送出版協会、2003年。

＊26 詳細は、PHP Geo-Technology 戦略研究会『ハイテク覇権競争時代の日本の針路：「戦略的不可欠性」を確保し、自由で開かれた一流国を目指す』2020年4月を参照。

＊27 米国に対しては、防衛分野において、2)の技術移転・協力が行われたが、これらは技術経済安全保障政策という視点からみると限定的であった。

＊28 現行の外為法では、外国人であっても日本での滞在が6か月を超えると居住者と見なされ、非居住者向けの輸出管理の対象から外れるため、この居住者の定義が問題を引き起こすことが指摘されている。また、多くの大企業では輸出管理の体制を整えているが、中小企業や大学では未整備のケースが多いことが問題視されている。中小企業からの技術流出については、地域の警察や経済団体との連携強化も課題である。

＊29 詳細は、村山裕三「防衛装備移転三原則とグローバル化時代の日本の防衛産業」『RIPS Policy Perspectives』No.21、平和安全保障研究所、2015年1月を参照。

＊30 セキュリティ・クリアランスとは、家族、交際関係、政治思想、海外渡航歴などの身辺調査を行い、情報漏洩の恐れがないと認定された人のみに機密情報へのアクセスを認める制度。日本では、民間の企業や研究機関にまで適用できるセキュリティ・クリアランス制度は整備されていない。

＊31 データ利活用の国際的なルール形成の分野では、日本政府は一定の役割を果たしている。2019年のダボス会議で提唱され、同年の G20 大阪サミットで合意された DFFT（データ・フリー・フロー・ウィズ・トラスト）の考え方をベースにした具体策を、国際会議などの場で実現をめざした交渉を行っている。DFFT が盛り込まれた G20 大阪首脳宣言については、https://www.mofa.go.jp/mofaj/gaiko/g20/osaka19/jp/documents/final_g20_osaka_leaders_declaration.

html、2020年8月25日アクセス、を参照。

＊32 The White House, *Executive Order on America's Supply Chains*, February 24, 2021.

編著者紹介

村山 裕三 （むらやま ゆうぞう）
同志社大学大学院ビジネス研究科教授
同志社大学経済学部卒業、米ワシントン大学より経済学 Ph.D.取得。その後、野村
総合研究所などを経て現職。専門は、経済安全保障、技術政策。内閣府「イノベー
ション政策強化推進のための有識者会議「安全・安心」」、文部科学省「科学技術・
学術審議会」、経済産業省「産業構造審議会、安全保障貿易管理小委員会」などで
委員を務める。著書に『アメリカの経済安全保障戦略』（PHP 研究所、1996年）、
『テクノシステム転換の戦略』（NHK 出版、2000年）、『経済安全保障を考える』
（NHK 出版、2003年）など。

鈴木 一人 （すずき かずと）
東京大学公共政策大学院教授
立命館大学大学院国際関係研究科修士課程修了。修士（国際関係学）。英国サセッ
クス大学ヨーロッパ研究所現代ヨーロッパ研究専攻博士課程修了。Ph.D.（現代ヨ
ーロッパ研究）。筑波大学国際総合学類准教授、北海道大学公共政策大学院准教授
・教授、プリンストン大学国際地域研究所客員研究員、国連安保理イラン制裁専門
家パネル委員などを経て現職。主著として『宇宙開発と国際政治』（岩波書店、2011
年。サントリー学芸賞受賞）ほか多数。

小野 純子 （おの すみこ）
一般財団法人 安全保障貿易情報センター（CISTEC）主任研究員
神戸大学大学院博士後期課程単位取得退学。RIPS 日米パートナーシッププログラ
ム通算第17期奨学生。専門は安全保障輸出管理。著作に『該非判定入門 改訂版』
（一般財団法人安全保障貿易情報センター、2012年）、『米国輸出管理法と再輸出規
制実務』（一般財団法人安全保障貿易情報センター、2017年）、論文に「米国輸出管
理政策をめぐる政治過程」『国際文化学』第26号（神戸大学国際文化学研究科、2013
年）、「北朝鮮の核実験及び制裁をめぐる歴史と諸状況」『CISTEC Journal』第167
号（2017年）ほか多数。

中野 雅之 （なかの まさゆき）
一般財団法人 安全保障貿易情報センター（CISTEC）理事、調査研究部長、日本
安全保障貿易学会（JAIST）理事、事務局長
1982年明治大学商学部商学科卒業。同年キヤノン株式会社入社。同社ロジスティク
ス企画課長、輸出法務課長、貿易法務部長、European Supply Chain Director
（キヤノンヨーロッパ） 等を経て、2017年より現職。

土屋 貴裕（つちや たかひろ）
京都先端科学大学経済経営学部准教授
慶應義塾大学環境情報学部環境情報学科卒業。一橋大学大学院経済学研究科修士課程修了。修士（経済学）。防衛大学校総合安全保障研究科後期課程卒業。博士（安全保障学）。防衛省防衛大学校総合安全保障研究科特別研究員、外務省国際情報統括官組織第二情報統括官室専門分析員、在香港日本国総領事館専門調査員などを経て現職。専門は、公共経済学、国際政治経済学、安全保障論など。主著として『現代中国の軍事制度：国防費・軍事費をめぐる党・政・軍関係』（勁草書房、2015年）、「脳・神経科学が切り開く新たな戦略領域」道下徳成編著『「技術」が変える戦争と平和』（芙蓉書房出版、2018年）ほか多数。

米中の経済安全保障戦略
——新興技術をめぐる新たな競争——

2021年 7月20日　第1刷発行

編著者
村山裕三

著者
鈴木一人・小野純子・中野雅之・土屋貴裕

発行所
㈱芙蓉書房出版
(代表 平澤公裕)
〒113-0033東京都文京区本郷3-3-13
TEL 03-3813-4466　FAX 03-3813-4615
http://www.fuyoshobo.co.jp

印刷・製本／モリモト印刷

米国を巡る地政学と戦略
スパイクマンの勢力均衡論

ニコラス・スパイクマン著　小野圭司訳　本体 3,600円

地政学の始祖として有名なスパイクマンの主著 *America's Strategy in World Politics: The United States and the balance of power*、初めての日本語完訳版！第二次世界大戦初期の米国を巡る国際環境を網羅的に記述しているが、現代の国際政治への優れた先見性が随所に見られる名著。「地政学」が百家争鳴状態のいまこそ、スパイクマン地政学の真髄を学ぶために必読の書。

平和の地政学
アメリカ世界戦略の原点

ニコラス・スパイクマン著 奥山真司訳　本体 1,900円

戦後から現在までのアメリカの国家戦略を決定的にしたスパイクマンの名著の完訳版。原著の彩色地図51枚も完全収録。

現代の軍事戦略入門 増補新版
陸海空からPKO、サイバー、核、宇宙まで

エリノア・スローン著　奥山真司・平山茂敏訳　本体 2,800円

古典戦略から現代戦略までを軍事作戦の領域別にまとめた入門書。コリン・グレイをはじめ戦略研究の大御所がこぞって絶賛した書。

クラウゼヴィッツの「正しい読み方」
『戦争論』入門

ベアトリス・ホイザー著 奥山真司・中谷寛士訳　本体 2,900円

『戦争論』解釈に一石を投じた話題の入門書 *Reading Clausewitz* の日本語版。戦略論の古典的名著『戦争論』は正しく読まれてきたのか？従来の誤まった読まれ方を徹底検証し正しい読み方のポイントを教える。

海洋戦略入門
平時・戦時・グレーゾーンの戦略

ジェームズ・ホームズ著 平山茂敏訳 本体 2,500円

海洋戦略の双璧マハンとコーベットを中心に、ワイリー、リデルハート、ウェグナー、ルトワック、ブース、ティルなどの戦略理論まで取り上げた総合入門書。軍事戦略だけでなく、商船・商業港湾など「公共財としての海」をめぐる戦略まで言及。